社会主义核心价值观认同教育研究

彭喜保◎著

中国出版集团 | 全国百佳图书
中国民主法制出版社 | 出版单位

图书在版编目（CIP）数据

社会主义核心价值观认同教育研究 / 彭喜保著． 一
北京：中国民主法制出版社，2023.8
ISBN 978-7-5162-3335-1

Ⅰ．①社…　Ⅱ．①彭…　Ⅲ．①社会主义核心价值观－
中国－教育研究－高等学校　Ⅳ．① D616

中国国家版本馆 CIP 数据核字（2023）第 147658 号

图书出品人：刘海涛
出版统筹：石　松
责任编辑：刘险涛

书　　名 / 社会主义核心价值观认同教育研究
作　　者 / 彭喜保　著

出版·发行 / 中国民主法制出版社
地址 / 北京市丰台区右安门外玉林里 7 号（100069）
电话 /（010）63055259（总编室）　63058068　63057714（营销中心）
传真 /（010）63055259
http: // www.npcpub.com
E-mail: mzfz@npcpub.com
经销 / 新华书店
开本 / 16 开　　787 毫米 ×1092 毫米
印张 / 12　　**字数 /** 222 千字
版本 / 2024 年 5 月第 1 版　　2024 年 5 月第 1 次印刷
印刷 / 廊坊市源鹏印务有限公司

书号 / 978-7-5162-3335-1
定价 / 68.00 元
出版声明 / 版权所有，侵权必究。

Preface
前言

  大学生是未来社会主义事业的建设者和接班人，他们是否具有牢固的社会主义信仰，是否具有"富强、民主、文明、和谐"的价值目标，是否具有"自由、平等、公正、法治"的价值取向，是否具有"爱国、敬业、诚信、友善"的价值准则，直接关系着未来社会主义事业能否顺利地得到发展和推进。但大学生正处在人生发展的关键时期，其世界观、人生观和价值观正在不断地形成过程中，具有极大的可塑性，也因此而极易受到非主流思想观念的影响，多元的价值观念会对他们的思想意识产生冲击。因此，必须要以社会主义核心价值体系为准则，在当代大学生的教育过程中开展以爱国主义为核心的民族精神教育，以改革创新为核心的时代精神教育，以"中国梦"为核心的理想信念教育，把握正确的思想导向，发挥舆论的规范作用，树立良好的社会风气，营造和谐的校园文化，充分利用各种资源，为当代大学生的主流价值观培养提供坚实的教育基础和有效的辅助力量，引导当代大学生树立崇高的理想和远大的志向，并将个人的价值追求和社会主义的共同理想紧密地结合起来，为以后能更好地投身社会主义建设事业打下良好的思想基础和实践基础。

  本书共分为七章。第一章的主要内容是关于社会主义核心价值观的概述；第二章的主要内容是论述社会主义核心价值认同教育的重要性；第三章的主要内容是社会主义核心价值观认同教育的培育原则探索；第四章的主要内容是社会主义核心价值观认同教育的文化育人路径；第五章的主要内容是社会主义核心价值观引领高校思政教育研究；第六章的主要内容是社会主义核心价值观融入创新创业教育研究；第七章的主要内容是促进社会主义核心价值观教育知行合一研究。

本书在编写过程中，搜集、查阅和整理了大量文献资料，在此对学界前辈、同人和所有为此书编写工作提供帮助的人员致以衷心的感谢。由于编者能力有限，编写时间较为仓促，书中如存在不足之处，衷心敬请广大读者给予理解和指教！

Contents
目录 ————————————————————————

第一章

社会主义核心价值观概述

　　2012 年 11 月，党的十八大提出了社会主义核心价值观。在此之前，党的十六届六中全会提出了社会主义核心价值体系。那么，社会主义核心价值观究竟是什么？社会主义核心价值观与社会主义核心价值体系有什么关系？为什么在提出建设社会主义核心价值体系之后，还要提出积极培育和践行社会主义核心价值观？在分析社会主义核心价值观认同教育的培育和践行的具体做法之前，首先需要对社会主义核心价值观的内涵和价值作出说明。

第一节　社会主义核心价值观是中国特色社会主义文化的核心

　　党的十八大提出社会主义核心价值观之后，全社会就掀起了学习宣传的高潮。为了深入推进社会主义核心价值观的培育和践行，习近平总书记在不同场合对学生、青年代表、文艺工作者、全国先进工作者和劳动模范、各级领导干部等提出具体要求，表达殷切希望。毫无疑问，全国各族人民应该学习、培育和践行社会主义核心价值观。而且，绝大多数国人对社会主义核心价值观有或多或少、或深或浅的认识。但是，仅仅知道三个层面的十二个词是远远不够的。要引导广大群众深入有效地培育和践行社会主义核心价值观，还需要了解社会主义核心价值观的丰富内涵，明确社会主义核心价值观何以称为核心价值观，理解社会主义核心价值观与社会主义文化的内在关系。

一、社会主义核心价值观

　　"社会主义核心价值观"是一个偏正结构的词语，其中，"社会主义"和"核心"修饰"价值观"。"社会主义核心价值观"可以改为"社会主义的、核心的价值观"或"社会主义的核心价值观"。价值观不同于核心价值观，社会主义核心价值观有两个着重点，一是社会主义；二是核心。因此，社会主义核心价值观不是封建主义或资本主义的核心价值观，同时，它是核心价值观，不是其他一般价值观。这里有一个问题需要回答，即价值观有没有核心与非核心的划分？按照笔者对价值观的理解，价值观没有核心与否的问题。因为价值观是对价值本质和价值评价标准、原则、方法等内容的总的认识，不同的人有不一样的价值观。对一个人来说，价值观只有一个，不存在核心和非核心的区分。民族或国家是由众多的人集合而成的，因此，民族或国家的价值观就是众多价值观的最大公约数。这样的价值观也不存在核心与否的问题。那么，为什么会出现"社会主义核心价值观"这一概念呢？如果联系人们使用语言的习惯，就很好回答这个问题。在提出"社会主义核心价值观"之前，人们已经广泛使用"社会主义核心价值体系"。因此，"核心价值观"就与"核心价值体系"相对应。但是，这里的"观"并没有实际的语义，只是为了满足汉语表达对仗的需要。也就是说，"社会主义核心价值观"与"社会主义核心价值"的含义相同。为了与党中央的表述一致，笔者仍然使用"社会主义核心价值观"，尽管它表述的内容是社会主义核心价值理念。

（一）社会主义核心价值观的提出

人们的价值观不尽相同，这就导致人们对客观事物的价值追求不一样。不同的价值追求构成一个民族、国家或社会的价值体系。价值体系不是价值理念的简单堆积，而是具有严密内在逻辑的有机整体。其中，处于中心地位的价值理念就是核心价值理念。一个人有核心价值理念，同样，一个民族或国家也有自己的核心价值理念。只不过有些时候不是用核心价值来表示，例如，新加坡在综合不同民族核心价值理念的基础上提出了五大共同价值。在中华传统文化当中，儒家并没有使用核心价值的说法，但有现代意义上的核心价值主张。这就是仁义礼智信、温良恭俭让、忠孝勇恭廉。近代以来，西方国家提出了与核心价值相类似的所谓的普世价值。例如，法国大革命时期提出的"自由、平等、博爱"，美国提出的"自由、民主、人权"等。不管用什么词语来表达，核心价值有其存在的必要。对一个人来说，核心价值是他努力奋斗要实现的目标，也是做人做事的底线和原则。只不过前者是从价值追求的高位来说的，后者是从个人利益保障的低位而言的。试想，一个人如果没有核心价值，那么，他就没有明确而长期的奋斗目标，也没有需要坚决捍卫的底线。对一个民族或国家来说，核心价值就是这个民族或国家长期奋斗要实现的目标，也是需要坚决捍卫和维护的核心利益。与个体一样，没有核心价值的民族或国家不会是一个团结有力的民族或国家。事实上，每个人、民族和国家都有自己的核心价值，只不过核心价值有明确与否、系统与否、先进与否的问题。

虽然"社会主义核心价值观"概念的正式提出是在党的十八大，但是早在十八大之前，我国的学者们就开始凝练社会主义核心价值观的内涵。然而，人们对社会主义核心价值观的理解分歧很大。社会主义核心价值观有"一般"和"具体"之分，所谓一般的社会主义核心价值观就是马克思主义的终极价值目标，即实现人的自由全面发展和全体人民共同富裕；所谓具体的社会主义核心价值观就是人们在社会主义社会不同发展阶段的核心价值主张，这些核心价值主张与不同阶段的奋斗目标相对应。社会主义核心价值观的"一般"不同于"具体"，但又要通过诸多"具体"才能成为现实层面的"一般"。就社会主义核心价值观的内涵而言，有学者把以人为本作为社会主义核心价值观的统领范畴，把民主法治、科学文明、公平正义、和谐共生作为基本范畴。有学者把自由、民主、互助、公正、改革和发展作为社会主义核心价值观的基本理念。有学者指出，社会主义核心价值观培育和践行的主体是包含港澳台同胞在内的全体国民，因此，社会主义核心价值观不能泛政治化。有学者认为，我国处于并将长期处于社会主义初级阶段，社会主义核心价值观不应该片面追求抽象的终极价值，而应该囊括现代基本价值理念。此外，学术界还在社会主义核心价值观是普世的还是社会主义的、当下的还是长远的、中国的还是世界的、传统的还是现代的等问题上存在分歧。需要说明的是，社会主义核心价值观的提炼不仅是一个学术问题，更是一个需要尽快解决的现实问题。学术界的研究成果为人们深入理解社会主义核心价值观的含义和内容提供了重要参考，在此基础上，我党集中各方面意见和建议，在十八大报告中将社会主义核心价值观表述为三个层面十二个方面，这就是国家层面的富强、民主、文明、和谐；社会层面的自由、平等、公正、法治；个人层面的爱国、敬业、诚信、友善。至此，关于社会主义核心价值观的权威表述得以形成。

那么，为什么要凝练社会主义核心价值观？这是由我国社会主义建设的理论逻辑、历史逻辑和实践逻辑所决定的。从理论层面来看，马克思主义是一个需要不断发展和丰富的理论体系。习近平总书记在哲学社会科学工作座谈会上指出，马克思主义虽然诞生在一个半世纪之前，但它依然具有强大生命力。这种强大生命力不仅表现为马克思主义深刻揭示了自然界、人类社会和人类思维发展的普遍规律，致力于实现人民解放和维护人民利益，还体现为马克思主义是不断与时俱进的时代化的理论。马克思主义的丰富和发展体现在以下三方面：一是继续深化对自然界、人类社会和人类思维规律的认识；二是结合各个民族或国家的实际情况和时代发展需要，推进马克思主义的民族化和时代化；三是深化对社会主义革命、建设和改革开放规律的认识。社会主义文化建设是社会主义建设的重要组成部分，而思想道德建设是社会主义文化建设的重要内容。推进思想道德建设就需要凝练社会核心价值，确立各族人民共同的奋斗目标。如果没有核心价值作为指引，思想道德建设就缺乏重要抓手。因此，社会主义核心价值观的凝练和提出是马克思主义中国化和时代化的内在要求。从历史发展的层面来看，中国共产党自成立之后，就不断推进马克思主义的中国化，指导中国革命、建设和改革开放取得伟大胜利。如果说，领导革命是为了夺取政权，推进社会主义建设是为了巩固社会主义制度和尽快实现国强民富，那么，改革开放的核心任务就是实现人民富裕和国家富强。革命成功使中国人民站起来了，社会主义建设和改革开放使中国人民富起来了，而新时代中国特色社会主义建设将使中国人民强起来。强起来不仅表现为人们口袋里的钱多了，人民群众的物质生活水平提高了，还表现为人民群众的科学文化水平提升了，道德素养提升了，人际关系和谐了。而且，随着社会发展，人与人的区别将更多地体现在内在素质和价值追求的实现上。因此，在中国特色社会主义进入新时代之际，凝练和提出社会主义核心价值观是历史逻辑发展的需要。从现实层面来看，我国正处于剧烈的社会转型和价值观重塑阶段。近代以来，以传统农业生产为主导的泱泱大国遭遇到以工业生产和商业贸易为主导的西方列强的强势冲击。在这种情况下，中国社会开始从农业社会向工业和商业社会转型，社会生产从主要依靠人力和畜力向主要依靠机器转变，政治制度实现了从封建专制统治向社会主义民主政治的转变。在这一过程中，社会阶级阶层及其关系发生巨大改变，城市化水平不断提高，人们的思想观念经历了显著变化。当前，中华民族和中国人民虽然迎来了从富起来转向强起来的新时代，但以美国为首的西方国家从来没有也不会停止对我国各方面各领域的影响，特别是价值观领域的渗透。与此同时，在人们物质生活富裕之后，我国传统社会当中的一些落后价值观念和腐朽生活恶习重新泛滥。一些人被西方价值观所俘获并成为其摇旗呐喊的鼓吹先锋，一些人陷入价值观混乱或价值虚无之中不可自拔。在这种情况下，非常有必要凝聚社会各界的价值共识，提出一套与社会制度和政治经济基础相适应且具有先进性和能够被人们广泛接受的核心价值观。社会主义核心价值观的凝练和提出就是顺应这一现实需要的产物。

（二）社会主义核心价值观的内涵

社会主义核心价值观包含三个层面十二个方面。第一层面是国家层面，它包含富强、民主、文明、和谐。这与把我国建设成为富强民主文明和谐的社会主义现代化国家相对应。党的十九大在"和谐"之后又加了"美丽"一词，从而使建设目标与"五位一体"总布局对应起来。虽然社会主义核心价值观中没有"美丽"一词，但美丽始终是人们共同的价值追求。因此，没有"美丽"一词，并不影响社会主义核心价值观的权威性。第二层面是社会层面，它包括自由、平等、公正和法治。社会层面的四个价值理念以人与人之间的联系为前提，单独的个人不存在自由与否的问题。平等、公正和法治亦是如此。第三层面是个人层面，它包括爱国、敬业、诚信、友善。在这三个层面中，个人层面的价值理念与个体的行为举止关系最为密切。或者说，爱国、敬业、诚信、友善是每个中国人都应该做而且能够做到的事情。虽然上述三个层面的价值理念都是价值观的具体表现，但三个层面的含义不同。国家层面的价值理念是我国各族人民对伟大祖国的崇高期盼，并与中华民族伟大复兴的中国梦紧密联系在一起。社会层面的价值理念反映了广大人民对社会状态的共同追求，人们生活于其中的社会必然要保障人的自由，维护人与人之间的平等，确保各项工作在公平公正的原则下有序推进。当然，自由平等、公平、公正不会自动实现，必须依靠法治手段和法治思维。单独来看，自由、平等、公正和法治，每一个都是崇高的价值追求，但在现实生活中，四者之间存在相互矛盾的情况。例如，自由与法治、平等与正义、自由与平等之间有时候存在相辅相成的关系，有时候存在相互对立的关系。在社会主义核心价值观中，社会层面的价值理念不是某一个价值理念的极端化，而是四个基本价值理念的整体反映。个人层面的价值理念表达了人们对个人私德的要求。作为国家公民，个人首先要热爱自己的国家，因此，爱国被置于个人私德的首位。以往，敬业被人们视为职业道德的重要内容，社会主义核心价值观把敬业作为仅次于爱国的个人私德，反映了敬业在中国特色社会主义建设事业中的重要地位。诚信和友善是对每个人的基本要求，将它们纳入社会主义核心价值观，说明诚信和友善不仅是做人的基本准则，也是推进社会主义现代化建设的必然要求。三个层面的价值理念，为人们构建起立体的分层次的价值体系。其中，国家层面的价值理念处于高位，社会层面的价值理念处于中位，个人层面的价值理念处于低位。需要说明的是，高位价值在指导中位和低位价值的同时也要依赖中位和低位价值。同样，低位价值是高位和中位价值的基础，但也要接受高位和中位价值的约束。总之，三个层面的价值理念相互联系、相互影响，构成完整统一的核心价值观。

从理论来源来看，社会主义核心价值观包含以下五种思想成分：一是马克思主义意识形态理论；二是中华优秀传统文化；三是中国特色社会主义理论体系；四是中国特色社会主义文化建设经验；五是其他优秀人类文明成果。这五个方面可以进一步凝练为三部分：一是马克思主义；二是中国传统文化；三是其他人类文明成果。社会主义核心价值观是马克思主义中国化的产物，是马克思主义的有机组成部分。因此，坚持马克思主义是社会主义核心价值观的鲜明理论特征。具体来说，国家层面的价值目标就是把我国建设成为富强、民主、文明、和谐的社会主义现代化国家，而不是其他主义的现代化国家。坚持国家层面的价值目标内在要求坚持四项基本原则，坚持推进马克思主义中国化、时代化和大众化。社会层面的价值追求是社会主义制度下的自由、平等、公正、法治。其中，自由不只是个人层面的自由，更是最广大人民群众的自由；平等不只是形式上的人与人的平等，更是人与人之间的实质平等；公正不仅是程序公正，更是结果公正；法治是在党的领导、人民当家作主和依法治国有机统一基础上的法治。个人层面的价值准则虽然政治色彩不浓，但仍然与马克思主义存在紧密关联。例如，爱国指的是热爱社会主义祖国，敬业包含对中国特色社会主义建设事业的热爱和忠诚。实际上，社会主义核心价值观的凝练和提出也是借鉴吸收中华优秀传统文化的产物。在漫长的历史发展过程中，聪明勤劳的中华儿女创造了璀璨的中华文化。中华民族非常重视个人层面的道德养成和人际关系处理，因此，中华文化包含丰富的伦理道德思想。在社会主义核心价值观中，富强、和谐、平等、爱国、敬业、诚信、友善等价值理念都有深厚的历史文化渊源。此外，传统道德思想中的仁义礼智信、温良恭俭让、勇敢、勤劳、坚韧等价值理念都是社会主义核心价值观的有益补充。当然，对这些传统价值理念不能照搬照用，需要经历一番创造性转化和创新性发展的工作。社会主义核心价值观之所以是先进的和能够被广泛接受的价值观，还在于它是借鉴吸收其他人类文明成果的产物。民主、文明、自由、公正、法治是西方文明的优秀成果，社会主义核心价值观以海纳百川有容乃大的气度吸收西方文明成果。但是，这里的吸收并不是简单抄袭，而是做了进一步的丰富和完善。西方学者不断鼓吹所谓的自由、民主、平等、博爱，并把它们视为普世价值。但是，脱离具体语境和国情的普世价值不具有现实指导意义。社会主义核心价值观以马克思主义理论丰富民主、文明、自由、平等、公正、法治等价值理念的内涵，以富强、和谐、爱国、敬业、诚信、友善等价值理念为重要补充，构建了结构完整、内容丰富的核心价值体系。

（三）社会主义核心价值观与社会主义核心价值体系

那么，为什么在提出建设社会主义核心价值体系之后，还要提倡培育和践行社会主义核心价值观呢？社会主义核心价值体系与核心价值观之间存在什么样的关系？这是深入理解社会主义核心价值观必须要回答的问题。党的十六届六中全会提出建设社会主义核心价值体系，而社会主义核心价值观是我们党在十八大正式提出来的。社会主义核心价值体系包含以下四方面的内容：一是马克思主义指导思想。价值、价值体系和价值观是有阶级属性的，坚持马克思主义指导思想，凸显了核心价值体系的无产阶级属性。从而将其与其他核心价值体系区别开来。二是中国特色社会主义共同理想。共同理想是指引人们不断前行的旗帜，是凝聚共识和汇聚力量的"磁石"。中国特色社会主义共同理想就是始终坚持中国共产党的领导，坚持走中国特色社会主义道路，建设社会主义现代化强国和实现中华民族伟大复兴。中国特色社会主义共同理想是我们党领导人民在社会主义初级阶段要实现的奋斗目标，将其纳入社会主义核心价值体系，突出了我们党要建设的核心价值体系是社会主义初级阶段的核心价值体系，而不是其他发展阶段的核心价值体系。三是以爱国主义为核心的民族精神和以改革创新为核心的时代精神。中华民族在漫长的历史发展过程中形成内涵丰富、特征鲜明的民族精神。同样，中华民族在历史上从不缺乏改革创新精神，这种精神在 1978 年之后的中国特色社会主义建设中表现得尤为突出。将民族精神与时代精神纳入社会主义核心价值体系，反映了社会主义核心价值体系是历史与现代的有机结合。四是社会主义荣辱观。"八荣八耻"社会主义荣辱观简洁直白，适应了广大群众的认识能力，提出了人们都应该坚持的基本价值规范。社会主义荣辱观的纳入，增强了社会主义核心价值体系对人们行为举止的具体指导能力。

从完整性来说，社会主义核心价值体系是一个结构合理、层次鲜明、内容完整的价值系统，既包含广大群众都应该具有的价值信仰、价值理想和价值观念，还包含广大群众必须要遵循的价值规范。就科学性而言，社会主义核心价值体系是在马克思主义指导下提出来的，是在吸收中华优秀传统道德思想和借鉴其他人类文明成果的基础上进一步创新的产物。就功能而言，社会主义核心价值体系既包含崇高的价值理想，能够引导人们为实现中华民族伟大复兴而奋斗；又立足当下，充分吸纳社会主义文化建设的经验，以明确的行为准则要求人们规范自己的言行举止。建设社会主义核心价值体系是为了达成价值共识，汇聚人民力量，实现伟大梦想。但是，对普通老百姓来说，社会主义核心价值体系在具有诸多优点的同时，还存在一些不足之处。一是语言表达不够精练。社会主义核心价值体系的内容需要 58 个字来表述。对于庞大的理论体系，58 个字已经非常简练。但是，对从事各行各业的普通老百姓来说，要记住这 58 个字是不容易的，要随时随地遵循 58 个字就更难了。这并不说社会主义核心价值体系很难理解或背诵，而是因为在信息极为丰富的今天，要记住这 58 个字并将其内化于心是比较困难的。二是内容层次过多。对普通老百姓来说，"八荣八耻"比较容易理解和遵循。相比之下，民族精神和时代精神就显得抽象多了。对于什么是爱国以及如何爱国，人们相对来说易于回答。但是，什么是改革创新以及如何改革创新，老百姓就难以回答。老百姓了解中华民族的伟大复兴和马克思主义，但要说出个所以然还是不容易的。人们应该有价值信仰和价值理想，但需要与人们的现实生活紧密联系起来。三是"八荣八耻"明确了人们应该具有的基本价值，但涵盖面过于宽泛，要求过于笼统。例如，以服务人民为荣。"服务"和"人民"都是内涵比较笼统且外延比较宽泛的词，什么是服务人民和如何服务人民不是很容易回答的问题，而且也不是具有唯一标准答案的问题。这就影响了"八荣八耻"对老百姓行为举止的规范和约束。正是为了弥补上述缺陷和不足，党中央提出了社会主义核心价值观。相对于社会主义核心价值体系，社会主义核心价值观更加注重语言表达的凝练，更加突出核心价值理念，更加强调对人们行为举止的具体引导。

就内在关系而言，两者既有内在一致性，又有各自的侧重点。内在一致性表现为两者都是我们党在推进马克思主义中国化的过程中提出的重要思想，是推进中国特色社会主义文化建设的重要举措。社会主义核心价值体系和核心价值观体现了历史唯物主义的本质要求，是中国特色社会主义道路、理论体系、制度、文化在道德层面的具体表述，共同构成凝聚精神力量，奋力实现中国梦的价值引领。提出培育和践行社会主义核心价值观并不意味着不再建设社会主义核心价值体系，相反，建设社会主义核心价值体系是培育和践行社会主义核心价值观的坚实基础。国家始终把核心价值体系建设与核心价值观培育和践行联系在一起。尽管如此，两者的侧重点不同。社会主义核心价值体系是从整体维度揭示中国特色社会主义的价值意蕴，不仅揭示了处于高位的指导思想和中位的阶段性奋斗目标，而且指出了要发扬的民族精神和时代精神，明确了具体的荣辱观。相比而言，社会主义核心价值观更加注重对人们思想活动和行为举止的引导，三个层面的价值理念既是引导人们认识活动和评价活动的重要指向标，又是规范实践活动的价值标尺。整体来看，三个层面的价值理念是相互联系、相互作用的有机统一体。从功用来看，三个层面的价值理念为人们道德素养的不断提升提供了上升路径。由此可见，社会主义核心价值体系更具理论性和系统性，而社会主义核心价值观则更强调实践性和具体性。社会主义核心价值观是在进一步凝练和总结社会主义核心价值体系的基础上提出来的，因此，社会主义核心价值观反映了社会主义核心价值体系的丰富内涵，体现了本质特征，彰显了实践要求，是社会主义核心价值体系的高度凝练和集中表达。

二、社会主义核心价值观的核心地位

"社会主义核心价值观"一词的重点在"价值观"，关键在"核心"。关于"价值观"，前文已经做了系统分析。现在需要对"核心"进行说明。当然，这里的"核心"是指三个层面十二个词构成的价值观在社会主义价值体系中具有的核心地位。此外，社会主义核心价值观也是全国各族人民应该遵守的基本价值规范。下面，笔者就从三个方面分析社会主义核心价值观具有的核心地位。需要说明的是，核心地位不是通过社会主义核心价值观与其他价值观或价值的比较表现出来的，而是通过社会主义核心价值观的重要性体现出来的。

（一）社会主义核心价值观是当代中国精神的集中体现

价值观既是人们对价值本质与价值评价的根本性认识，也是人们精神面貌的集中反映。可以说，有什么样的精神状态就有什么样的价值观。同样，有什么样的价值观就有什么样的精神面貌。每一个时代有每一时代的精神，中国精神在不同时代有不同表现。社会主义核心价值观是中国特色社会主义建设事业步入新时代之际提出来的，它体现的当然是当代中国精神。习近平总书记在十二届全国人大第一次会议上指出，中国精神就是以爱国主义为核心的民族精神和以改革创新为核心的时代精神。中国精神是凝心聚力的兴国之魂、强国之魄。社会主义核心价值观从以下两个方面集中体现了当代中国精神。

一是集中体现了以爱国主义为核心的民族精神。在漫长的历史发展过程中，中华民族培育了坚忍不拔、勤劳勇敢、热爱祖国的民族精神。其中，热爱祖国居于核心地位。习近平总书记指出："在社会主义核心价值观中，最深层、最根本、最永恒的是爱国主义。"社会主义核心价值观三个层面的价值理念体现了民族精神特别是爱国主义精神。个人层面价值准则当中位居第一的是爱国。人是生物意义上的存在，也是社会意义的存在。后者表现为人处于复杂的社会关系当中，扮演着不同的社会角色，承担着多种社会职责。虽然马克思主义认为国家和阶级一样，都是社会历史发展的产物，在共产主义社会，随着阶级的消亡，国家也将消亡，但是，在社会主义初级阶段，国家依然存在并将长期存在。因此，中国人首要的社会身份就是中华人民共和国的公民，中国人首要的社会责任就是热爱国家。这也是社会主义核心价值观将爱国列为个人层面首要价值理念的原因。在社会层面，自由、平等、公正、法治等价值取向虽然看起来与爱国没有紧密联系，但实质上有不可分割的关联。热爱祖国不能空喊口号，而是要有明确的价值期盼、扎实的爱国举动。对广大人民群众来说，弘扬爱国主义精神就表现为自觉维护社会秩序稳定，促进经济社会科学发展，增强民族自豪感和自信心。当前，建立自由、平等、公正、法治的社会就是爱国主义在社会层面的具体体现。国家层面的价值目标是爱国主义精神的充分彰显。富强、民主、文明、和谐是新中国成立一百周年时要实现的奋斗目标，也是近代以来中华儿女的伟大梦想。没有强大的国家，就没有人民的幸福，更没有人民的尊严和自信。这是近代以来中华民族在遭遇坎坷和苦难之后得出的教训。也正因为如此，社会主义核心价值观将爱国置于重要位置，集中体现了爱国主义精神。

二是集中体现了以改革创新为核心的时代精神。朱熹在解释《大学》中的"在新民"时，运用"苟日新，日日新，又日新"（《礼记·大学》）。这里的"日新"虽然特指人们的道德修为，但也反映了人们追求改革创新的愿望。《周易》是一本专门讲述变革、变化及其规律的书。其中，"易，穷则变，变则通，通则久"（《周易·系辞下》），体现了改革的重要性。实际上，不管是在思想观念层面，还是在现实生活层面，中华民族从不缺乏改革创新精神。只不过自近代之后，中国人的改革创新速度远远落后于西方，从而使人们产生了中国人恪守陈规陋习和难以变通的感觉。毫无疑问，这种感觉是不可靠的。近代以来，中华民族遭遇到千年未有之变局，也经历了深刻而广泛的思想观念大变革、社会制度大变革、经济文化大变革。就经济社会发展而言，改革开放这一新的伟大革命是改革创新精神的集中体现。在社会主义初级阶段，对建设什么样的社会主义以及如何建设社会主义，建设什么样的党以及如何建设党，实现什么样的发展以及如何发展，新时代要坚持和发展什么样的中国特色社会主义以及如何坚持和发展中国特色社会主义等问题的回答，要求我们党带领人民充分发扬以改革创新为核心的时代精神。社会主义核心价值观的提出本身就是发挥改革创新精神的产物，就其具体内容而言，无不体现着以改革创新为核心的时代精神。国家层面的价值目标是我们党对中国特色社会主义现代化国家建设规律不断深化认识的具体体现，社会层面的价值取向是我们党在批判分析的基础上广泛吸收其他人类优秀文明成果的产物，个人层面的价值准则是我们党创造性继承和创新性发展中华优秀传统道德思想的集中表现。三个层面十二个价值理念虽然不是我们党在新时代首次提出的，但都包含着新的思想内涵。例如，爱国不是传统社会的愚忠，而是对社会主义中国充分理解和认同基础上的热爱。敬业不是墨守成规，而是在改革创新精神指导下对所从事职业的热爱和执着。

（二）社会主义核心价值观凝结着全体人民共同的价值追求

价值是客观事物对人的物质文化需求的满足情况。人的物质文化需求有层次高低、即期与长远之分，满足人的需要的客观事物差别很大。这就导致价值存在层次高低之分和数量大小之别。相对来说，层次较高和数量较大的价值更为重要。例如，晚饭能够满足人们的物质能量需求，阅读《红楼梦》能满足人的精神需要。相比之下，阅读《红楼梦》的层次更高，给人带来的精神愉悦更为持久。因此，更值得人们追求。当然，这并不是说吃饭不重要。相反，恩格斯指出："人们首先必须吃、喝、住、穿，就是说首先必须劳动，然后才能争取统治，从事政治、宗教和哲学等。"在社会生产力水平大为提高的今天，满足人的基本的物质需求已经不是太困难的事。在这种情况下，更高层次和数量更大的价值追求就成为人们普遍关注的对象。这里有一个问题，即价值的数量如何确定，一顿大餐的价值和唱一晚上卡拉 OK 的价值如何比较。的确，我们没有一个统一的衡量标准，但是，可以粗略地进行比较。对一个追求音乐享受的人来说，唱卡拉 OK 的价值更大。对一个美食家来说，品尝一顿大餐的价值更大。每个人的需求不同，价值追求也不一样。如果对人们的价值追求进行归纳，就可以得出最大价值公约数。价值主体包含的数量不同，最大价值公约数也就不一样。一个村庄老百姓的最大价值公约数不可能与一个省或一个国家人民的最大价值公约数相同。此外，时代不同，人们的最大价值公约数也不一样。在农耕时代，丰衣足食是人们的最大价值公约数。但是，在物质生活水平大为提高的今天，人们更强调对良好社会环境、优美自然生态和国家繁荣昌盛的向往。这一点集中体现在社会主义核心价值观当中。

社会层面的自由、平等、公正、法治代表了全体人民对新时代中国特色社会主义社会的共同价值追求。人们期待的社会是保障每个人自由的社会，其中的自由就是在不违反法律法规和不伤害他人合法权利的情况下干什么和不干什么的自由。在我国古代，自由没有得到人们应有的重视，伤害个人自由权利的事情屡见不鲜，甚至被视为理所应当。例如，最典型的就是家长对子女婚姻大事的干涉。平等是自由的前提条件，没有真正的平等，自由就成为少数人的专利。因此，社会主义核心价值观将平等作为重要的价值理念。一味地强调程序平等就会造成结果不平等。例如，如果对富人与穷人按照一样的税率征税，那么，最后的结果是富人越来越富、穷人越来越穷。这就需要统筹协调程序平等和结果平等的关系，维护实质平等。而要维护实质平等就需要引入公正理念。不管是自由、平等，还是公正，都需要法治作为保障。否则，自由、平等和公正将成为一纸空谈。

同样，国家层面的富强、民主、文明、和谐代表了全体人民对伟大祖国的共同价值追求。自古以来，国泰民安、天下太平、国家昌盛是所有中华儿女的崇高价值理想。近代以来，这样的价值理想被一次次列强的侵略和一个个丧权辱国的条约击打得粉碎。但是，只要有一点点希望，一代代仁人志士就不会气馁。从太平天国农民运动到洋务运动，从戊戌维新运动到辛亥革命，从中国共产党的成立到新民主主义革命的胜利，中华民族历经千辛万苦终于赢得了人民解放和民族独立。中华人民共和国的成立，激起了海内外中华儿女的奋斗热情，凝聚了各族人民的磅礴力量。建设什么样的国家以及如何建设国家一直以来是中国共产党认真思考和回答的问题。从建设富强民主文明的现代化国家到建设富强民主文明和谐的现代化国家，再到建设富强民主文明和谐美丽的现代化国家，我们党对国家建设的目标越来越清晰，对国家建设规律的认识越来越深入，对实现伟大祖国现代化的信心越来越坚定。这一点充分体现在社会主义核心价值观当中。如前所述，由于社会主义核心价值观提出的时间比较早，"美丽"价值没有被纳入国家层面的价值理念当中。尽管如此，富强、民主、文明、和谐等价值理念包含人与人人与社会、人与自然的友好关系。试想，如果人与人格格不入、人与社会矛盾重重、人与自然关系紧张，人们生活于其中的国家还会是富强、民主、文明、和谐的吗？需要说明的是，人们对国家富强民主文明和谐的价值追求与"两个一百年"奋斗目标以及新时代中国特色社会主义发展的两步走战略紧密相关，前者是后者在价值层面的集中体现。

（三）社会主义核心价值观表达了全国各族人民应该遵循的基本价值规范

不管是价值抑或是价值观，其本身的价值就在于引导和规范人们的言行举止。社会主义核心价值观核心地位的一个重要体现就是它确立了人们都应该遵循的基本价值规范。在深入分析这些价值规范之前，需要说明两点：一是社会层面和国家层面的价值理念如何约束人们的言行举止。直观来看，国家层面的富强、民主、文明、和谐与人们的具体行为之间没有直接联系。或者说，人们无法从个体的言行举止直接过渡到国家的繁荣富强。例如，从一个人对他人的友善并不能推出国家的富强民主文明和谐。同样，国家层面的价值目标也很难直接落实到个体身上。当然，这不是说个体与国家之间没有关联。个体是国家当中的个体，国家是由众多个体组成的国家。离开众多个体的谨言善行，就不会有国家的文明与和谐；离开众多个体的勤奋努力，就没有国家的繁荣富强；离开每个人对自己政治权利的捍卫和行使，就不会有国家的民主。国家层面的价值目标要对人们的行为举止发挥作用，就必须与人们的现实生活和实际行动结合起来。同样，社会层面的价值取向亦是如此。二是个人层面的价值规范与其他价值要求之间的关系。社会主义核心价值观没有穷尽所有的价值理念，相反，它只是列出了最为基本和重要的价值理念。培育和践行社会主义核心价值观并不排斥接受和践行其他优秀的价值观念。例如，国家层面的价值目标除了富强、民主、文明、和谐之外还有美丽和平等；社会层面的价值取向除了自由、平等、公正、法治之外还有正义、有序、团结等；个人层面的价值理念除了爱国、敬业、诚信、友善之外还有坚韧、宽容、勤劳、节俭、好学、负责任等。

对全国各族人民来说，社会主义核心价值观作为基本价值规范突出体现在个人层面的四个价值要求当中。具体来说，爱国是对每个人最基本的价值要求。那么，为什么要如此强调爱国的重要性呢？这是因为在当今世界以及可以预见的未来，每个人都至少属于一个国家，至少拥有一个国籍。或许人们可以选择在不同的国家生活，但热爱自己生活于其中的国家是天经地义的事情，就像一个人热爱自己的家庭一样。当然，不同的人热爱祖国的方式和程度不同。但在希望自己的国家强大和以自己的国家为荣方面绝大多数人是一致的。爱国是人们的一种情感流露，但仅有情感是不够的，还需要以理性作为基础。因此，值得提倡的爱国就是融情感和理智于一体的爱国。敬业是每个人都应该坚持的价值准则。在传统社会，一个人可以学习很多方面的知识，而且可以学得很精，成为百科全书式的人物。同样，一个人可以干很多份工作，而且可以样样干得很好。但是，在社会分工日益细化和知识更新速度加快的今天，一个人要干很多份工作和学好很多门知识几乎是不可能的事情。在这种情况下，要学好知识、干好工作，就必须培育敬业精神。要本着干一行爱一行、爱一行精一行的原则，把自己所从事的工作干好干精。只要人人都兢兢业业、踏踏实实，把自己的工作干好，人人都会绽放属于自己的精彩，中华民族伟大复兴的中国梦就能如期实现。在由"中国制造"向"中国智造"转型和推进"中国制造2025"战略的今天，人们急需培育敬业精神。实际上，敬业也是爱国的一种表现。如果大家都能够敬业，那么，学生就能学好知识，工人就能制造出精品，科学家就能推出新的理论和技术，军人就能更好地保卫国家的安全，党员干部就能更好地服务人民。如此一来，富强民主文明和谐的现代化国家就会离我们越来越近。诚信是一个人成为合格公民的前提，是文明社会的重要体现，也是国家强大的必要条件。试想，一个不讲诚信的人会真的爱国和敬业吗？孔子早就指出："人而无信，不知其可也。"（《论语·为政》）在交往日益密切的陌生人社会，不讲诚信意味着失去做人的底线。虽然社会主义核心价值观将诚信列为个人层面的价值准则，但社会和国家仍然存在践行诚信理念的问题。与个人一样，一个不讲诚信的社会和国家，绝不会成为人们向往的社会和国家。在某种意义上，社会和国家更应该遵守诚信要求。因为生活在社会和国家当中的人是按照社会和国家的价值导向开展活动的，在一个谎言弥漫、假货横行、欺骗成风的社会和国家，一个人要想不撒谎、不欺骗是很难的。儒家倡导推己及人的差等之爱，墨家主张人人平等的兼爱。在现代社会，我们应该把差等之爱和兼爱思想结合起来，在爱自己、爱家人的同时友爱他人。只有如此，在充斥着资本和权力的工业社会才能感受到人与人之间的温情，整个社会在冰冷的秩序之外才会弥漫着人间真情，国家的强大不再只是以经济实力、科技实力和军事实力为代表的综合实力的强大，还包括洋溢着很强吸引力和感召力的文化软实力。如果人们都遵循爱国、敬业、诚信、友善的价值准则，那么，冯契所讲的"真善美"相统一的自由人格就能实现，"真善美"相统一的自由社会就会离我们越来越近。

三、社会主义核心价值观是中国特色社会主义文化的核心

价值观是文化的核心。由此可知，社会主义核心价值观是中国特色社会主义文化的核心。作为上层建筑的重要组成部分，文化是一定社会经济基础的反映，同时又对经济基础的发展起着巨大的反作用。我们党历来重视文化建设，早在新民主主义革命时期，毛泽东同志就提出了包含文化纲领在内的三大纲领。新中国成立之后，文化建设更是被置于重要地位。党的十八大以来，习近平总书记高度重视文化建设，指出文化是民族和国家的灵魂，文化强则民族强，文化兴则国运兴。习近平总书记在强调中国特色社会主义道路、理论体系和制度的重要性之后，指出"中国特色社会主义文化是激励全党全国各族人民奋勇前进的强大精神力量"。中国特色社会主义文化的主体部分是马克思主义，重要组成部分是中华优秀传统文化和其他人类优秀文明成果。中国特色社会主义文化源于中华优秀传统文化，熔铸于革命文化和社会主义先进文化，植根于新中国成立之后的社会主义建设，特别是改革开放以来的中国特色社会主义建设实践，是凝聚全国各族人民的重要力量。习近平指出，在新时代，发展中国特色社会主义文化必须以马克思主义为指导，坚守中华文化立场，立足当代中国现实，结合当今时代条件，发展面向现代化、面向世界、面向未来的，民族的科学的大众的社会主义文化，推动社会主义精神文明和物质文明协调发展。在中国特色社会主义文化建设当中，社会主义核心价值观的培育和践行处于重要地位甚至是核心地位。这一点可从以下两个方面得到论证。

（一）文化的影响力首先是价值观念的影响力

人是文化的产物，文化对人的影响是全方位的。前文已经对文化的功能做过介绍，在这里，还需要对中国特色社会主义文化对人的影响作出说明。首先，通过以文化人、以德育人，中国特色社会主义文化能够提高人的认识、评价和实践能力。在科学技术飞速发展的今天，一个人不学习先进文化就不可能跟上时代发展的步伐，也不可能实现自己的个人价值和社会价值。中国特色社会主义文化是能够满足人民群众精神需要的先进文化，是渗透社会生活各个方面的大众文化。中国特色社会主义文化对个体的影响可以通过多种途径来实现，如学校教育、家庭熏陶、干部培训、社会宣传、典型示范等。其中，学校教育是最为重要的途径。学校教育不仅传授给学生知识、技能，更为重要的是教会学生如何做

人、如何学习、如何解决问题。正因为如此，习近平总书记把"立德树人的成效作为检验学校一切工作的根本标准"，要求"真正做到以文化人、以德育人，不断提高学生思想水平、政治觉悟、道德品质、文化素养"。通过中国特色社会主义文化的影响，个体就能成为拥有成熟理性思维能力的人，独立思考自身发展和社会问题的人，能够科学分析和解决问题的人。其次，中国特色社会主义文化能够规范人与人、人与社会的关系。人不同于其他动物，不能仅仅凭借本能和基因处理个体之间和个体与群体之间的关系。因此，处理人与人、人与社会的关系就成为人类生活的重要组成部分。在漫长的历史发展过程中，不同的民族形成了处理人与人、人与社会关系的不同理念和方法，而后者就体现在各自的文化当中。这一点对中华文化来说尤为明显。可以说，中华文化特别是儒家文化的核心内容就是处理人与家人、长辈、他人以及君主的伦理道德关系，而且给出了不同于西方文化的处理原则和方法。中国特色社会主义文化是中华传统文化创造性转化和创新性发展的产物，再加上马克思主义包含丰富的关于处理人与人、人与社会关系的思想，因而能够有效规范我国公民之间、公民与社会之间的关系。最后，中国特色社会主义文化能够推动社会主义社会不断向前发展。在具体的历史语境当中，文化发挥着以文化人、以德育人和协调人与人、人与社会关系的作用。但从历史发展的宏观视角来看，文化的基本功能就是促进人的自身发展和人类社会的不断前进。不管经历多少坎坷和磨难，人们对美好未来的期许始终没有改变。这一点可以从儒家提倡的"大同社会""太平盛世"以及佛教所讲的"涅槃境界""极乐世界"当中看出来。马克思主义更是指出了剥削制度的必然消亡和共产主义社会的必然实现。中国特色社会主义文化是社会主义文化的一种具体表现形式，它通过凝聚共识和汇聚力量推动经济基础发展，进而推动中国特色社会主义事业不断进步，推动中华民族不断走向辉煌。

在文化的诸多内容当中，核心价值观对人的影响最为深刻和持久。习近平总书记指出："价值观念在一定社会的文化中是起中轴作用的，文化的影响力首先是价值观的影响力。"社会主义核心价值观是中国特色社会主义文化的核心中国特色社会主义文化的影响力首先就是社会主义核心价值观的影响力。社会主义核心价值观的重要影响力主要表现在以下三个方面：一是社会主义核心价值观决定着社会主义文化的先进程度。一种文化是否先进关键看它能不能满足人们的精神需求，能不能促进人的自身发展和社会的不断进步。或许有人会问，人的自身发展和社会的进步本身是一个仁者见仁、智者见智的事情，如何能凭借它们衡量文化的先进与否？的确，站在不同角度，对人的自身发展和社会进步的理解不一样。人类社会与自然界一样，都有自己的发展规律。因此，在诸多回答当中，有些是符合人类社会发展规律的。其中，马克思主义为人的自身发展和社会进步提供了科学解答。而社会主义核心价值观就是在马克思主义指导下提出来的，因此，它有助于人的自身发展和社会进步。正因为如此，以社会主义核心价值观为核心内容的中国特色社会主义文化也就是先进的文化。二是社会主义核心价值观深刻影响着人们的认识活动和实践活动。文化对人们的影响最终会体现为对人们认识、评价和实践活动的影响。而核心价值观直接影响着人们对自身需求以及客观事物满足自身需求情况的认识与评价，并进而影响人们改造客观世界以满足人们需求的实践活动。社会主义核心价值观从个人、社会、国家三个层面揭示人的需求，明确提出三个层面的价值准则、目标和理想。通过社会主义核心价值观的培育和践行，人们的认识、评价、实践活动将受到深刻影响。三是社会主义核心价值观是中国特色社会主义文化中最深层、最持久的力量。近年来，随着我国国际影响力的不断增强，很多国外游客慕名而来。有些人对中华文化充满好奇，有些人甚至喜欢上了中华文化。但是，真正领略中华文化核心价值和内在精神的外国人非常少。许多喜欢中华文化的外国人只不过是对中华美食、武术、书法、绘画、音乐、民俗、生活方式感兴趣而已。只有真正懂得并接受中华文化的精髓和实质，才可以称得上是真心喜爱中华文化。这里的精髓和实质就是核心价值观。社会主义核心价值观是中国特色社会主义文化的精髓和实质，只有接受并践行社会主义核心价值观，才称得上是热爱中国特色社会主义文化。随着时代的变迁和多元文化的冲击，中国特色社会主义文化的外围内容可能会发生改变，但只要核心价值观不变，中国特色社会主义文化的性质就不会发生改变。同样，在各种因素的影响下，中国特色社会主义文化的具体表现形式可能会发生改变，但作为深层内核，社会主义核心价值观就稳定得多。只要人们认同并接受社会主义核心价值观，它就能够内化成人们的思想观念，外化成人们的言行举止。

（二）社会主义核心价值观是社会主义文化软实力的灵魂

新中国成立以来，经过长期建设，我国已经成为经济大国和具有重要政治影响力的世界性国家。但是，我国是社会主义国家，以美国为首的西方资本主义世界始终没有放弃颠覆我国社会制度的图谋。在经济交往日益密切和我国军事实力不断增强的大背景下，西方通过武装对抗颠覆我国社会制度的可能性已经不复存在。他们转而采取意识形态斗争，试图通过文化渗透的方式影响和改变新生代的思想，然后策划、鼓动和支持年轻人走上街头对抗政府。这种方式西方人屡试不爽，先后在乌克兰、北非、中东地区、我国台湾（香港）地区广泛使用，制造了一系列社会动荡甚至武装冲突。青年一代是西方敌对势力积极拉拢和腐化的对象，正因为如此，习近平总书记强调意识形态工作是党的一项极端重要的工作，我们党"在集中精力进行经济建设的同时，一刻也不能放松和削弱意识形态工作，必须把意识形态工作的领导权、管理权、话语权牢牢掌握在手中，任何时候都不能旁落，否则就要犯无可挽回的历史性错误"。做好意识形态工作需要多措并举、多管齐下，其中，增强文化软实力是一项重要举措。在某种意义上，意识形态领域的较量就是文化之间的较量。不同于军事之争表现为大规模的人员伤亡和物质消耗，文化之争和意识形态之争静悄悄地发生在人们的思想活动当中。当然，激烈的文化之争也会转化为充满硝烟和流血的武装冲突。同样，不同于经济实力、军事实力、科技实力可以通过客观事物展示出来，文化软实力集中体现了一个国家基于文化而具有的凝聚力和生命力，以及由此产生的吸引力和影响力。在冷兵器时代，国家力量主要体现为军事实力；在热兵器时代主要体现为综合实力，在核武器时代文化软实力的重要性越来越凸显出来。之所以如此，有以下两个原因：一是核武器的巨大破坏力约束世界主要国家采取大规模军事斗争。特别是像美国、俄罗斯、中国这样的世界大国都将避免大规模战争视为维护自身利益的重要措施。美国在伊拉克、阿富汗等国的军事介入并没有给这些国家带来安定和富裕，相反，使得这些国家陷入长期的动荡之中，甚至沦落为恐怖主义滋生蔓延的大本营。二是文化是影响人们最深刻、最持久的因素。在物质匮乏时期，人们为了解决生存问题可以忍受恶劣的工作环境和生活环境，可以忽略精神需求。但是，随着人们物质生活水平的提高，精神需求的满足越来越重要。而且，对工作环境和生活环境舒适度、满足度以及自我价值的实现越来越关注，这就是当代文化影响力和吸引力产生的现实条件。

提高我国文化软实力需要加强社会主义文化建设，继续弘扬中华文化，推动中外文化交流互鉴。习近平总书记在主持十八届中央政治局第十三次集体学习时强调，核心价值观是文化软实力建设的重点，是文化软实力的灵魂，是决定文化性质和方向的最深层次要素。首先，社会主义核心价值观是文化软实力建设的重点。文化软实力建设的目的是提高文化的影响力和吸引力，而核心价值观是文化影响力和吸引力产生的关键。因此，我们党非常重视社会主义核心价值观的培育和践行。从社会主义核心价值体系建设到社会主义核心价值观的培育和践行，从提倡社会主义核心价值观到将其融合到社会各方面、各领域，社会主义核心价值观不仅成为中国特色社会主义文化建设的重点，而且成为文化软实力建设的重点。其次，社会主义核心价值观是文化软实力的灵魂。社会主义核心价值观之所以是我国文化软实力建设的重点，就是因为前者是后者的灵魂。文化软实力不在于文化的历史有多悠久，也不在于文化的成就有多辉煌，而在于文化的核心价值观对当代人有多大的影响力和吸引力。客观地说，当今世界，美国文化具有较强的影响力和吸引力。从外在形式看，许多人热衷于穿牛仔服、吃麦当劳、喝可口可乐、看美国大片、崇尚美国梦，但从实质上看，许多人被这些产品所承载的文化特别是价值观所影响和吸引。通常来讲，价值观对人们的影响力和吸引力越大，包含它的文化软实力就越强；反之亦然。再次，社会主义核心价值观决定中国特色社会主义文化的性质。社会主义核心价值观是社会主义核心价值体系的高度凝练，马克思主义指导思想是社会主义核心价值体系的重要内容，因此，坚持马克思主义指导思想也是社会主义核心价值观的内在要求。这也就决定了包含社会主义核心价值观在内的中国特色社会主义文化的根本性质。最后，社会主义核心价值观决定中国特色社会主义文化的发展方向。社会主义核心价值观包含三个层面十二个价值理念，在某种层面，价值理念就是价值理想，而价值理想就是中国特色社会主义文化发展的方向。具体来说，国家层面的价值理想是中国特色社会主义文化要服务的对象；社会层面的价值目标是中国特色社会主义文化在处理人与人、人与社会关系时倡导的根本原则；个人层面的价值准则是中国特色社会主义文化要建构的基本价值规范。总之，建设中国特色社会主义文化，增强我国文化软实力，提高全国各族人民对中国特色社会主义的文化自信，就必须在全社会积极培育和践行社会主义核心价值观。

第二节　社会主义核心价值观的价值意蕴

党的十八大首次提出了社会主义核心价值观，并以"三个倡导"作为它的主要内容。党的十八届三中全会进一步指出，要积极"培育和践行社会主义核心价值观，巩固马克思主义在意识形态领域的指导地位，巩固全党全国各族人民团结奋斗的共同思想基础"。在努力实现"两个一百年"奋斗目标的新时代，社会主义核心价值观成为全国人民思想道德建设领域的鲜明旗帜。社会主义核心价值观具有丰富的哲学内涵，它继承并发展了我国优秀的传统价值理念，体现了马克思主义的基本立场、观点和方法，凝练并丰富了社会主义核心价值体系。伴随着中国特色社会主义建设事业的不断推进，社会主义核心价值观将不断丰富和发展。在这层意义上，它超越了抽象僵硬且被教条化的西方主流价值观。

一、社会主义核心价值观是对我国优秀传统价值理念的继承与发展

中国传统文化非常重视伦理道德，后者的核心理念可以概括为"三纲五常"。"三纲"指的是"君为臣纲，父为子纲，夫为妻纲"。"五常"指的是"仁、义、礼、智、信"。随着经济社会的发展，"三纲"已失去指导和规范人伦的意义，但"五常"仍需秉承和坚持。在社会主义核心价值理念当中，"诚信"是对"信"和"仁"的继承，而"友善"是对"义"的扬弃。"五常"当中虽然没有敬业方面的内容，但中国传统文化包含着丰富的敬业思想。例如，"人心惟危，道心惟微；惟精惟一，允执厥中"（《尚书·虞书·大禹谟》）这句话被认为是儒家学说的"十六字心传"，其中，"惟精惟一，允执厥中"就有专心致志、不偏不倚的意思。古代设立学校培养学生"一年视离经辨志，三年视敬业乐群"（《礼记·学记》）。这就是说，第一年考查学生句读经文和明察圣贤志向的能力，三年以后考查学生是否一心向学并与同学和睦相处。其中的"敬业"就是指专心于学业。在传统文化当中，爱国与忠君紧密相连，爱国就要忠君，而忠君就是爱国。在21世纪的今天，我国早已推翻了君主专制制度，但热爱祖国仍然是每个公民应尽的道德责任。此外，对国家美好未来的憧憬是中国传统文化的重要内容。例如，《礼记·礼运篇》对"大道之行也，天下为公，选贤与能，讲信修睦……是故谋闭而不兴，盗窃乱贼而不作，故外户而不闭"的大同社会进行了描述，这是历代读书人的最高政治理想。从某种意义上说，这也是人们对国家富强安定、社会公正和谐的追求。

然而，社会主义核心价值观并没有停留在对传统价值思想的总结与继承上，而是在内容与含义方面都有了更进一步的发展。在内容方面，社会主义核心价值观除了继承传统价值观中已有的富强、和谐、公正、爱国、敬业、诚信、友善之外，还倡导民主、平等、文明、自由和法治。后者是我国传统文化比较欠缺或不是很重视的内容。在含义方面，社会主义核心价值观是对我国各族人民提出的价值要求，所涵盖的领域和范围要远远大于传统社会。例如，爱国不再是拥护和忠诚于某一家族主宰的封建王朝，而是热爱社会主义中国。敬业在古代主要指的是专心于圣贤之道或传承家业。现在，职业的种类细致而繁多，但不管干什么工作，敬业就要求人们热爱并专心于自己所从事的事业。通俗地说，就是干一行爱一行、干一行精一行。

传统价值观主张个体道德的生发是一个由内而生、再由自我推向他人乃至社会的过程。这一点在《大学》一书中表述得非常清楚。《大学》开篇就讲，"大学之道，在明明德，在亲民，在止于至善"。这就是儒家修身养性的"三纲领"。然而，"三纲领"过于抽象，

还需要具体化，这就衍生出格物、致知、诚意、正心、修身、齐家、治国、平天下的"八条目"。通过对"八条目"的专一用功就可以实现"三纲领"，从而成为儒家所表彰的圣贤。这一思想概括了儒家修养德行的基本步骤。与之类似，社会主义核心价值观也非常重视个人德性的养成。众所周知，单靠外在的道德灌输和说教，个体不会真诚且自愿地践行道德要求。行为个体只有将内在德性的生发与外在道德的说教结合起来，才能真正培育和践行社会主义核心价值观。对爱国、敬业、诚信、友善个人价值标准的强调就说明社会主义核心价值观非常重视个体内在价值观的培育和塑造。

二、社会主义核心价值观体现了马克思主义的基本立场、观点和方法

社会主义核心价值观立足于当前我国社会主义建设的实践基础之上，重视个人自由而全面的发展，强调个人的价值取向和诉求应该指向国家、社会和个人层面。这些都体现了辩证唯物主义和历史唯物主义的基本立场、观点和方法。

首先，社会主义核心价值观从国家、社会和个人三个层次论述了社会主义的价值追求和目标，体现了马克思主义关于事物相互影响、普遍联系的观点。具体来说，国家层面的富强、民主、文明、和谐离不开社会层面的自由、平等、公正和法治，更离不开公民个人的爱国、敬业、诚信和友善。国家和社会是由许许多多单个的人组成的，但又不是全体国民的简单组合。反过来说，单个的人不可能脱离社会和国家而存在。在马克思主义看来，人的本质不是单个人所固有的抽象物，在其现实性上，它是一切社会关系的总和。脱离社会与国家的人也就脱离了社会关系，从而就不是社会学意义上的人。正是在这一观点的指导下，社会主义核心价值观刻画了人们在国家、社会和个人三个层面的价值诉求，形成了内涵丰富、逻辑严密的价值理念体系。

其次，在马克思主义看来，存在决定意识，意识可以反作用于存在。经济基础决定上层建筑，上层建筑可以反作用于经济基础。作为观念上层建筑的社会主义核心价值观不仅塑造人的精神世界，还可以保障和促进社会生产活动。我们党历来非常重视物质文明建设和精神文明建设。邓小平同志就明确提出，建设社会主义国家，不但要有高度的物质文明，而且要有高度的精神文明。在现实层面，自改革开放以来，我国经济快速增长，经济总量不断增大，老百姓的收入和生活水平显著提高。与此同时，党中央也没有忽视精神文明建设。但是，社会的快速变革和转型以及经济全球化、文化多元化、信息网络化的冲击使得许多人在理想信念上发生了动摇，在价值追求上产生了偏离。具体来说，在市场经济

大潮的冲击下，一些人一心一意赚钱，忽视了亲情、友情甚至爱情，使得人与人之间的关系变得冷漠无情；一些人在纷繁复杂的社会生活中迷失方向，陷入精神空虚和价值混乱当中；有一些领导干部在金钱和美色的诱惑下放弃了党性与原则，以权谋私、贪污受贿；一些不法商贩为了赚钱不讲诚信、以次充好、以假乱真，严重干扰了市场秩序。这些现象不仅不利于人们的正常生活，也不利于经济社会的健康发展和国家的长治久安。社会主义核心价值观的提出是党中央在精神文明建设方面做出的最新战略决策，是平衡"两手抓，两手都要硬""两只脚走路"的重要部署。

再次，社会主义核心价值观的提出、培育和践行都不能脱离当前我国社会主义建设的实践活动。在马克思主义看来，价值是主客体之间的一种意义关系，它是在社会实践活动当中产生出来的。社会主义核心价值观来源于实践，但又高于实践。来源于实践就是指社会主义核心价值观是对实践活动价值取向的理论总结和提炼。高于实践有两层含义：一是抽象的理论高于具体的实践，核心价值观是抽象理论，因此，它高于实践。二是社会主义核心价值观可以反过来促进实践活动的不断发展。正因为如此，社会主义核心价值观的培育和践行就需要与我国的社会主义建设紧密结合起来，一方面培育个人的理想信念、道德素质，规范人们的行为举止；另一方面在把人们的潜质转化为现实生产力的同时，努力构建公平自由的社会秩序，建设文明和谐的现代化强国。

最后，社会主义核心价值观的根本目的是促进每个人自由而全面地发展。马克思主义的根本目的就是实现全人类的解放和每个人自由而全面的发展。社会主义核心价值观秉承了马克思主义这一基本思想，在新的历史时期，结合我国的社会生产实践活动，提出了三个层面的十二个价值目标。这些目标有些指向国家、有些指向社会，但归根结底还是指向活生生的、现实的人。个人塑造爱国、敬业、诚信、友善的德性不仅是为了实现社会的有序和国家的富强，更是为了个人自己的成长成才。建设富强文明的国家、公平自由的社会最终还是为了个人的自由而全面地发展。在马克思主义那里，全人类自由而全面的发展是每个人自由而全面发展的前提条件，这也就是社会主义核心价值观首先强调国家和社会层面价值诉求的根本原因。

三、社会主义核心价值观是对社会主义核心价值体系的凝练与丰富

社会主义核心价值观建立在社会主义核心价值体系的基础之上，是对后者的提炼和浓缩。它以非常简洁、严整的语法结构囊括了马克思主义指导思想、中国特色社会主义共同

理想、民族精神和时代精神以及社会主义荣辱观。

首先，社会主义核心价值观归属于马克思主义。我国是社会主义国家，马克思主义是我们党的指导思想，当前全国人民正在从事中国特色社会主义现代化建设。立足于这样的实践活动提出来的核心价值观本质上就是社会主义性质的，因而归属于马克思主义。实际上，"社会主义核心价值观"这一概念本身就表明它具有社会主义性质。从内容上讲，社会主义核心价值观将人们的价值取向指向国家、社会、个人三个层面。这里的国家是社会主义中国，社会是具有中国特色的社会主义社会，而个人是社会主义中国的成员。此外，社会主义核心价值观的培育和践行也要落实到一个个从事社会主义建设事业的劳动者身上去。这些都确保和凸显了社会主义核心价值观的根本属性。

其次，社会主义核心价值观表达了中国特色社会主义共同理想。在社会主义核心价值体系当中，共同理想就是在中国共产党的领导下，走中国特色社会主义道路，实现中华民族的伟大复兴。党的十八大以后，习近平总书记提出实现中华民族伟大复兴中国梦这一重大战略目标，为共同理想增添了时代内涵，确立了时代表达。"中国梦"的核心目标可以概括为实现"两个一百年"的奋斗目标，即到 2021 年中国共产党成立 100 周年时全面建成小康社会，到 2049 年中华人民共和国成立 100 周年时顺利实现中华民族的伟大复兴，具体表现为国家富强、民族振兴、人民幸福。通过分析就可以发现，中国特色社会主义共同理想在社会主义核心价值观中表现得非常充分。其中，爱国就是热爱社会主义中国，而中国共产党是我国的执政党，因此，爱国就内在要求人们拥护中国共产党的领导、拥护社会主义道路。而倡导富强、民主、文明、和谐，倡导自由、平等、公正、法治就是倡导大家共同努力实现中华民族的伟大复兴，即实现国家富强、民族振兴、人民幸福的"中国梦"。显然，社会主义核心价值观已经把社会主义共同理想内化在自己的具体内容当中。此外，随着社会主义核心价值观的培育和践行，它本身将逐渐成为全体国民的共同价值理想。

再次，社会主义核心价值观体现了民族精神和时代精神。在漫长的历史演进过程中，中华民族形成了以爱国主义为核心的伟大民族精神，具体表现为：追求团结统一、爱好和平、勤劳勇敢、自强不息。在改革开放的新时期，中华民族形成了勇于改革、敢于创新的时代精神。社会主义核心价值观不仅继承了像诚信、友爱、敬业这样的传统道德思想，更将爱国视为个人首先要承担的道德责任。同时，社会主义核心价值观吸收了西方优秀的价值思想，如自由、平等、法治，并将其与中国的国情结合起来。社会主义核心价值观还继承和弘扬了传统文化所蕴含的团结统一、和平相处的思想，这突出地体现在"和谐"一词当中。追求国家层面的和谐就是确保国家领土完整、主权独立、各民族团结进步，在与其他国家相处时秉承和坚持独立自主、友好相处的理念，共同营造"和谐亚洲""和谐世界"。

近年来，随着经济全球化和网络技术的快速发展，人们的价值观和理想信念受到了不同程度的冲击，主流意识形态的主导地位受到影响。面对这些新情况，党中央先后提出通过建设社会主义核心价值体系、培育和践行社会主义核心价值观来加强意识形态工作和思想道德建设。这就说明我们党敢于面对问题，能够创新思想解决问题。毫无疑问，这样的做法体现了时代精神。其实，在社会主义核心价值观当中，将富强、民主、文明、和谐，自由、公正、平等、法治，爱国、敬业、诚信、友善这三个不同思想来源的价值观念整合在一起作为我们共同的价值观，这本身就体现了我们党敢于创新、勇于探索的崇高品质。

最后，社会主义核心价值观是对社会主义荣辱观的继承和发展。社会主义荣辱观提倡热爱祖国、服务人民、崇尚科学、辛勤劳动、团结互助、诚实守信、遵纪守法、艰苦奋斗，反对危害祖国、背离人民、愚昧无知、好逸恶劳、损人利己、见利忘义、违法乱纪、骄奢淫逸。社会主义荣辱观明确指出以何为荣、以何为耻，什么是真善美，什么是假丑恶，这为人们在日常生活当中判断某种行为是否得当、如何做出道德选择以及确定正确的价值取向提供了方向和标准。社会主义核心价值观是对社会主义荣辱观的扬弃，它吸收了社会主义荣辱观当中的热爱祖国、辛勤劳动、团结互助、诚实守信、遵纪守法等内容，把它们凝练为爱国、敬业、友爱、诚信、法治。此外，又增加了富强、民主、文明、和谐、自由、平等、公正，并进一步将其区分为国家、社会、个人三个层面的价值追求。这使得人们对社会主义荣辱观的理解和掌握更为方便。相比于社会主义荣辱观，社会主义核心价值观倡导正面、积极的价值取向，对假丑恶的反对不再明确提及。同时，社会主义核心价值观的内容更加抽象、丰富，这就使其涵盖更为广泛的社会实践活动，为人们做出各种类型的道德判断和选择提供了简单易操作的标准。

总之，社会主义核心价值观一方面对社会主义核心价值体系的本质进行了凝练和概括；另一方面对社会主义核心价值体系进行了丰富和发展，在更为细致的层面上对价值追求目标进行了分类和归纳。就两者的关系而言，社会主义核心价值体系是社会主义核心价值观的理论基础，是系统化和完整版的社会主义核心价值观；社会主义核心价值观是社会主义核心价值体系的高度凝练，是便于人们掌握和遵循的价值规范。

四、社会主义核心价值观是对西方主流价值观的超越

西方价值观是一个笼统的概念，实际上，不同的西方国家，其价值观也不尽相同。就核心价值观而言，美国确定为"自由、民主、人权"，法国则强调"自由、平等、博爱"，英国的核心价值观比较宽泛，主要强调"自由、宽容、开放、公正、公平、团结、权利与义务相结合、重视家庭和所有社会群体等"。概言之，主流的西方价值观包含自由、平等、民主、博爱等价值理念。西方学者不断鼓吹这些价值主张，并把它们视为普世价值或人类共同的价值观。然而，任何价值观都不能脱离具体国家的历史文化传统与特殊的国情，超越一切差别的抽象价值观看似具有普遍适用性，实际上毫无指导意义。只有将抽象的价值观与具体的国情结合起来，才能成为大众乐于接受且能指导实践活动的行为规范。正是在这一层意义上，笔者认为社会主义核心价值观超越了西方主流价值观。

首先，就内容来说，社会主义核心价值观比西方主流价值观更为丰富和全面。它不仅包含作为西方主流价值观的自由、平等、公正、法治等，而且还吸收了中国传统的优秀价值理念，如爱国、敬业、诚信、友善，囊括了富有社会主义特征的价值追求，如富强、民主、和谐。相比于简单抽象的西方主流价值观，社会主义核心价值观具有更为丰富的内涵。本质上说，西方主流价值中的自由、平等、民主是政治层面的价值追求，博爱既可以是个人层面的价值要求，也可以是社会层面的价值规范。但是，个体不是孤立存在的，不仅需要与其他社会成员建立联系，而且要生活在具体的国家当中。社会主义核心价值观不仅包含个人层面的价值准则，还包含社会层面的价值规范和国家层面的价值目标，可以指导和规范人们的活动。此外，内容丰富、层次分明、要求明确的社会主义核心价值观更易于被人们理解和领悟，进而将其作为规范自己行为举止的标准。

其次，社会主义核心价值观根植于中国特色社会主义现代化建设的伟大实践活动之中。它一方面继承了中国的优秀历史文化传统，具有鲜明的中国特征、中国气派；另一方面凸显了我国的社会主义性质和马克思主义指导思想，具有明显的时代印记。因此，它不是抽象空洞的道德说教，而是具体生动的价值追求和行动目标。

再次，西方主流价值观强调个人的自由与平等，忽视了社会群体的自由和公正。然而，在现实社会当中，人与人之间在财富占有、社会影响、个人能力、机会拥有等方面存在差别，甚至有很大的差距。在这种现实情况之下，过分强调个人的自由和平等就会导致其他人的不自由和不平等，从而导致社会层面的不公正。与之不同，社会主义核心价值首先强调社会层面的自由、平等和公正，在此基础之上，个体才能享受较高水平的自由和平等。换句话说，社会主义核心价值观将个人置于由群体构成的社会和国家当中来追求自己

的自由和平等，从而使个体的价值取向和追求变得更加全面、更加合理。

最后，西方主流价值观自认为是"放之四海而皆准"的普世价值，忽视了国家和民族的多样性与发展实际。然而，每个国家的国情不同，经济社会发展的水平和目标也不一样，如果西方主流价值观不随着历史的发展而作出相应的调整与变革，那它将成为僵死的教条。但是，所有证据显示西方国家没有调整或变革其主流价值观的意愿和想法。与之不同，社会主义核心价值观不是简单的口号，而是随着实践活动的进步不断充实与发展的活的理论。当中华民族伟大复兴的"中国梦"实现以后，社会主义核心价值观的内容可能会发生改变，但核心价值观本身绝不会消失，这是因为我国的社会主义建设在共产主义社会实现之前不会停止，即使在共产主义社会，仍然需要共产主义核心价值观的引领。

总之，社会主义核心价值观继承并发展了我国优秀的传统价值理念，体现了马克思主义的基本立场、观点和方法，凝练并丰富了社会主义核心价值体系。它深深地根植于我国社会主义现代化建设的伟大实践活动之中，为各族人民确立了国家、社会和个人层面的价值目标、价值规范、价值准则。社会主义核心价值观的提出是马克思主义中国化的最新理论成果之一，积极培育和践行社会主义核心价值观是中国共产党在意识形态领域和思想道德建设方面做出的重要决策。社会主义核心价值观不是简单的口号，而是不断丰富和发展的活的理论。正是在这一层意义上，它超越了自以为是"普世价值"的西方主流价值观。

第二章

社会主义核心价值认同教育的重要性

"当今世界正在经历新一轮大发展大变革大调整，国际国内形势的深刻变化使我国意识形态领域面临着依然错综复杂的情况。面对多元思想文化交流交融交锋的情况，我们必须把培育和弘扬社会主义核心价值观作为凝魂聚气、强基固本的基础工程，作为一项根本任务，切实抓紧抓好。"对于好奇心较强、喜爱新鲜事物、追求时尚潮流与个性的当代大学生群体来说，由于缺少社会经验且心智尚未成熟，因此极易受到不良思想文化的影响，导致他们的价值观、人生观、世界观出现偏差。处于人生关键期的大学生能否拥有正确的价值观，不但关乎学生个人的健康成长，同时也关乎国家和民族的未来。因此，高校要重视并加强大学生社会主义核心价值观的认同教育，通过科学有效的教学方法，帮助树立正确的价值观，提高大学生对多元思想的判断力，保障广大学生健康成长。要对大学生社会主义核心价值观认同教育进行科学的认识与研究，首先要深入分析大学生社会主义核心价值观认同的概念及内涵、特点、要素、价值意义等理论问题，为准确把握认同形成的条件和过程，以及科学合理评价认同结果提供理论依据。

第一节　大学生价值观形成过程及明显特征

一、大学生价值观的形成过程

价值观的形成是一个外部因素影响制约过程和内部思想矛盾转化过程相统一的过程。它也是主客观因素在实践基础上相互作用的过程，包括认知、选择、认同和形成四个阶段。

（一）价值观的认知阶段

价值认知是指对价值观的理解，对价值观及其相关理论、原则、规范等的理解和认识，理解、掌握价值及价值观的知识与理论是大学生形成价值观的基本前提。大学生价值观的形成首先取决于价值认知。价值认知是价值选择、价值形成和价值确立的前提和出发点。

（二）价值观的选择阶段

价值选择，也就是说，必须对价值充分认识和了解，甚至经过审慎考虑、仔细分析和深刻理解，这是价值观形成的第二个阶段。大学生在生活和学习中会接触到各种不同的价值观，这些价值观引起了大学生的关注，并形成了相应的表象，即情感阶段。在此基础上，大学生进一步分析不同的价值观，形成新的价值观理解，即分析阶段。经过情感分析阶段后，大学生会对不同的价值观进行判断、筛选和接受，这就是选择阶段。然而，在大学生活中，大学生会遇到各种观念的交流与碰撞，也会受到各种社会思潮的影响。思维的活跃性、思想观念的稳定性和可塑性、辨别是非的能力的缺乏、理性判断和推理的不足，最终导致大学生价值观选择上的诸多问题。

大学生价值观的选择表现为三种形态：一是非自由选择。如果环境迫使个体采用某种价值，那么价值选择就失去了主动性。这种形式在一定的压力和环境下没有自由选择的权利。二是在一定条件下的自由选择。由于诸多因素的限制，如果没有可供多种选择的价值观，大学生不得不认可某一种观念，将其确定为价值观。三是运用比较思维，研究分析各种价值观，在慎重选择的基础上，最终确定具有稳定性和持久性的价值观。

（三）价值观的认同阶段

价值观形成的第三个阶段是价值认同，即内化阶段，这一阶段承接了价值选择，是大学生形成价值观的关键环节。这个阶段，大学生对某一种价值观产生一定的满意度和赞赏感，他们从内心深处真正相信并接受某种价值观，集中表现为两种：第一，是喜欢这种价值观，满足自身价值观的需要，赋予对象以价值，并展示这种价值观的有效性和意义。第二，发自内心地承认这一选择，对自己选择的价值观有信心，有自豪感。价值认同是大学生在现实价值选择中的一种爱憎好恶的态度，它反映了大学生对不同价值观的情感态度，是大学生价值观形成的强化剂和催化剂。

（四）价值观的形成阶段

价值形成是大学生价值观形成的最后一个阶段，即外化阶段。经过选择和认同，大学生会把一种价值观融入自己的学习和生活中，作为一种生活方式反复实践，而这一阶段的行为和价值观始终是一致的。首先，要真正接受价值观，并愿意在行动中受价值观的引导。其次，以确定的价值观为行动指南，坚持日常行为习惯，最终实现价值观的养成。

大学生价值观形成后，不可避免地受到生活经验、自身阅历、认知结构和道德发展水平等因素的影响。个体的几种价值观都处于适应、磨合和调整的过程中。如果彼此一致，个体就遵循。如果不一致，个体就要做出调整。当几种价值观念相互协调后可以共同支配个体的行为，也才会协力应对以后不断出现的新观念。因此，价值观形成后，应通过实践反复检验个体价值观，并在检验过程中不断加以确认，从而形成个体统一的价值体系和稳定的价值观。

二、大学生价值观的明显特征

大学生由于受到空间和时间的特定，本身是一个特定的群体。从空间上看，大学生身处高等学府，而时间上讲，大学生的年龄一般都在 17—27 岁。在这特定的空间和时间里，大学生随着年龄的增加，心理认知不断走向成熟。

从大学生的心理认知发展水平看，多数大学生的心理正处于迅速走向成熟但却未达到完全成熟的时期。从大学生的年龄阶段看，这一时期大学生正是从未成年向成年转变的过渡时期，换句话说，是从"孩子"到"成人"的社会角色转换时期。一方面，由于大学生智力发育已近成熟，知识储备日益丰富，经验的积累日益增多，大学生的理论思考能力和独立思考能力有了突飞猛进的发展；另一方面，在心理内容的核心方面发育尚不成熟，如社会适应能力、思想价值取向等方面还未达到成人水平，因而在多变的社会环境下，大学生常常不知如何应对，如何选择正确的方向。加之，当前大学生的社会实践积累不够，生活经验匮乏，因此在举止行为间还带有明显的稚嫩性和盲从性，特别是在社会态度方面，虽然具有一定的深刻性，但却往往带有不可忽视的片面性。大学阶段是一个人的心理品质全面发展与急剧变化的时期。在此期间，由于大学生的心理发展状态尚未完全成熟，大学生的心理状态普遍存在着不稳定与可塑性大的特点。随着生活空间的扩大，生活经验的不断积累，大学生的独立意识、自主意识和成人意识不断增强，他们开始重新审视评估自己，更加关注他人对自己的评价与态度，并逐步构建起个人特有的价值观体系与评判是非曲直的标准，价值观也随之形成，在价值观形成的道路上，既有高校文化氛围的熏陶，又有社会中非主流文化的冲击。任何一个社会群体，都有属于自身的文化，有群体成员共同拥有和信奉的价值观。任何一个社会个体，都是文化的产物，都有自己接受和遵循的价值观。任何社会群体的形成，都是由于群体成员的文化认同，由于一种大家共同认可的价值观、一个共同追求的理想目标而走到一起。大学生群体就是这样，大学生除了拥有所生活的社会上社会人的特征以外，还因为年龄和学历这些因素的限制，有自身特有的个性特征，正因为这些特征的影响，使得大学生价值观在主流价值观不影响的情况下呈现多样性的态势。

（一）鲜明的时代性

新时代赋予了大学生新的使命，在我国意识形态和社会背景的影响下，大学生价值观具有浓厚的时代气息，即鲜明的时代性。当今社会已进入了一个信息高速传播、经济文化大发展的时代，大学生不再受传统价值观束缚，当代大学生价值观的一个重要特征就是追寻理想与现实生活的相互平衡，大多数大学生仍然把理想视为自己的精神支柱，同时现实的残酷也让他们的价值观呈现出注重物质利益的务实倾向。在物质享受与精神自由上，大学生具有典型的双重个性，他们一方面追求物质享受；另一方面又期盼精神自由。他们通过努力实现自我价值，喜欢竞争和挑战，同时又讲究生活情趣和生活质量，追求物质生活的高消费，更多地是为了满足一些精神层面上的消费心理或攀比心理，如面子消费、时尚消费、炫耀消费等。他们追求面子、时尚，一方面是提升自己、炫耀自己；另一方面为了拉开自己与他人的距离，有居人之上的心理，奢侈品消费就是这种心理的集中体现。人们在消费品上追求两种东西，即商品的实用性及商品的区别性和炫耀性，奢侈品可以满足这种区别性和炫耀性，满足部分大学生欲高人一等的炫耀心理。大学生追求时髦时尚，不停地创新除旧的目的是用"物"代替自己的身份地位，来显示自己的价值。

如今，除了书本知识外，家长和学校都开始重视学生实践能力和独立人格的培养。学生在学校学习知识，在网上搜索新闻，向往独立自由，平等看待教师，坦陈内心感受。对待工作，大学生更注重自身价值观的实现，基本树立了能适应社会发展的价值观，如竞争意识、创新意识、环保意识等。对待金钱，大部分大学生能够做到不被利益诱惑，认为金钱不是万能的，但是在这个基础上，他们也认为没有钱是万万不能的，基本上大部分大学生主张"及时行乐""多挣多花"，对于传统"精打细算"的消费观基本淡化。具有鲜明的时代性。

（二）明显的前卫性

当代大学生最明显的特征要数前卫性，大学生正处于青年时期，是这个年龄层次受教育水平较高的群体，精力最为旺盛充沛，思想活跃，创新而不守旧，对新生事物的接受能力比较强。大学生总喜欢通过与众不同的表现来彰显个性，表现欲强烈是大学生的特质，在步入社会之前他们希望通过表现自己得到社会和家人的认可。在现实中，大学生追求个性解放，自我意识增强，审美观上追新求变，以体现其个性化，在学习上，他们能够打破常规，寻求更合理的学习方式方法，接受了大量的新知识新思想；在生活中，他们特立独行，敢爱敢恨，敢于跟不公平说不；在装扮上，他们活力四射，喜欢标新立异的时尚，能够紧跟时代潮流甚至率领潮流。大学生求新求异的心理特征使其对流行和时尚更敏感，他们能更迅速地接受新生事物，他们通过模仿社会上正在流行的时尚来评价自我和调整自我并成为社会人，从而增强与社会成员之间的共同意识、认同感和归属感。但是大学生心理的发展还没有完全成熟，他们急切地渴望长大，渴望成熟以求社会认同，追求流行和时尚能够帮助大学生拉近与社会的差异，学会调整自我从而达到心理的平衡和成熟。

当代大学生多为独生子女，从小受到父母及家族长辈的宠爱，这也养成了他们过于以自我为中心的习惯，在与他人或社会的关系上只从自我立场出发，很少从他人角度考虑问题。如何处理个人与集体的关系，最能反映一个人价值观的核心内容。当自我发展与集体利益发生冲突时，大多数大学生觉得牺牲自我没有什么，集体的事人人有责，只要符合集体的利益，个人无论做出什么牺牲都是合理的。但也有部分大学生在处理个人与集体的关系时，偏重个人利益，甚至为了达到个人目的而不择手段；也有部分大学生会不加分辨地吸收外来文化，认为"中国的月亮没有外国圆"，认为我国的传统文化守旧，甚至是控制他们的思想，因此，加强大学生社会主义核心价值观认同教育有非常重要的实践意义。

（三）价值取向的多样性

当今中国所处的时代，是一个改革开放深化的时代，是一个重视知识和人才的时代。特别是在全面深化改革、全面建设小康社会、推进法治的新阶段，在推进中国梦实现的关键时刻，大学生的社会地位和作用比以往任何时候都更加重要。合理、正确、科学的价值观决定着大学生的奋斗方向和精神状态，为他们提供了奋斗不息的力量源泉和精神动力。从大学生价值选择的角度来看，多元化是其显著特征。

首先，价值体系的层次性决定了价值取向的多样性。价值观是一个多元的综合体，根据不同的标准可以分为不同的类型。从层次上看，有一般的、特殊的和个别的；从主体上看，有个人价值观和社会价值观；从本质上看，有正确价值观和错误价值观。这就决定了大学生价值取向的多样性。

再有，价值体系的动态性决定了价值取向的多样性。客观事物总是处于不断变化之中，社会环境也在不断发生变化。一种价值观形成后，由于外部因素的影响，会有不同程度的相应变化。大学生将审视原有价值观和现行价值观，在保持价值观稳定的前提下，对价值取向进行一些改变和调整。动态环境中的价值观是多样的，大学生的价值取向也是多样的。

（四）价值选择的困惑性

大学生处在全球一体化、社会经济转型的时代背景下，受到多元文化、网络等的影响，部分大学生具有双重评价标准，知与行在他们身上表现出截然的对立性。再加上自身条件的局限性，在价值选择上也经常表现为困惑和迷茫，对现实生活中的一些问题不能做出正确的判断分析，易于被外界所左右而发生嬗变。同时价值困惑与价值矛盾成为大学生价值观特征中的重要表征。主要表现有：推崇理想又权衡得失；反对违反公德又有时明知故犯；强调公而忘私又关注个人成长发展；赞同自理自立，又不愿吃苦耐劳；对见义勇为肃然起敬，面对邪恶又犹豫不决。种种矛盾纠结于心，让他们觉得心中内疚郁闷，感到活得很累。

从主观因素来看，大学生的心理发展还处于不成熟阶段，各种能力都处于发展阶段。他们有一定的认知能力，但思维、分析和辨别能力不强；他们接受和吸收知识的能力强，但谨慎选择的能力弱；大学生有一定的理论基础，但缺乏理论深度；大学生注重价值选择的欲望强烈，但由于他们阅历尚浅、缺乏经验，在价值选择上多容易产生迷茫、困惑和疑虑。

就客观因素而言，进入21世纪以来，全球化和信息网络化不仅带来了中西文化的冲突和震荡，也带来了中国人思维方式和传统精神面貌的革新。在我国社会基本面貌发生深刻变化，社会价值领域发生巨大嬗变的环境下，新时代大学生最深刻地感受到时代变迁和价值领域的变化，思想文化和价值领域的错综复杂增加了大学生价值选择的难度和迷茫。

第二节　大学生社会主义核心价值观认同的内涵及特点

一、大学生社会主义核心价值观认同的内涵

（一）大学生社会主义核心价值观认同的概念

形成社会凝聚力最重要的因素是一个社会的核心价值观，它能够形成普遍的精神文化力量，形成人们共同的价值信仰。社会主义核心价值观作为当今中国最根本的价值追求，它所具有的先进性，可以对大学生的思想进步起到引领作用。目前，关于大学生社会主义核心价值观认同概念的研究，学界从心理学、教育学、社会学等学科进行了深入的阐释。从现有研究情况看，学者们依据认同形成的状态提出"动态说"和"静态说"；依据认同形成的过程提出"内外化统一说"和"渐进内化说"等重要观点，这些观点提出的逻辑起点各异，并未达成共识。因此，有必要对大学生社会主义核心价值观认同的概念进行科学界定。

党的十八大提出："倡导富强、民主、文明、和谐，倡导自由、平等、公正、法治，倡导爱国、敬业、诚信、友善，积极培育和践行社会主义核心价值观。"从功能上说，社会主义核心价值观具有制度建构作用，它首先是规定我国基本制度的价值属性的，它首先要体现在国家的制度及其运行当中，体现在改革发展的大政方针之中，同时当然体现在了每一个公民的思想和言行之中。作为"公民行为规范"的社会主义核心价值观，要落实到人们的思想和行为中，关键在于实现人们对它的认同。可见，人们认同的目的是将作为"公民行为规范"的科学理论体系转化为自身的思想意识，成为指导行为实践的准则，成为指导和评价人们思想和行为的价值规范。

社会主义核心价值观是社会的主导价值规范，它必然要求社会成员按照既定的价值规范开展活动，使社会成员的思想行为符合相应的社会要求，并按照特定的价值规范原则重塑自我。从这个意义上说，规范总是指人的行为的规范，离开了人类社会和人的行为就不存在规范。在行动发生之前，规范主要通过引导或约束行动来对其加以调节；在行动发生之后，规范则更多地构成了评价这种行动的准则。作为"公民行为准则"，社会主义核心价值观是国家和社会大力倡导和践行的，它要求大学生的思想行为和实践活动遵循这一标准，切实按照社会规范办事。

因此，作为规范大学生学习、生活、交往和社会实践的行为规范，社会主义核心价值观存在于大学生的学习和生活、社会交往和实践中，这不仅是规范大学生日常生活的需要，也是提升其思想境界和实现全面发展的要求。培养大学生社会主义核心价值观的目的是实现大学生对社会主义核心价值观的自觉接受和内化践行。基于这种认识，笔者认为，大学生社会主义核心价值观认同，就是大学生发自内心自觉接受社会主义核心价值观，将其深入到自己的头脑，内化为自己的价值取向，在思想上和行为上真正认同其价值倡导，在内化的基础上，自觉践行其价值要求，做到外化于行，进而成为大学生群体普遍遵循的价值观，成为引导、规范大学生群体思想行为的主导价值观，使其在大学生的价值观念中成为"核心"。

（二）大学生社会主义核心价值观认同的内涵

纵观古今中外，教育无疑是所有阶级和国家传播核心价值观最重要、最直接的途径，是形成广泛的社会成员价值认同的关键环节。作为主流价值观传播的主阵地，高校必须通过多种形式的教育，在思想上认知认同其内容，熟知它的内涵，同时，通过优化教育环境，潜移默化地增强大学生对社会主义核心价值观的认同情感。另外，要注重实践教学环节，在实践过程中，实现认同的进一步升华和行为认同的践行。总之，大学生社会主义核心价值观认同教育就是通过高校教育，促进大学生对社会主义核心价值观的认知认同、情感认同和行为认同，学习、信仰和践行社会主义核心价值观。

大学生社会主义核心价值观认同的内涵集中体现在认同主体的人本性、认同客体的确定性、认同过程的转化性和认同结果的多重性等四个方面。

1. 认同主体的人本性

大学生社会主义核心价值观的选择、接受、内化和践行，在一定程度上不是外部宣传教育的结果，而是大学生根据自身需要选择的产物。大学生是集自然、精神和社会属性于一体的统一体，在自身需求的驱使下，他们对现实中获得的一些规定总是不满意，渴望提升自己的自然性、精神性和社会性，不断地自我提升、自我完善和自我发展。在自我提升和发展的过程中，大学生自身的需求也会逐渐发生变化，满足大学生发展需求的外在事物也会随之发生变化。只有外部事物满足大学生全面发展的需要，切实尊重大学生的合理需求，坚持以其合理需要为转移，社会主义核心价值观才能被大学生选择接受和内化践行。因此，认同主体具有人本性。

2. 认同客体的确定性

认同是对特定对象的选择接受和内化践行。社会主义核心价值观作为大学生认同的对象，无论是内在的本质还是外在的联系，都是确定的。就内容而言，它是一个综合了国家价值目标、社会价值取向和公民价值准则的观念体系。它不仅是国家层面富强、民主、文明、和谐的价值目标，也是社会层面自由、平等、公正、法治的价值取向，甚至是公民层面爱国、敬业、诚信、友善的价值准则，每一个层面的内容都是确定的。就形式而言，这三个层面表现为国家、社会和公民的相互依存关系，体现了目标、权利和义务的相互依托关系，这也是确定的。因此，在内容和形式上，认同客体具有确定性。

3. 认同过程的转化性

在大学生对社会主义核心价值观的认同形成中，需要将其转化为内在思想意识，并将这种思想意识转化为外在行为。从外在的社会主义核心价值观的"灌输"到内在意识形态或价值体系的形成，再从价值体系到日常行为习惯的有效转化，包括内化和外化的两个转化环节。只有通过内化和外化的逐步转化，使大学生的价值观体系和日常行为实践、习惯符合社会要求，才能真正实现价值认同，因此认同的形成过程具有转化性。

4. 认同结果的多重性

结果是代表事物发展的阶段性状态。大学生社会主义核心价值观认同经过内外因素的相互作用和内外因素的转化，其最终形成的状态就是认同的结果。然而，在认同形成的过程中，由于大学生的差异性和层次性、社会主义核心价值观理论本身的复杂性和通俗性、认同条件的多维性，宣传教育的针对性和实效性等的差异，认同结果必然会出现明显的多重性，呈现出多种多样的状态。因此，认同结果具有多重性。

二、大学生社会主义核心价值观认同的特点和要素

（一）大学生社会主义核心价值观认同的特点

特点是一事物区别于他事物的内在规定性。大学生具有价值观既定型又未定型、心理既成熟又未成熟、生理既发育完全又未完全的多重属性，决定了大学生社会主义核心价值观的认同具有层次性、差异性、易变性和可控性等特征。

1. 层次性

层次性特点是由社会主义核心价值观的层次性与大学生群体的层次性共同决定的。

社会主义核心价值观体现了国家、社会和公民三个层面的内容和形式。国家层面的富强、民主、文明、和谐等要素得到了大学生的广泛认同。社会层面的自由、平等、公正、法治等要素显得抽象，难以被大学生理解和认同。公民层面的爱国、敬业、诚信、友善等要素是大学生的日常行为准则，受到大学生的高度认可和践行。相关的实证研究已经证明了这一点，即大学生对客体的认同呈现出公民层面、国家层面高于社会层面的特点。另一方面，大学生年龄、年级、受教育程度等方面的差异决定了大学生对核心价值观的理解、认同和践行的差异，呈现出一定的层次性特点。

2. 差异性

差异性特点是由认同客体要素和大学生的差异性共同决定的。社会主义核心价值观是由多种要素构成的价值体系。每个要素都蕴含着不同的内涵，代表着完全不同的价值行为要求，具有明显的差异性。自由、公正、平等、法治等要素与诚信、友善、爱国等要素相比，具有抽象性和复杂性，这使得不同的认同主体对其内涵有不同的理解。对其内涵有深入了解和掌握的大学生，认同和践行程度相对较高；理解和掌握程度低的大学生，认同和践行程度相对较低。同时，大学生在性别、学段、学科等方面的差异也决定了认同的差异性。"在性别方面，男性的核心价值观认同倾向于粗放情形，比较模糊，但趋向理性，女性则过于细腻，相对清晰，但过于感性；学段上的特点主要是随着学段的增加，逐渐从被动普遍认同到主动选择认同"；从学科背景变量来看，总体上表现出人文社会科学专业的大学生相对好于自然科学专业的大学生。

3. 易变性

大学生对社会主义核心价值观的认同具有易变性，究其原因，一是大学生正处于价值形成的关键时期。他们单纯的社会经验和生活经验使他们的认同形成容易受到外界的干扰和影响。同时，"泥沙俱下、鱼龙混杂的现实环境影响往往使其产生一些疑惑、失望、怀疑的价值迷茫，这些消极因素会影响到他们的价值判断，从而产生一些情感认同危机"，随时可能动摇既有价值观。二是大学生心理尚不成熟，知情意行等因素发展不平衡。认知能力、情绪情感和意志行为的失衡，使大学生的认知时而深刻时而肤浅，情感时而激荡时而矛盾，意志时而坚定时而动摇。这些感性要素作用的不平衡性使得认同的形成容易受到某一要素的制约和左右，随时可能改变认同形成的方向。因此，大学生价值观的不定型性和知情意行的不平衡性使得认同具有易变性。

4. 可控性

经过内在的自我调节或外部引导，大学生对社会主义核心价值观的认同会朝着符合社会要求的方向发展。也就是说，在认同形成过程中，通过满足大学生的内在需求或外在的宣传教育，可以将他们的价值行为实践引导到符合社会要求的方向上来。马克思指出，"价值"这个普遍的概念是从人们对待满足他们需要的外界物的关系中产生的。这说明价值是从属于人的需要与满足之间的关系的范畴。社会主义核心价值观能够满足大学生的需要，增强他们对社会主义核心价值观的渴求，并自觉地将其内化为自己的思想意识和行为意识。宣传教育是按照一定的社会要求，有计划、有目的、有组织地开展的活动，能够引导大学生的价值观达到社会要求。由此可见，无论是从内还是外在来看，它都具有一定的可控性。

（二）大学生社会主义核心价值观认同的要素

要素是构成系统的必要组成部分。在大学生社会主义核心价值观认同体系中，要明确"谁认同""认同什么""如何实现认同"等问题。因此，认同主体、认同客体和认同介体是大学生社会主义核心价值认同的构成要素。

1. 认同主体

哲学视角上，主体是指有目的、有意识地从事实践活动和认识活动的人。可见，任何认知活动和实践活动都离不开一定的主体。简言之，认同主体是从事认同活动的人。认同是一种思想认识活动，即人们对事物的认识，内含着主客体关系。认同是大学生对社会主义核心价值观的认知活动，它明确了大学生是认同的主体，不仅体现为大学生群体，更体现为大学生个体。认同的发生和结果最终体现在大学生的思想行为上。"认同主体是社会主义核心价值观认同活动中最值得关注的因素，也是认同最终能否取得成效的决定性因素。"大学生是一个特殊的社会群体，受过高等教育，具有丰富的知识储备，"思想政治状况总体上呈现积极进取、奋发有为的良好态势"。但他们未完全踏入社会，缺乏社会经验，对现实缺乏认识，这一特殊性使大学生必须成为社会主义核心价值观认同的主体。

2. 认同客体

认同的客体，即作为认同对象的社会主义核心价值观，是大学生选择接受和内化践行的外界物。党的十八大提出"三个倡导"，即"倡导富强、民主、文明、和谐，倡导自由、平等、公正、法治，倡导爱国、敬业、诚信、友善"的社会主义核心价值观，"是在应对西方资产阶级价值观的挑战中构建的，是针对社会主义市场经济环境的需要而产生的，也是在我国社会主义精神文明建设的实践中不断提炼的"，从根本上回答了国家和社会的走向、公民精神风貌等重大问题。马克思主义认为："统治阶级的思想在每一时代都是占统治地位的思想。这就是说，一个阶级是社会上占统治地位的物质力量，同时也是社会上占统治地位的精神力量。"一个国家要建立和巩固其社会基础，就必须建立一套与这个国家制度相适应的上层建筑。社会主义核心价值观作为观念上层建筑，是建立在我国以公有制为主体的经济基础之上的，具有民族特色的价值观体系，要使其转化为人们的行动指南，投身于中国特色社会主义实践，就必须实现对它的认同，真正使社会主义核心价值观的培育成为应对西方价值渗透和市场经济负面影响观念的上层建筑，成为大学生实践活动的价值导向和行动指南。

3. 认同介体

认同介体是主体与客体间相互联系或相互作用的中介因素，既是主体与客体之间的纽带和桥梁，又具有承载、传递和反馈社会主义核心价值信息的功能，还能够对其进行选择、加工和处理，转化为符合大学生接受的内容和形式。社会主义核心价值观要进入大学生的思想意识，首先需要一定的介体来选择和处理认同客体，然后以一定的价值内容或形式传递给认同主体。但是，这种选择、加工和处理并不是随心所欲的，既要符合大学生的价值需求和接受规律，又要符合社会要求，符合社会主义核心价值观本身的价值内涵。认同结果是否符合社会要求，必须利用认同介体进行反馈，才能检验其是否符合社会要求。如大学生思想政治理论课、宣传教育、社会实践、大众传媒等，都是认同介体。以教育活动为例，教育者需要根据社会需求对社会主义核心价值观进行加工，并以适合大学生认同的形式将加工好的核心价值信息"灌输"给大学生。同时，认同结果也将通过教育活动反馈给教育者或社会，教育者将根据认同结果对教育活动进行调整。因此，认同介体不仅是承载、传递和反馈信息的中介因素，也是价值信息选择、处理和加工的承担者。

第三节　大学生社会主义核心价值观认同的主客体条件

一、大学生社会主义核心价值观认同的主体条件

实现大学生对社会主义核心价值观的认同，需要具备强烈的价值需求、合理的知识结构、较高的主体素质和积极的价值实践等主体条件。

（一）强烈的价值需求

强烈的价值需求是大学生认同社会主义核心价值观的内在动因。"需要是激发人的意识活动的基本动因，是价值意识的深刻基础。"人的需要是驱动、激励和促进认同主体选择接受对象的内在驱动源，是确定认同主体价值取向的内在依据。任何人如果不同时为了自己的某种需要和为了这种需要的器官而做事，他就什么也做不成。正因为需要是人从事一切活动的动力源，是人活动动机和目的的原始根据，使得"价值"这个普遍性的概念是从人们对待满足他们需要的外界事物的关系中产生的。与价值不同，价值观是思维和精神领域的东西，是现实的价值关系运动的反映和产物，因而也就是现实发展着的需要关系的反映和产物。可见在价值和需要之间，人们根据自身的需要创造价值，也形成对价值的看法和观点。同时，人的价值观念又影响和制约着人的价值需求和价值实践。核心价值观能否被大学生选择、接受、内化为价值行为意识，并转化为价值行为实践，在一定程度上取决于大学生的价值需求强度。大学生的价值需求越强，认同效果越好。社会主义核心价值观作为人们价值追求的客体，既满足了大学生最深层次的精神需求，又符合大学生的价值追求、价值选择和价值标准。在强烈需要的驱动下，使得认同得以实现。

（二）合理的知识结构

合理的知识结构是大学生认同社会主义核心价值观的主体条件。马克思主义认为，只有音乐才能激起人的音乐感；对于没有音乐感的耳朵来说，最美的音乐也毫无意义。也就是说，任何主体对特定客体的感觉、认识和理解，受制于认同主体既有的相应条件。只有创造相应的条件，才能更全面地认识对象。社会主义核心价值观作为人们认识和理解的对象，同样受制于认同主体的知识结构。认识和理解社会主义核心价值观，主体不仅要有一定的知识储备，而且要形成合理的知识结构，才能全面系统地认识社会主义核心价值观。任何科学思想理论都是建立在对细微而具体的社会问题的洞察基础上的。社会主义核心价值观作为一种系统而全面的科学理论，涉及国家、社会和公民三个方面，可以说是对复杂社会问题的有力回应。对系统全面的社会主义核心价值观的认识和理解，要求大学生要具有丰富的知识储备，并在此基础上形成合理的知识结构，否则对客体的认识和理解也是一知半解、浅尝辄止。但是，由于大学生知识储备和结构的不同，对社会主义核心价值观的认识和理解程度必然存在差异。大学生只有具备相应的知识储备，形成合理的知识结构，才能为实现社会主义核心价值观的认同创造前提条件。

（三）较高的主体素质

要实现大学生对社会主义核心价值观的认同，必须要求大学生具备较高的思想素质、政治素质和能力素质。

1. 较高的思想素质

较高的思想素质可以为大学生社会主义核心价值观的认同提供思想保证。思想不仅能够能动反映客观世界和人自身，而且能指导人们改造客观世界和人自身。人的思想素质是人的思想认识、觉悟、观念和方法的集合。在一定程度上，人们思想素质的高低反映了人们认识和改造客观世界的能力，即人们的思想认识越深，思想觉悟越高，思想方法越正确，思想方法越科学，人们认识世界和改造世界的能动性、主动性和积极性也就越强。当前，大学生思想状况总体呈现健康向上的状态，他们在改造客观世界的同时，也积极改造自身的主观世界，不断更新思想观念，提高思想认识和觉悟，创新思维方法，为实现社会主义核心价值观的认同创造良好的思想条件。但在一定程度上，部分大学生的思想素质也存在着思想认识与行为脱节、思想觉悟不高、思想方法不合理等问题，对大学生认识客观世界和改造客观世界甚至改造主观世界形成障碍。这就要求大学生要提高自身的思想素质，消除思想矛盾，形成良好的思想素质，为实现认同提供思想保证。

2. 较高的政治素质

较高的政治素质能够为大学生社会主义核心价值观的认同提供政治保障。任何阶级主流意识形态的培育都不能抹去其鲜明的政治色彩，都要求其社会成员具备国家和阶级所要求的政治素质。明确的政治方向、坚定的政治立场和高度的政治鉴别力，是保证大学生思想行为发展朝着国家和阶级价值要求的方向发展的重要政治保障。政治方向越明确，政治立场越坚定，政治鉴别力越高，大学生就越会自觉选择接受国家倡导的主流思想文化，将国家和阶级的价值要求内化为自身的价值行为意识，并将其转化为社会所要求的行为习惯。相反，则可能与国家倡导的主流意识形态、思想文化和价值观发生冲突或排斥，成为影响认同实现的障碍，无法使大学生的思想意识和行为习惯满足社会价值要求，也无法实现社会主义核心价值观的实质性认同。

3. 较高的能力素质

较高的能力素质能够为大学生认同社会主义核心价值观提供智力支持。能力表征的是大学生完成一定工作的胜任力，是大学生从事认知活动和实践活动的智力要素。一个人的能力如何，在未进入认知活动或实践活动之前，它以潜在的形式存在。只有进入认知活动或实践活动，由潜在形态向显在形态转化时才能体现出来。实现能力的潜在化向显在化转化的效果如何，取决人们的能力素质的高低。大学生对客体的认同，只有充分发挥其能力素质的积极作用，客体才能进入他们思想意识并转化为价值行为实践。能力素质越高，对系统复杂的社会主义核心价值观的分析和科学判断、比较就越全面，自觉把科学的思想理论转化为自身价值行为意识。反之则难以形成对社会主义核心价值观的科学认识和有效内化践行。

（四）积极的价值实践

为确保大学生价值行为实践符合社会要求，积极的价值实践成为重要条件。人们对科学理论的理解受到社会地位、实践水平和能力的限制。人们的价值取向是否符合社会标准，只有到社会实践中接受社会实践的检验来确定。大学生对社会主义核心价值观的认识是否符合社会要求，不是仅凭主观感觉判断，而是要通过掌握实践力量的大学生进行价值实践，接受实践检验，才能得以确证。价值实践是指主体将社会价值观与社会实践相结合并最终实现对社会实践的改造的各种活动。社会主义核心价值观与社会实践的结合，只有大学生将其内化为价值行为意识并转化为价值行为实践，作用于社会实践，才能改造社会实践，才能实现理论与实践的结合。实践是认识的源泉，人们在改造客观世界时，又不断深化对客体的认同。正如所谓观念的形态停留在人的头脑中一样，并不会引起客观世界的变化，只有在改造客观世界的过程中，才会引起主观世界的变化和发展。大学生对社会主义核心价值观的认同是一种意识活动，但仅仅内化为思想行为意识，不接受实践的检验，不足以判断大学生的价值取向是否符合社会要求。大学生只有积极开展价值实践，把价值观转化为积极的价值实践，才能深化对社会主义核心价值观的认同，才能检验认同的结果。

二、大学生社会主义核心价值观认同的客体条件

实现大学生对客体的认同，客体内容上，需要具备科学性和透彻性；客体形式上，需要具备通俗性和契合性。

（一）价值内容的科学性和透彻性

就价值内容而言，科学性和透彻性是核心价值观的重要理论品质。价值内容的科学性和透彻性能够引起主体预期的思想行为的变化，从观念、思想和行为上认同社会主义核

心价值观。

1. 价值内容的科学性

价值内容的科学性是主体从观念和思想上认同客体的前提。内容的科学性与否直接决定着大学生对认同客体的选择、接受与内化践行。把科学的价值内容融入大学生的思想意识中，可以促进大学生对认同客体概念的接受和思想认可，相反，则从思想观念上排斥和抵制社会主义核心价值观。理论的学科性，即内容符合客观实际而非主观臆断的思想理论，能够经得起实践的检验，能够对现实问题作出科学合理的解释。社会主义核心价值观的科学性主要体现在以下几方面：一是在归属上属于社会主义核心价值体系，是"体系"的核心。它的产生和凝练并未脱离"体系"的胞胎。二是核心价值观"本质上说就是马克思主义的核心价值观，是马克思主义核心价值观的具体形态、当代形态和中国形态"。三是在源头上属于中华优秀传统文化的根本源头。它是以优秀传统文化为源头的价值建构，是有源之水、有本之木的社会主义核心价值观。四是在功能上，既立足于实践又指导实践，它是在实践中凝练出来的科学理论，能够在实践中接受检验。社会主义核心价值观在属性、性质、来源和功能上有着深刻的渊源，是经得起推敲的科学理论，而非主观臆断的思想理论。因此，社会主义核心价值观内容的科学性，是大学生从观念上、思想上选择接受和内化践行的重要客体条件。

2. 价值内容的透彻性

价值内容的透彻性是主体从思想和行为上认同客体的关键。马克思主义认为，理论的彻底性就是抓住事物的根本。价值内容是否深刻，能否把握事物的本质，关键在于能否科学地指导实践。如果社会主义核心价值观能够指导实践，满足大学生的实际需要，就能够得到认同。相反，就会失去说服力和阐释力，引起大学生的质疑，进而影响他们对客体的认同。社会主义核心价值观是以马克思主义为指导的思想理论，是中国共产党人立足中国历史实践的经验总结和现实实践的科学凝练，是在准确把握中国人民价值需要的基础上凝练出来的理论精华，本质上说，其理论的彻底性是无可厚非的。它不仅是以马克思主义为指导的意识形态理论的当代建构，源于实践，又能够科学地指导实践；而且符合广大人民群众的实际需要和利益诉求，能够激发大学生对科学理论的执着追求。彻底的社会主义核心价值观能够说服大学生，科学地指导大学生的行为实践，是实现大学生社会主义核心价值观认同的重要客体条件。

（二）价值形式的通俗性和契合性

在价值形式上，通俗性和契合性能够引起大学生的心理和情感变化，在心理和情感上认同社会主义核心价值观。

1. 价值形式要具有通俗性

社会主义核心价值观是既定的存在物，其通俗性只有经过外在转化才得以实现。通俗性是社会主义核心价值观经过外在转化而呈现出来的在形式上的表征，社会主义核心价值观通俗程度越高，其理论亲和力就越强，使大学生在心理和情感上认同它；否则，就会增加大学生的认知难度，阻碍认同的实现。价值形式要呈现出通俗性，就是"要用人民群众能够听得懂的语言进行表达，去除社会主义意识形态的过度'神圣性'，增强中国特色社会主义理论体系的亲和力和普适性，让人民群众能够理解、听得进去"。社会主义核心价值观的转化，是否要消除其复杂性、抽象性和神圣性，增强其亲和力、普适性和吸引力，使大学生从心理和情感上选择接受，直接关系到认同的实现。必须化复杂为简单、化抽象为具体、化神圣为朴素，将社会主义核心价值观转化为更加通俗易懂的价值形式，从而更好地实现大学生对客体的认同。

2. 价值形式要具有契合性

价值形式的契合性是使转化后的价值形式契合大学生的认知和接受方式，从而激发大学生认识和接受价值内容的心理冲动。认知方式是人们认识客观事物的形式或方法。价值形式与大学生的认知方式的契合程度越高，就越能对认同客体形成全面、系统的认识和理解。接受方式是人们选择接受核心价值信息的形式或方法。价值形式与大学生的接受方式的契合程度越高，大学生就越容易选择接受核心价值信息，并将契合的信息整合、内化为自身的内在思想意识。在培育过程中，价值内容总是通过各种解读、宣传和教育来转化和展示，但其所彰显的价值形式不一定会引起大学生的心理变化、激发大学生的情感因素。只有将诠释、宣传、教育所彰显的价值形式与大学生认知方式、接受方式相契合，才能激发大学生的价值需求和心理情感接受，才能使核心价值信息被大学生接受和内化，否则可能会受到排斥甚至质疑。必须将客体进行加工处理，转化为符合大学生认知方式和接受方式的信息和声像，使价值形式更具契合性，才能更好地实现大学生对社会主义核心价值观的认同。

三、大学生社会主义核心价值观认同的主要内容阐释

2012 年 11 月，党的十八大报告中，首次提出了"三个倡导"的社会主义核心价值观，这"三个倡导"指明了社会主义核心价值观培育的基本内容，也是大学生社会主义核心价值观认同的主要内容。

（一）国家层面价值目标的认同

社会主义核心价值观在国家价值目标上倡导"富强、民主、文明、和谐"，就是要实现一个这样的国家。这些价值理念支撑着中华民族伟大复兴的中国梦，是中华民族朝着实现强国梦的道路而奋斗，是中国特色社会主义强国梦道路上的指明灯。

1. 富强

实现国家富强、人民共同富裕。首先，国家的富强更多地体现在经济实力和生产力上。生产力进一步解放和发展，人民生活水平有所提高，收入水平与经济发展水平相适应，收入差距逐步缩小，可支配收入增加，文化消费水平提高，人们对生活质量的要求明显提高，获得感和幸福感显著增强。其次，富强与共同富裕具有统一关系。富强是发展生产力和实现共同富裕的统一。中国经济总量跃居世界第二位，成为世界第二大经济发展体。新时代中国经济发展更加注重发展质量和供给侧结构性改革等各项政策的落实，推动我国经济朝着高质量方向发展。在"五位一体"的总体布局中，要更加注重协调发展，突出经济发展和政治、社会、文化、生态的均衡发展，用五大新发展理念引领经济发展。国家综合实力的强大、人民生活的共同富裕最根本的是生产力的发展，要实现富强梦，需要大力解放和发展生产力。

社会主义核心价值观的认同教育，就是要让大学生通过对核心价值观的认同而自觉为国家富强、民族复兴、人民幸福的中国梦而奋斗，这是大学生的神圣使命。"中国梦"不仅是一个国家的梦，也是每个人的梦。十三亿多人民的梦想共同构筑成了中华民族富强、民族复兴、人民幸福的中国梦。为了实现自己的人生理想，大学生必须在中国梦的指引下，朝着这个伟大的方向努力。实现国家富强、人民共同富裕，是中国特色社会主义的本质要求，为新时代大学生奋斗指明了方向。

2. 民主

民主价值观认同。民主作为目的与手段的统一，体现了民主的价值。民主更多地体现在政治文明上，是社会主义国家民主的重要标志，是社会主义民主国家所追求的价值理

念。社会主义民主的价值体现在以下几方面：第一，近代中国人民追求民主的历史深远。为了建设民主国家，中华民族艰苦奋斗，抵御外部侵略，推翻压在中国人民头上的"三座大山"，建立了新中国，不断完善民主政治制度，努力朝着民主现代化国家的方向前进。第二，社会主义民主的意义。社会主义民主的本质是人民当家作主，体现在民主制度中，融入民主选举、民主决策、民主管理、民主监督的政治制度之中。人民民主解决了人民内部的矛盾，是党和政府正确决策的依据，中国特色社会主义民主政治充分体现了人民性。坚持民主集中制和政治体制改革，有利于民主政治的实现。"四个全面"的战略布局，为中国特色社会主义民主政治的发展提供了基本指导，在"五位一体"的综合布局中，实现了政治、经济、社会、文化、生态的协调发展。

社会主义核心价值观中民主观的认同，是让大学生追求民主，这是他们的社会责任。大学生作为知识分子群体，具有高度的民主意识，较为关注社会主义民主改革。认真学习中国共产党人为中华民族争取民主而奋斗的历史，坚定对马克思主义和社会主义的信仰，为新时代中国特色社会主义民主建设而努力奋斗。

3. 文明

社会主义核心价值观的精神文明认同。第一，文明的基本内涵。文明意味着先进和进步，这是人类社会进步的状态。第二，精神文明培育的内容。中国是世界上唯一具有五千多年历史的文明古国，中华文明延续至今。社会主义先进文化是顺应时代发展方向的一种文化，发挥着教化规范、价值指引等功能，在马克思主义指导下，在精神文明建设中发挥着重要作用。社会主义核心价值观是国家文化软实力的集中体现，是民族凝聚力和创造力的展示，对综合国力和国际竞争力具有重大影响。新时代，增强文化自信和价值观自信，有利于提高文化软实力。中国正在加强精神文明建设，使中国特色社会主义文化在世界舞台上得到展示，焕发中华民族永恒的文化魅力，更加接近建设文明国家的宏伟目标。

社会主义核心价值观的精神文明认同，要求大学生树立文明的个人形象。新时代，我国社会主要矛盾发生了转化，人民的物质文化生活水平有了很大提高。精神文明反映了人们对丰富精神文化生活的追求。大学生要认真学习中国特色社会主义文化，丰富精神世界，具有较高的文化水平较高的素质、较高的思想道德水平和知识涵养能力，树立健康、务实、积极向上的良好文明形象。精神文明、物质文明是"两手抓，两手都要硬"的具体诠释之一，新时代要注重精神文明、物质文明、政治文明、社会文明、生态文明协调发展，逐步形成中国特色社会主义文明。

4. 和谐

和谐价值观认同。和谐是一种共生状态，是社会发展过程中对立统一的状态，是社会矛盾发展的一种表现。和谐作为社会主义核心价值观所倡导的国家层面上的价值理念，在社会文明和生态文明建设中得到了突出体现。和谐社会体现出了人与人、人与社会、人与自然相处的状态，是人类长期追求美好社会的理想状态，是社会主义的本质属性。建设富强、民主、文明、和谐、美丽的国家，这与社会主义核心价值观所倡导的国家建设目标是一致的。中国不仅要建设成为富强、民主、文明、和谐的国家，而且要建设成为美丽的国家，实现美丽的中国梦。乡村美、城市美、自然美已成为美丽中国建设的重点。乡村振兴战略为建设美丽中国指明了方向。强国梦是近代以来中华民族的伟大价值追求，中国人民也为此付出了艰辛的努力。生态文明体现了人与自然和谐相处的状态，是人类社会发展的终极价值诉求，是社会主义现代化发展的内在要求，是工业文明的反思和超越，是构建和谐社会的基础。新时代，要用五大发展理念（创新、协调、绿色、开放、共享）指导社会主义社会发展，充分发挥绿色发展理念的指引作用，建设和谐的国家。

社会主义核心价值观和谐价值理念的认同有利于大学生的健康成长。大学生要树立和谐的价值观念，就要学会从对立统一的角度看待国家的发展，处理好自身与他人、自身与社会、自身与自然的关系，做到和谐相处。最重要的是处理好人际关系，因为师生关系、同学关系直接影响着自身的发展。和谐也是内在与外在的统一，内在强调的是与自身的和谐，外在强调的是与外界关系的和谐。

富强、民主、文明、和谐这些价值理念相互联系、相互影响、相互作用。富强包含着民主、文明、和谐的价值理念。只有真正富强起来，才能实现真正的民主、文明、和谐。和谐是各个领域的和谐，包含了民主与文明之间的和谐。社会主义民主为富强、文明、和谐提供了制度保障。文明为富强、民主与和谐提供文化支撑和智力支持。

大学生作为青年群体的重要组成部分，属于知识分子群体，可以为国家做出更大的贡献。培养青年，必须依靠青年，充分发挥青年群体在国家建设中的作用。社会主义精神文明建设的根本任务是培养有理想、有道德、有文化、有纪律的公民。因此，广大青年要坚定理想信念，脚踏实地，努力前进，为实现中国梦和自身的发展而奋斗。

（二）社会层面价值导向的认同

社会主义核心价值观在社会层面上倡导"自由、平等、公正、法治"的价值理念，代表着社会价值取向。建设美好社会，始终是中华民族的奋斗方向。近代以来，为了摆脱压迫，中国人民站起来了，为了摆脱贫困，中国人民富起来了，为了实现自由、平等、公正、法治的社会，中国人民需要强起来。从柏拉图的《理想国》，到莫尔的《乌托邦》，到马克思主义的共产主义理想目标，都表现出对人类理想社会的追求。

1. 自由

社会主义核心价值观自由全面发展思想的认同。第一，自由全面发展思想的内涵。社会主义自由更多地体现在自由全面发展上。自由是社会层面的价值倡导，是为了建设自由全面发展的社会，营造自由全面发展的社会环境，实现人的自由全面发展。自由社会是人类追求的价值目标，自由全面发展思想是社会生产力发展的方向。人的自由全面发展是占有自己全面的本质，体现在人的活动全面发展，人的个性得到自由发展，摆脱了对人、对物的依赖。第二，自由全面发展思想的意义。人的自由全面发展，充分调动了人的自觉能动性、创造性和主动性。在丰富性、多样性和变动性的发展过程中，人类能够满足社会关系发展和自我发展的需要，展现的是人类特性、社会特性、个体特性充分发展，是建立在社会生产力高度发达基础上的，要避免把人的自由全面发展理想化、抽象化、绝对化。第三，实现自由全面发展的路径。实现人的自由全面发展，最根本的是解放和发展生产力，有效完善社会主义市场经济体制，进一步推进社会主义文化建设，加强制度创新，做好根本保障，提高素质教育水平，营造适合互利共处的生活环境和生态环境，促进人与自然和谐相处。

培养社会主义核心价值观的主要目的是促进大学生自由全面发展。大学生追求自由的根本目的是建设一个自由全面发展的社会。大学生应充分理解自由的内涵。自由并不意味着一切都是自由，自由有一定的限度。因此，要实现自由全面发展的社会，就必须努力学习，为提高社会生产力而奋斗。

2. 平等

平等价值观认同。第一，平等的基本内涵。平等就是尊重和保障人权，这更多地体现在法律层面。我国坚持法律面前人人平等的原则，保障公民的权利和自由，享有平等参与和发展的权利。第二，平等价值观培育的意义。平等就是建设一个平等的社会主义社会。尊重和保障人权是社会公平正义的基本原则，是民主法治社会的基本准则，是实现社会安定有序的基本前提，是社会诚信友爱的思想基础。马克思、恩格斯都强调过人的解放，并把人的解放作为最高理想和对人类的终极关怀，他们指出，人的本质是一切社会关系的总和，并试图消除工农、城乡、劳动三大区别。第三，要实现平等价值观必须充分保障人权。人权体现为自由和平等，具有普遍性、公平性和真实性的特点。保障人权最重要的是法律面前人人平等，即公民具有平等的法律地位，其合法权益受法律保护，任何组织和个人都不能超越宪法和法律。空想社会主义者莫尔在《乌托邦》一书中就描述了一个平等的社会。人类社会正在为平等而努力，平等是指基本权利的平等，每个人都应该拥有基本的生存权、发展权、人格权等权利。中国共产党正在努力建设一个平等的社会，中国共产党自诞生以来，无数的共产党人为实现这个理想社会付出了艰辛的努力，有的付出了生命，这说明建设平等社会并非一帆风顺，但这一目标一直支撑着中国共产党不断前进。

社会主义核心价值观的认同教育，就是要使大学生清楚中国特色社会主义就是要建设一个平等的社会，使人民的权利得到充分保障。大学生要树立平等观念，平等对待每一个人，充分行使权利，履行义务，在学习和生活中落实平等观念，努力成为社会主义平等社会的建设者。

3. 公正

公正价值观认同。第一，公正的内涵。公正作为社会层面所倡导的一种价值观念，是建设一个全体社会成员平等参与、平等发展的社会。社会主义社会的公正是保证社会全体成员平等参与社会事务，平等享有发展权，这体现了社会主义制度的本质属性。第二，公正价值观的意义。公正是维护社会的重要价值，有效地缓解了贫富差距过大，促进了良性互动社会结构的形成。习近平总书记指出："促进社会公平正义是政法工作的核心价值追求。"可见，社会公平正义是社会主义法治的重要内容。公正的价值在于解决社会问题。中国正在建设一个权利公平和机会公平的社会。公平价值观的提出是为了解决社会上的不公平问题，如收入差距过大、社会分配不公、性别歧视、就业歧视、教育机会和资源分配不公等，这些都需要公平价值观的指导来解决社会不公平问题，促进社会和谐。实现社会公正，需要建立公正的社会分配结构，加强社会保障机制建设。但是，实现社会公正最根本的还需要加快社会发展，大力发展生产力，把"蛋糕"做大，更要把"蛋糕"切好。

社会主义核心价值观的认同教育，要求大学生成为公正社会的建设者和捍卫者。大学生有责任自觉维护社会公平正义，公正对待和处理身边的事情。要正确看待现实中的不公正现象，树立自觉维护社会公正的意识。

4. 法治

法治观念认同。坚持依法治国，深化社会主义法治理念。法治就是依法治国，是中国特色社会主义法治社会建设的价值追求，已经成为治国的基本途径，是治国的重要手段和基本方略。法治是社会主义法制的核心内容，是社会主义民主政治的重要组成部分，体现在中国特色社会主义法律体系的不断完善中。党的领导是依法治国的前提。依法治国的核心是坚持宪法和法律在国家政治生活中的权威，最根本的目的是保障广大群众的权利和根本利益。依法治国需要强化公民的法治观念，使公民自觉知法、守法、用法、护法。

新时代，社会主义核心价值观的认同教育需要更新大学生的法治观念，包括权利义务观念、自由平等观念、法律至上观念、监督制约观念。大学生要树立法治观念，知法守法，运用法律，自觉投身国家法治战略，宣传社会主义法治理念，把法治融入每个人的生活，推动法治社会建设。

"自由、平等、公正、法治"是社会层面的价值倡导，其实质体现了中国应该建设什么样的社会以及如何建设这个社会的问题。这些价值理念相互联系、相互影响、相互作用，是社会的统一体。法治建设为构建自由、平等、公正的社会提供了制度保障，使自由、平等、公正的价值理念不再停留在抽象的概念之中。建设一个自由、平等、公正、法治的社会，就是全面贯彻和落实马克思主义的自由发展思想。

大学生正处于价值观形成的重要时期，对价值观的理解正处于深化阶段，此时，他们需要以正确的价值观为指导。大学生不仅是接受高等教育的主要群体，也是培育、实践和传播社会主义核心价值观的重要群体。当前，我国改革发展已进入深水区和关键时期，社会利益的调整和社会矛盾的突出，都不同程度地影响着大学生社会主义核心价值观的培养。新时代大学生是青年群体的重要组成部分，他们的社会价值取向直接影响着未来社会的发展，社会主义核心价值观作为我国的主导价值观，在引导大学生价值判断、价值选择和价值实现方面发挥着重要的引导作用。

（三）个人层面价值准则的认同

社会主义核心价值观倡导"爱国、敬业、诚信、友善"的价值理念，是对公民个人层面提出的价值标准，是公民的道德规范，是对道德价值尺度的判断和衡量，反映的是应该成为一个什么样的社会主义公民，怎样做社会主义合格公民的问题。

1. 爱国

社会主义核心价值观要培育以爱国主义为核心的民族精神。第一，爱国主义与民族精神的统一。民族精神体现了民族团结，体现了强大的民族凝聚力。爱国主义强调对祖国、对人民、对祖国文化的热爱，爱国主义体现在民族精神上。爱国主义是一项重要的政治原则，体现了对祖国和民族的忠诚与热爱。爱国主义和社会主义本质上是一样的。为了实现国家富强、民族振兴和人民幸福，离不开爱国主义精神。"精忠报国""留取丹心照汗青""天下兴亡，匹夫有责""苟利国家生死以，岂因祸福避趋之""为中华之崛起而读书"

等都体现出了伟大的爱国主义。第二，新时代，爱国主义有着伟大的意义。爱国主义促进民族团结，增强中华民族的生命力、凝聚力和创造力，提高民族自尊心、民族自豪感和民族自信心。要培育以爱国主义为核心的社会主义核心价值观的民族精神，就要开展爱国主义教育，密切关注青年大学生这一重要群体，开展丰富多彩的爱国主义主题教育。大学生必须热爱祖国，积极弘扬伟大的民族精神，激励自己成为热爱党、热爱人民、热爱祖国的人。爱国主义不仅仅是一句口号，更是一种发自内心的对祖国的热爱，最终要付诸实践中，体现在中华民族伟大复兴的奋斗中，落实到自己的生活和学习中。

2. 敬业

社会主义核心价值观培育爱岗敬业、奉献社会的职业道德。第一，敬业的内涵。敬业是公民职业价值的取向，是社会主义职业道德的价值追求，是尊重劳动、热爱劳动的敬业精神的体现。它反映了公民在职业活动中要正确处理个人与他人、个人与社会的关系，全面建设小康社会，离不开公民爱岗敬业、奉献社会的精神。人类的职业活动创造了世界的物质财富和精神财富，公民的职业道德体现在对工作的理解和态度上，直接决定着公民对社会的贡献。第二，敬业作为社会主义核心价值理念的重要意义。以敬业为核心的职业道德，提高了社会的道德水平，培养了一大批爱岗敬业、奉献社会的合格建设者和可靠接班人。因此，加强职业道德修养，需要培养人们的职业情感，树立新的行业风尚，将职业行为纳入工作考核，完善行业规章制度。

社会主义核心价值观的认同教育能提高大学生的职业操守。大学生要以学习知识为主要职业，认真对待每一堂课，完成各项学习任务；走向社会后要热爱自己的岗位，养成奉献社会的职业道德。"三百六十行，行行出状元"，大学生要做到干一行，爱一行，专一行，增强职业道德意识。职业满足了大学生的物质需求，也是实现人生价值的场所，在职业生涯中，表现出对事业的热爱和追求，从而不同程度地满足自己的精神需求。

3. 诚信

社会主义核心价值观认同教育要培养大学生成为诚信公民。第一，诚信的内容。诚信是优秀传统文化的重要价值理念。诚信是儒家文化所倡导的重要伦理道德，是中华民族的传统美德，在社会主义市场经济条件下更应该倡导诚信。诚信是传统伦理的基本准则，中华民族形成了重承诺、守信义、以诚立业、以信取人的优良道德传统。儒家文化以仁、义、礼智、信为"五常"，信为"五常"之一，表明了诚信在个人、社会和国家中的重要作用。国无德不兴，人无德不立，德不孤者必有邻，诚信是立国之本，立业之基。周天子"桐叶封弟"传说、曾子杀猪、商鞅"徙木立信"、裴度拾金不昧，都反映了诚信。第二，诚信价值理念在新时代的重要意义。诚信建设有利于弘扬中华优良传统，继承中华民族传统美德，促进社会主义市场经济的发展，维护社会主义市场经济秩序。诚信体系建设，很大程度上增强了人们的诚信意识，促进了我国诚信社会的建设。

诚信是大学生的道德品质。培养诚信公民需要把精神文明建设同以德治国和弘扬诚信美德结合起来，在全社会营造一个崇尚信守诚信、失信必惩的氛围，加强法律制度的建设以提供制度保证。大学生要自觉树立诚信观念，自觉做一个诚信的学生，把诚信的价值融入自己的学习和生活，如诚信考试，真诚对待同学和老师。

4. 友善

社会主义核心价值观认同教育要培养大学生树立友善意识，注重人与人之间的友善关系。友善就是热情和善地对待别人，这是处理人际关系的基本原则。它着重于公民间友善关系的建设，人与社会、人与自然也应该是友善的。我们所倡导的仁爱、中和、宽恕、虔敬、礼让等优良传统都是为人处世的准则。社会主义核心价值观所倡导的友善价值理念贯穿于社会公德、职业道德和家庭美德中，体现在人们的日常生活和工作中，"爱人者，人恒爱之；敬人者，人恒敬之""己所不欲，勿施于人""己欲立而立人，己欲达而达人"，这些都反映了友善。实现中华民族伟大复兴的中国梦，需要团结一切可以团结的力量，以友善仁爱之心待人，建立人与人之间的友善关系。

友善有利于大学生的仁爱情怀的培养。大学生生活在校园里，但形成的社会关系并不简单，他们需要友善地处理人际关系。每个人的道德表现都特别重要，每个人的形象不仅代表着自己的形象，也代表着自己的修养。因此，还要对人进行道德教育，充分展现出人的热情诚恳之心。在生活中，我们应该用道德约束自己的行为，全心全意地做好自己的工作，展现中华美德。社会主义核心价值观的培育，要求人们有良好的品德修养，要把自身最美好的一面展现给他人，做到全心全意为他人着想。

爱国、敬业、诚信、友善，是中华民族传统伦理道德的价值取向，属于中华民族传统优秀文化的范畴。爱国是其核心内容，体现在敬业、诚信、友善的基本道德规范中。在敬业中坚守爱国、诚信、友爱的基本道德标准，有利于职业规范化。

社会主义核心价值观是价值理念的集合体，每一种价值观都具有丰富的内涵和广泛的外延，并随着时代的发展而不断丰富，充分体现了核心的作用。青年一代是有理想、有本领、有担当的一代，他们的发展影响着国家和民族的未来，因此，社会主义核心价值观的培育过程就体现在他们对价值观的追求过程中，即对社会主义核心价值观的追求上。大学生作为青年群体的重要组成部分，对社会价值的追求永无止境。

社会主义核心价值观是马克思主义、中华民族文明传统和西方现代文明的有机结合。爱国主义教育、民主法治教育是高校思想政治教育的主要任务，社会主义核心价值观所倡导的爱国、民主、法治价值理念与高校思想政治教育的主要任务是一致的。因此，注重社会主义核心价值观的认同教育，可以帮助大学生树立理想信念，促进其全面发展，使大学生健康成长，努力成才，成为社会主义事业的合格建设者和可靠接班人。

第四节　大学生社会主义核心价值观认同教育的意义

作为时代新人的大学生，肩负着民族复兴的历史重任，是意识形态工作的主要对象。社会主义核心价值观是否能够成为大学生群体的自觉追求，关乎国家前途、民族未来。大学生正处于世界观、人生观和价值观形成的关键期，对于新鲜事物有着很强的接受能力，但鉴别力明显不足，面对纷繁复杂的社会环境，多元价值观念相互交织，很容易受到不良价值观念的干扰，影响其行为标准的确立和选择。虽然目前社会主义核心价值观仍是主流，但还是有部分大学生对其认同度不高，面对存在的各种问题，结合当今社会实际，努力提升大学生社会主义核心价值观认同教育效果，具有十分重要的现实意义。

一、抵制西方价值观渗透，巩固社会主义意识形态主导地位

（一）抵制西方价值观渗透

改革开放以来，中国社会发生了翻天覆地的变化，人们进入了思想活跃、文化交融的时代，在社会思潮和多元文化的影响下，人们的思想观念发生了不同程度的变化。在经济全球化和信息化背景下，西方国家利用自身的经济影响力，通过网络不断输出带有其价值观色彩的文化产品。特别是第二次世界大战结束后，西方一些敌对势力并没有放弃对我国实施意识形态渗透，他们不断地改变意识形态渗透的方式和方法，其说辞越来越具有欺骗性，比如，近年来盛行的"意识形态终结论""中国威胁论""人权高于主权"等言论，这些都对我国的意识形态造成了一定程度的威胁。西方价值观与资本主义私有制密切相关，资本主义私有制较为推崇"个人主义"，并通过经济竞争的形式体现出来，在这个过程中，如果发生经济纠纷，就必须诉诸法律来解决，这不仅体现了西方价值观所倡导的自我本

位、物质利益、平等竞争、法律法规等，而且也表明了西方价值观中存在着极端的利己主义和拜金主义。以大学生为主体的青年是各国在意识形态竞争中关注的重点群体。在多元文化交织激荡的过程中，大学生如果轻信一些错误的价值观，在与人打交道时就会做出错误的判断和选择，长远来看，对大学生的自身发展存在消极影响。从国家文化安全发展的角度看，社会主义核心价值观具有强大的精神凝聚力，对引导大学生自觉抵制西方腐朽价值观的侵蚀，保障社会主义社会的稳定发展具有重要作用。

中国特色社会主义的发展道路具有历史的特殊性。在不同的发展阶段，都有与之相适应的价值观，不同时代背景下的价值观会有不同的含义，也有一些价值观与西方某些价值观同名，但其内涵却不同。因此，社会主义核心价值观作为社会主义先进文化的重要实质，其培育有利于大学生区别中国传统价值观与西方价值观。

（二）巩固社会主义意识形态主导地位

在全球化的背景下，各国之间各种价值观的冲突和融合更加频繁。在思想文化领域，也出现了日益激烈的扩张与渗透、反扩张与反渗透。网络时代的到来为文化多样性的发展提供了更多的可能性，但同时也加大了抵御文化入侵的难度。文化交流最初是指不同国家之间纯粹的价值观、思想文化的交流，但现在有了不同的含义。一些国家以文化交流的名义，在思想、政治、经济等方面悄悄地侵略别国。他们运用各种方式，将自己国家的思想观念渗透并影响其他国家，使他们认同这种文化所蕴含的价值观，崇拜直至最终吸收。这种文化侵略最基本的特点是，它通过输出文化和价值观来影响别国人民，然后以渗透的方式入侵和扩张。这种"温水煮青蛙"的方式，会慢慢摧毁人们对本国主流价值观和文化思想的信心。对于一个国家来说，意识形态在决定国家的发展方向上起着关键作用，但它却很容易被忽视，因为价值观对人的影响是看不见摸不着的，它逐渐起作用，然后引起变化，日积月累，可能会因此而改变一个人、甚至一个民族的发展方向。

按照文明发展的规律，不同的文明会相互影响，甚至一方会渗透、同化、挤压另一方。由于社会性质的不同，一些有利益牵扯的国家就会借势对其他民族发起文化攻击与思想侵略，而这种时候，每一个被侵略的民族都要保持清醒的头脑，坚持本民族文化，因为，因为一旦没有坚守住自己的阵地和坚持自己的思想价值，那么，它的民族文化、民族精神和民族凝聚力就会面临被欺辱和消亡的危险。因此每一个有忧患意识的国家和民族都应该提高警惕，自觉加强本国人民思想观念的教育，巩固其意识形态的主导地位。

因此，加强我国大学生社会主义核心价值观认同教育的任务相当紧迫，这既是对自身国家价值观和文化自信的反映，也是对妄想进行文化侵略的敌对势力的无声对抗。同时，通过对大学生进行合理有效的社会主义核心价值观教育，可以使大学生始终保持民族文化自信，坚定本民族主流意识形态信仰，具有高效的教育作用。只有这样，大学生才能发自内心地认同和接受我国社会主义主流意识形态，从而在不知不觉中践行和弘扬；只有这样，才能在日益复杂的国际环境中保持清醒的头脑，时刻警惕外来不良文化的入侵，牢固社会主义意识形态在我国的主导地位。

二、凝聚社会共识，构建社会主义和谐社会

（一）有利于国家富强，实现"中国梦"

建设"富强、民主、文明、和谐"的社会主义现代化国家，富强是国家的富强，是指国家的综合国力强大，人民生活水平富裕。民主是人民的民主，文明是物质的、精神的、政治的、社会的和生态的文明，体现了我们国家的价值目标。实现共同富裕，早日进入小康社会，体现了我们国家的价值追求。当然，大学生核心价值观的社会认同需要与社会主义文化强国建设和国家意识形态建设相结合，让社会整体共享改革发展成果，让广大人民能够从根本上认同社会主义国家富强、人民民主、社会和谐的核心价值观。中国梦是中华民族历史与未来的结合，在尊重历史的基础上，引领全民族向前进。核心价值观培育是实现中国梦过程中的重要环节，它是中国梦的具体表现，两者有着内在的一致性，统一于中国特色社会主义事业的建设中，因而培育大学生核心价值观对于中国梦的实现具有重大的意义。

中华民族伟大复兴的中国梦，不仅体现在强大的经济、军事、科技等实力上，更体现在强大的文化软实力上。价值观是文化软实力的重要组成部分，甚至是关键部分，它不仅对一个国家人民的凝聚力起着重要作用，而且具有很强的国际影响力和辐射力。因此，在世界综合国力的竞争中，文化的竞争主要是价值观的竞争。社会主义核心价值观是中国特色社会主义文化的标志，价值目标、价值取向和价值标准三个层次是中国梦的内在价值核心。比如，国家层面富强、民主、文明、和谐的价值目标，就是"国家富强、民族振兴"在中国梦内涵中的价值体现。一方面，加强社会主义核心价值观的培育，确实有利于中国梦的实现，因为中国梦的理想目标和社会主义核心价值观是一致的，都强调实现国家富强和人民幸福的愿望和追求。另一方面，中国梦和社会主义核心价值观的实现路径也是具有相似性的，需要中国人民自觉践行。在实际的培养过程中，引导大学生自觉践行、知行合

一，就是为实现中国梦而不断努力。当代大学生的思维方式活跃，接受新事物的能力强，学习和模仿的能力都比较强。如果大学生能够有正确的价值观，就会促使他们自觉地把社会主义核心价值观的根本要求转变为自己的行为准则，向社会普及，从而带动广大人民群众共同实现伟大的中国梦。中国特色社会主义是一项前所未有的事业，实现中国梦的伟大梦想是一个漫长而艰巨的过程，需要克服一切困难，迎接挑战。正如习近平指出，必须坚持中国道路，弘扬中国精神，凝聚中国力量。实现中国梦，必须有坚强的思想保证和精神支撑，整合各方力量，形成强大合力。培育和践行社会主义核心价值观的过程，是获得全国人民思想"最大公约数"的过程，是激发民族精神与时代精神相结合的中国精神的过程，是整合和凝聚中国力量的过程。培育和践行社会主义核心价值观，是中国梦从理想走向现实的重要精神桥梁。

习近平总书记指出，中国进入了新时代，社会主要矛盾发生了新变化，即"人民日益增长的美好生活需要和不平衡不充分的发展之间的矛盾"。新时代和新矛盾的提出标志着中国进入了新的历史起点。每个中国人都要坚持实现中华民族伟大复兴的共同梦想，伟大的梦想需要伟大的工程和伟大的事业。在中国特色社会主义发展道路上，大学生被寄予厚望。大学生是社会中最有活力的群体，他们对未来有憧憬和热情。多年来，他们在学习中积累了扎实的文化基础，只要大学生能够心怀祖国的命运，积极关注社会发展动态，中国梦的实现就指日可待。中华民族的过去有过辉煌，也有过屈辱，中国共产党在历史经验教训中，经过一路艰苦卓绝的探索，找到了一条适合中国国情的发展道路——中国特色社会主义道路，再次踏上了复兴的伟大征程，各方面都取得了一定成绩。中国人民正在一步一步实现中国梦。中国梦与每一个中国人，特别是有理想信念的青年大学生息息相关。只有国家富强，社会和谐，每个有理想的青年大学生才能有施展才华的舞台；只有每个青年大学生都有梦想；中国梦才有实现的现实基础。中国共产党反复强调，大学生作为一个继承历史、创造未来的群体，他们的价值取向与中国梦的实现密不可分。社会主义核心价值观是结合中国实际发展提出的，其内涵既是时代的要求，也是坚定不移走中国特色社会主义道路的要求。因此，大学生社会主义核心价值观的培育有利于个人前途与国家命运的结合。以核心价值观培育为突破口，可以增强大学生对中国特色社会主义理论体系的理解和认同，加深对中华民族发展道路的认识。同时，核心价值观的培育也是构建理想社会蓝图的过程。因此，一个德智体美、又红又专、全面发展的大学生，能够自觉地肩负起历史的责任，以优秀的个人品格在实践中为实现中国特色社会主义的发展作出贡献。

青年兴则国家兴，青年强则国家强。实现中国梦是大学生的历史使命，要把中国梦

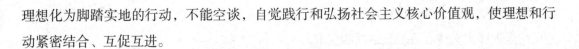

理想化为脚踏实地的行动，不能空谈，自觉践行和弘扬社会主义核心价值观，使理想和行动紧密结合、互促互进。

（二）有利于社会进步，构建和谐社会

全球化浪潮中产生的价值观认同问题已经存在许久，社会成员在多种价值观面前无从选择在社会主义核心价值体系提出来之前就是一个非常凸显的问题。目前，我国正处于改革的关键时期，包括大学生在内的所有人都迫切需要一个安定团结的社会环境。面对这一需求，需要人们有善于处理社会关系的人格品质，敢于开拓的精神和勇于创新的能力。这三种品质一方面是社会发展的客观要求；另一方面也是培育社会主义核心价值观的内在需要。当这些品质在全社会达成共识时，社会安定团结的局面一定是必然的趋势。

每个人都是独立的个体，面对不同的人生境遇，人们一般都会以自己为主体，围绕自己的利益做出价值判断和价值选择。换言之，人毕竟是社会人，是一切社会关系的总和，不可能完全独立存在。只要在社会上生存，人所存在的状态必然是共存状态，即使一个看似独特的人，也必须依赖于群体生存，其特立独行是在特殊背景的影响下形成的。所以，只要我们在社会上生存，我们就会处于不同的社会群体中，在这个群体中，我们的思想和利益追求就需要一个最大程度的共识。为了使我们的社会进步，这种共识应该建立在整个社会群体的整体利益基础上，而不是建立在一个或几个个人的利益基础上。

多元化的价值观造成了人们面对价值观时难以抉择，也造成了不同观念差异和利益的分化，使人们更难就价值观达成共识，显然有恶性循环的迹象。人们在社会上生产生活的目的是为了实现个人的自我满足，但实现这种满足不是个人单独能够实现的，需要社会其他成员的共同努力。因此，作为社会成员就需要一个共同的目标来凝聚每一个个体，达成共识，形成凝聚力，而社会主义核心价值观是这种凝聚力的必要元素。

社会主义和谐社会需要每个社会成员共同建设，而大学生是能意识到核心价值观是共建和谐社会的必要条件的重要的群体。如果大学生这一特殊群体不能参与到构建和谐社会的奋斗事业中来，和谐社会的实践也将面临挑战。大学生在社会群体中占有很大比例，在同龄人中属于文化知识水平较高的群体。在网络信息量巨大的今天，要想达成一个全部人都认同的核心价值观很难。一开始，为了让大学生接受社会主义核心价值观，往往采取以往用规章制度约束行为的方法，然而，经过一段时间的实践发现，这种方法能够使大学生暂时接受价值观，却经不起时间的考验。虽然也在一定程度上促进了社会和谐，但积极性不高，热情度不高。因此，提升大学生社会主义核心价值观认同是一个不断内化思想的过

程，需要长期培养，直到他们能够通过长期的行为习惯表现出来，这就提高了教育者对提升大学生社会主义核心价值观认同的要求。

因此，要使大学生认同社会主义核心价值观，必须有计划、有目标地进行培育。大学生在这个人生重要阶段如果能通过核心价值观培育来提高自身思想道德素养，必将为社会主义现代化建设贡献力量，也必将促使社会进步。相反，如果没有一个达成共识的价值观去凝聚大学生，那么未来社会的进步将没有了中流砥柱。所以，提升大学生社会主义核心价值观认同的实效性对社会进步具有重要意义。

三、实现思想政治教育目标，促进大学生全面发展

（一）实现思想政治教育目标

社会主义核心价值观是我国居于主导地位的价值目标和价值追求，是高校思想政治教育的目标和方向。在社会思潮多样化的背景下，开展大学生社会主义核心价值观认同教育，并使之转化为他们的自觉行为，提高大学生的社会主义核心价值观认同度，引导大学生树立正确的价值标准、形成高尚的道德品质、养成文明的行为规范，是高校思想政治工作的重要内容，有利于实现思想政治教育目标。习近平总书记在全国高校思想政治工作会议上强调："高校思想政治工作关系高校培养什么样的人、如何培养人以及为谁培养人这个根本问题，要坚持把立德树人作为中心环节，把思想政治工作贯穿教育教学全过程，实现全程育人、全方位育人，努力开创我国高等教育事业发展新局面。"育人为本、德育为先的教育理念是我国高校的一贯坚持，解决大学生的思想观念、政治信仰等思想问题，是我国高校思想政治教育的首要任务。加强大学生社会主义核心价值观的培养，是高校体现和坚持社会主义发展方向的关键所在。当然，高校在进行培育时不能只以文化知识讲授为主，而忽略了社会实践对培育的辅助作用；否则，很容易导致一些大学生的思想道德和价值观问题，如缺乏坚定的社会主义信念，个人价值追求偏向功利，思想道德素质有待提高，知行不一甚至严重脱节。习近平总书记在全国高校思想政治工作会议上提出"四个坚持不懈"，其中之一就是坚持不懈地培育和弘扬社会主义核心价值观，可见，大学生价值观方面的学习是一个不断完善的过程，也是高校思想政治教育不断更新的过程。

（二）有利于加强大学生自我教育，促进大学生全面发展

加强社会主义核心价值观认同教育，主要目标是使大学生从心底里认可这种价值标准，真正把社会主义核心价值观作为自身的道德标准与价值追求并进一步指导自身实践，达到内化于心外化于行的效果。随着时代的不断进步，改革开放和社会主义市场经济也在不断发展和完善，在这一过程中，人们的文化思想和意识观念也发生了深刻的变化，特别是大学生在思想观念和价值观上的多元表现。大学生是祖国现代化建设的人力资源，是祖国的未来和希望。谁能把握大学生的思想意识，谁就能把握未来的主导权。习近平总书记指出："青年处在价值观形成和确立的时期，抓好这一时期的价值观养成十分重要，这就像穿衣服扣扣子一样，人生的扣子从一开始就要扣好，要努力把核心价值观的要求变成日常的行为准则，进而形成自觉奉行的信念理念。"如果大学生只有较高的知识水平，还不足以被社会所接受，他们还需要有良好的道德品质和正确的价值观。值得一提的是，新一代大学生在行为表现、思维活动和自我价值实现等方面仍处于不断探索的阶段，正确引导价值观的树立在这一时期尤为重要。否则，大学生就极易受到国内外多元文化思想中一些负面因素的影响，比如，一些大学生在被西化、分化思想侵蚀后，盲目崇拜西方资本主义国家的价值观，动摇理想信念，抛弃对祖国的热爱。而现在，各国文化软实力的竞争更加激烈，教育的发展和科学技术的进步是提高国家竞争力必须关注的部分，因此，全方位发展的高素质人才早已作为社会发展的重点被不断强调。要保证大学生顺利成长，就要不断加大培养力度，引导大学生树立正确的价值观。

高校思想政治教育发挥着构建精神家园的基本功能，在精神家园的建设过程中，社会主义核心价值观对引领价值取向具有重要作用。价值取向是精神家园的价值支撑，社会主义核心价值观的培育，有利于建设大学生的精神家园，丰富大学生的精神生活，引导大学生树立正确的价值观。大学生作为时代发展的主体，其价值观影响着社会的未来发展。新时代，价值观念多元化，价值取向多样化，利益格局不断分化，社会环境影响进一步增大。因此，对大学生进行社会主义核心价值观教育具有十分重要的意义。大学生作为社会主义核心价值观教育的重要主体，肩负着历史使命和时代责任。当前，大学生社会主义核心价值观教育是一项复杂的系统工程，大学不仅是培养学生技能的地方，也是塑造健全人格的地方。社会主义核心价值观教育，既是培养人才知识技能的过程，也是关注大学生德、智、体、美全面发展的过程。

引导大学生树立正确的价值观。大学生应树立正确的价值信念，对现实中的价值歪曲现象做出正确的批判，实现自己的人生价值，造福社会。正确的价值观应当符合历史发展

和社会要求。社会主义核心价值观是时代发展产生的理论，对社会实践具有指导作用。高校加强社会主义核心价值观认同教育，提高大学生自我教育、自我约束的能力，既可以提高大学生辨别外界信息的能力，也能够促使他们用正确的价值标准规范自身言行，促进大学生的全面发展。

第三章

社会主义核心价值观认同教育的培育原则探索

大学生要成为对社会有用的人才，要看高校坚持以什么样的原则去教育和培养他们。高校能不能教育出优秀的大学生，其教育过程中所坚持的基本原则非常重要。高校教育坚持以什么样的文化为导向，以何种价值观作为标准，将直接关系到新时代大学生文化自信的树立和社会主义核心价值观认同教育的培育效果。因此，坚持合理的教育原则，能有效促进新时代大学生对文化自信的认知和确立，更好地树立对社会主义核心价值观的认同和践行。

第一节　坚持社会主义办学与党的领导相统一

习近平总书记在全国教育大会上的重要讲话，为新时代高校教育改革和发展提供了许多新的指导思想。其中，"坚持社会主义办学方向""坚持党对教育事业的全面领导"是新时代高校教育和发展的导向标。"坚持社会主义办学方向"深刻揭示出我国高校教育的本质性特征，反映出我国高等教育发展的基本走向。"坚持党对教育事业的全面领导"明确了党在高校教育中的地位和作用，以及党引领高校教育的责任担当意识。新时代我国高校必须深刻认识"坚持社会主义办学方向"和"坚持党对教育事业全面领导"的重大意义，并在实际工作中全面贯彻和落实，体现出新时代高校教育的特色。

一、坚持社会主义办学方向是新时代高校教育发展的根本要求

每个国家的高校教育都有其独特特征。我国是社会主义制度的国家，高校要为国家服务，我国的高校也是社会主义的高校，也就是说，我国高校教育的整个部署必须坚持社会主义的办学方向，这是由我国高校教育几十年的发展所取得的经验和教训的深刻总结。

（一）国家性质决定我国高校必须坚持社会主义办学方向

高等教育的育人就是要回答"培养什么人""怎样培养人""为谁培养人"的重大问题。世界上的一流大学都不是为世界人民普遍共享的，都具有鲜明的民族性特征，其办学方针都是与自己国家的大政方针保持一致，为自己的国家源源不断地输送人才。同样的，我国是党领导下的社会主义国家，我国的高校教育必须为党和国家服务，必须把培养社会主义建设者和接班人作为根本任务，培养一代又一代拥护中国共产党领导和我国社会主义制度立志为中国特色社会主义奋斗终身的有用人才。所以，要实现中华民族的伟大复兴，就必须拥有强大的人才队伍，我国高校教育应肩负起"培养什么人""怎样培养人""为谁培养人"的艰巨任务。归根结底，我国高校教育就是要坚持社会主义的办学方向。改革开放以来，特别是党的十八大以来，我国取得了历史性成就，迎来了历史性转变，这与我国高校教育做出的贡献是分不开的。历史和现实都在证明，只有坚持社会主义办学方向，才能凸显我国高校的办学特色，为中国特色的社会主义伟大事业培养出更多更优秀的人才。

（二）教育体制的成功经验决定我国高校必须坚持社会主义办学方向

新中国成立以来，我国高等教育机构一直把党委领导下的校长负责制作为我国高校教育体制稳步向前推进和发展的主导方向。我国高等教育之所以能够取得长足发展的一个根本性原因就是长期坚持党对高校的全面领导。高校在党的领导下，能够保证其办学的根本性质和服务宗旨，从而保证了我国高校的社会主义方向。从新中国成立初期的艰难探索到改革开放的大胆尝试，乃至今日的满满自信，我国高等教育无论在规模还是质量上都取得了巨大成就。回望过去，展望未来，我们始终坚信，我国高校坚持社会主义办学方向是正确的、可行的，是指引我国高等教育走向辉煌的一条康庄大道。

（三）复杂的社会环境决定了高校必须坚持社会主义办学方向

我国高等教育的发展既面临机遇，也面临挑战。既要应对严峻的国内环境，又要应对复杂多变的国际环境。随着我国综合国力的不断提升，社会主义制度的优越性日益凸显。具有五千年悠久历史的中华优秀传统文化为中国的高等教育积累了丰富的智慧和经验。马克思主义中国化的理论成果随着实践的发展得到不断更新，为我国高等教育事业的发展提供了科学指导。一国综合国力的提升，依靠经济、科技硬实力和文化软实力的增强。科技的推广靠人才，人才的培养靠教育。我国提出科教兴国战略具有划时代的重要意义。目前正在推进的一流大学和一流学科建设为实现高等教育内涵式发展提供了重要机遇。这显示出我国高等教育事业发展迎来了前所未有的大好时机，同时也不可避免地面临一些挑战。我国虽然是世界第二大经济体，但处于社会主义初级阶段的基本国情没有变，生产力发展的不平衡、不充分和人民日益增长的美好生活需要之间的基本矛盾还没有得到解决。由于体制机制的不健全，我国的教育事业发展面临着一些难题和困境。所以，我国的经济、科技，尤其教育事业，同发达国家相比还有一些差距。

放眼世界，西方敌对势力对我国的"和平演变"从未停歇，意识形态领域"没有硝烟的战争"一直存在，而高校是西方敌对势力瞄准的重要阵地。借助互联网的方便快捷，西方敌对势力把他们的价值观和一些错误腐朽的思想观念对我国的大学生进行思想渗透。如何抵制这些有害思想的侵袭，守住意识形态领域的主导权，打赢这场"没有硝烟的战争"，是高校面临的一个重要任务和难题。历史经验和现实状况告诉我们，要完成这个任务，高校只能弘扬和传承中华优秀传统文化，坚持把马克思主义作为指导思想，加强党对高校的领导，充满自信地坚持社会主义办学方向，严守我们的意识形态阵地不动摇。

二、坚持和加强党对高校工作的领导

高校是传播知识和文化的平台，也是培养国家建设者的平台。我国的国情决定了我国高校必须坚持党的坚强领导。我国高校是在社会主义制度框架下建立起来的高校，这就决定了我国高校离不开中国共产党的领导。所以要提升党对我国高校全面领导的认识，保证高校党委在领导我国高校工作中的核心地位。

（一）牢固树立党对高校的全面领导

党领导一切，我国高校也同样如此。习近平总书记指出："办好我国高等教育，必须坚持党的领导，牢牢掌握党对高校工作的领导权，使高校成为坚持党的领导的坚强阵地。"这深刻说明我国高校教育的成败是检验党的执政能力的重要内容，这就要求我国高校必须坚持贯彻党的教育方针。党的教育方针是指导高校一切工作的总方针，高校一切工作都要围绕党的领导开展，严格执行党的安排。

我国高校必须在党的领导下确定其自己的办学方向。办学方向是我国高校的立校之法则，只有在党的坚强领导下，坚持走中国特色社会主义教育发展道路，运用党的理论创新成果，才能为高校教育发展中遇到的难题找到破解的可靠途径和正确方法。

（二）保证高校党委在领导高校工作中的核心地位

高校工作既包括教学、科研、学科建设等"硬"工作，也包括高校思想政治等"软"工作。思想政治工作看似比较"软"，但在整个高校工作中具有特别重要的地位和作用，被认为是中国特色社会主义高校的"生命线"。因为它集中体现了党的领导在高校一切工作中的核心地位，所以新中国成立以来一直把高校党委领导下的校长负责制作为我国高校的领导体制和我国高校的教育特色。特别是党的十八大之后，党和国家非常重视高校思想政治工作，已经把高校党委的工作和地位提升到"管党治党、办学治校的主体责任"的认识高度。我国高校要想保持正确的办学方向，就要坚持党对高校进行全面领导。党对高校的全面领导，首先要坚持和完善党委领导下的校长负责制，这是党对高校全面领导的关键，也是我国高校长期坚持的一项根本制度。高校党委要对整个学校工作起到把关定向作用，对高校教育的政策制定和教育目标的设定要进行统筹谋划，严格履行党对办学治校的主体责任，突出党在领导高校工作中的核心作用，以确保我国高校沿着社会主义办学方向不断前进。

（三）加强和改进高校党的建设

加强我国高校党的建设，意义非常重大。党的十八大以来，习近平总书记关于高校党的建设的重要论述中，可以看出高校党建关系到我国高等教育的远景目标，关系到党的理论方针政策在高校中的扎根和落实。加强党对高校的全面领导，就是要从党的自身做起，"打铁还需自身硬"，必须从从严治党做起。一是加强党的作风建设。党的建设包括许多方面，而党的作风建设是其中之一，高校党的作风建设关系到高校发展的前途命运问题。把党的这一战略思想贯穿于我国高校党的作风建设的全过程，构建出高校党的建设的长效机制，不断提升党在高校中的地位和形象。二是加强高校党的政治建设。我国高校工作者要有强烈的政治意识，要在言行上与党中央保持高度一致，坚决拥护党中央的领导，服从党中央的指示，以党的方针政策来指导自己的高校工作。三是用习近平新时代中国特色社会主义思想武装高校全体党员。习近平新时代中国特色社会主义思想是新时代的精神旗帜，是指引党和人民戮力同心、共圆中国梦的行动指南。高校党员要以习近平新时代中国特色社会主义思想武装自己，树立坚定的马克思主义信念。积极开展和学习"不忘初心、牢记使命"主题教育活动，把学习主题教育常态化、规范化、制度化，真正做到入脑入心入行，成为高校党员同志做好自己本职工作的行动指南。四是建设高素质专业化的高校干部队伍。高校要根据党的政治标准，制定出选人用人的合理制度，选用和提拔具有强烈的

"四个意识"和"四个自信"的党员干部。加强党员干部的教育和管理,把他们打造成为具有专业能力,甘愿吃苦耐劳、无私奉献,能适应新时代高等教育发展的能手。

三、高校应彰显马克思主义的鲜明旗帜

马克思主义不仅改变了中国的面貌,也改变了中国教育的面貌。高校是宣传和学习马克思主义的主要阵地,特别是高校思想政治教育工作,是宣传马克思主义,进行马克思主义教育的重要阵地。高校思想政治教育工作要通过各种渠道加强马克思主义宣传教育,推动马克思主义理论的研究和创新。

(一)加强马克思主义宣传教育

大学阶段是青年大学生"三观"养成,思想政治觉悟初步形成和提升的关键时期,这一时期思想政治教育的成败将直接影响大学生能否成为国家的栋梁之才。高校思想政治教育工作,要注重发挥好高校党委、党支部和思想政治理论课的宣传教育作用。高校要制订出合理的方案,把课程思政与思政课程有机地结合起来,有效地发挥马克思主义和中国化马克思主义进教材、进课堂、进头脑的"三进"效果。使大学生深刻认识到马克思主义是指引人们实践活动的科学理论,是指引人类进步的普遍理论,学会运用马克思主义的立场、观点和方法去观察世界、认识世界,解决现实社会中的各种问题。

从目前情况看,高校思想政治理论课是马克思主义宣传教育的重要渠道,对其要加大投入和改革力度。首先,加强师资队伍建设。通过理论研讨、专题轮训、考察调研等方式,培养一支具有坚定马克思主义信仰的专业化教师队伍来讲思想政治理论课,发挥好榜样的作用。其次,研究思想政治理论课教材,做好教材体系向教学体系的转化,使教材内容符合当代大学生的审美情趣,进而转化为学生的价值体系。再次,专业课要提炼思想政治教育元素,配合好思想政治理论课育人功能的发挥,打造从"思政课程"到"课程思政"的圈层效应。最后,扩大马克思主义理论学科的专业招生规模,不断壮大马克思主义理论人才的后备力量。

(二)推动马克思主义理论的研究与创新

要加强对马克思主义经典著作的解读和研究,读懂原著是前提,研究原著是进一步提升。高校师生首先必须学懂弄通马克思主义的基本原理和观点。仅通过马克思主义教科书

了解马克思主义基本原理和观点是远远不够的，因为马克思主义教科书是从马克思主义经典原著中概括和总结出来的，是提炼了原著中的精华部分。读原著能从中挖掘出新的意义和内涵，发现有时代价值的内容，提升马克思主义的学理深度。高校要充分发挥马克思主义学院"信马、言马、用马"的功能，积极发扬马克思主义与时俱进的理论品格，肩负起对马克思主义宣传、研究和创新的重任。马克思主义学院应该储备完整的马克思主义著作和参考资料，为宣传、阅读和研究者提供丰富的马克思主义相关资料，提升他们对马克思主义研究和创新的兴趣和积极性，营造良好的学术氛围。

要及时转化马克思主义中国化理论创新成果，来指导新的实践。我们知道，马克思主义的科学性是在实践中得到检验，同时又指导实践的，其在实践中得以继承发展，产生新的理论成果，彰显其旺盛的生命力。中国特色社会主义进入新时代，马克思主义在中国又产生出一大批新的理论成果，即习近平新时代中国特色社会主义思想。高校要从课程思政的角度出发，把新时代这一马克思主义中国化理论成果贯穿到各个学科当中，为马克思主义理论的研究和创新夯实学科基础。

第二节　文化引领与价值观构建相结合

为了紧跟时代步伐，更好完成"立德树人"的根本任务，高校的改革势在必行，高校的建设重心应向内涵式发展转化，这就需要用大学文化建设来作为引领，在办学理念、办学特色和办学定位上，要用文化建设来浇筑和凝练，要把大学文化建设体现在完善学校制度设计上，体现在建设富有品位的校园风貌上，体现在凝聚高层次创新人才上，体现在培养德才兼备的未来创新人才上。通过大学精神文化、制度文化、环境文化建设，克服大学发展中存在的功利性、趋同性、合力和活力不强等问题。以文化育人，唤醒大学生的民族精神和时代精神，提升大学生的文化自信意识，引导大学生以社会主义核心价值观为价值取向，树立正确的价值观和人生目标导向，不断提升自己的综合素质，立志为中华民族伟大复兴而奋斗终身。

一、高校文化引领高校走特色发展之路

高校作为文化传承、传播、发展和创新的重要基地，也是高文化高素养人才的集中

地，其本身具有天然的文化优势，对社会成员的文化认知和养成具有高度的辐射和引导功能。高校教育实际上就是一种文化教育和熏陶。一般而言，高校文化具有狭义和广义之分。狭义的高校文化就是指精神文化，广义的高校文化既包括精神文化，也包括高校制度文化和环境文化。高校精神文化主要是指高校在办学理念、办学目标、办学传统、办学战略等层面上的各种意识观念形态的集合；高校制度文化主要是指高校规章制度、运行机制和师生行为规范等以条文形式体现出来的有组织的规范体系；高校环境文化主要是指高校的整体规划、建筑风格、纪念性标志、校园网络、媒体、人际关系、文化生活等展现出来的校貌、校风、学风、教风、行风和党风等一系列校园人文资源。

高校文化在高校教育中具有很重要的作用。一是具有明确的导向作用。文化就像校园中的一面旗帜，一所高校的文化氛围能够反映出这所高校的办学理念和育人模式。在高校文化生态中存在着不同的文化，这些不同的文化蕴含着不同的价值观导向。高校文化就在于以积极向上的主导文化去教育和影响大学生，使大学生能够选择正确的文化，抵制一些消极文化，在多元文化碰撞中，能辨别是非，树立正确的价值观，指导自己的人生方向。同时高校文化也在指引这所学校的办学特色和办学方向。学校的一切发展规划、目标培养、教学体系、规章制度等都与这所学校的文化存在很大关系。

二是具有强烈的凝聚激励作用。高校文化具有一定的凝聚力量。高校文化内含有共同的价值观取向，能够起到凝聚人心的作用。高校进行的文化活动往往是一种比较集中的活动，这样的文化活动可以培养一定的团队精神和协作精神。高校文化还是高校可持续发展的精神动力，是高校师生生活和学习的精神食粮，浓厚的校园文化能够渗透到师生员工的心灵深处，转化成个体和群体可持续的精神力量，激发大学生积极学习，为实现自我的最大价值而奋发图强。

三是严格的规范作用。高校文化对大学生的思想观念，行为方式具有一定的约束性，其目的就是引导大学生的言行能够符合高校文化建立的价值规范标准。大学生的学习和生活深受高校文化的影响。高校文化中蕴含的精神信念、习惯、道德风尚等思想精髓内化于大学生的内心深处，无形之中产生一种强制性的规范教育，使大学生不自觉地被高校文化中一些价值观念所影响。高校文化一旦得到大学生的广泛认同，大学生就会以文化中的价值遵循为参照进行自我约束和疏导，同时基于文化认同中达成的各种约束措施和规章制度进行自觉地遵守。

四是潜移默化的熏陶作用。高校教育不仅是知识的传授，还有文化的陶冶。长期处于良好的文化环境之中，人们的思想就会积极向上，全身充满正能量，人的精气神就很充沛。高校文化是高校教育最好的教材、最好的课堂、最好的老师。和谐上进的高校文化能够将大学生的思想情感渗透到校园文化环境和生活之中，培养出大学生的归属感和认同感，对母校产生深深的情感。虽然今天的网络教育已十分普遍，但网络教育远远不及高校文化教育，其原因就是网络教育只是一种虚拟教育，是单一的知识传导过程，让人们感受不到一种文化氛围。高校文化通过价值观的塑造，心灵的感化，个人能力的培养，全面提升大学生的思想道德修养和综合能力，为社会锻造出真正的合格人才。

五是鲜明的识别功能。由于不同高校的办学理念不同，其具有的文化也不同。高校文化是不同高校之间相互识别的重要标志。我国许多高校虽说都是综合性大学，但每所高校的侧重点不同，其所蕴含的文化思想也具有很大差别。比如，北京大学非常重视人文学科的建设和发展，并认为"人文学科是北大的'本钱'"。校园里的未名湖被称作是北大的"灵气"和"文眼"。人文学科虽不能与国家经济发展直接挂钩，但从长远来说，它们对国家和民族的精神文化建设具有重大意义。而清华大学重理科建设，清华大学理学理科教育有着悠久的历史，早在1929年清华大学就创立了理学院，并曾培养造就了许多知名的科学家和学者。北京大学和清华大学在综合排名上差异不大，但它们具有各自鲜明的文化特征。正是这种不同的文化特征造就了我国各种类型的高校，也凸显了这些高校在林立的中国高校群中不可替代的位置和作用。

二、用先进文化引领高校教育发展

高校传承和发展的文化是优秀的文化、先进的文化。中华优秀传统文化和社会主义先进文化都是我国高校文化的重要内容。文化的传承和发展是高校承担的重要任务，我国高校肩负的是发扬和发展中国特色社会主义文化的历史使命。用先进的文化引领高校科学发展是高校文化教育理念的重要体现。

高校文化是高校教育性质和特征的主观反映，其核心要义就是要回答高校是一个什么样的状态问题。高校文化不仅包括教育知识的传播和疏导、学术思想的传承和创新，还包括高校与社会之间的相互作用。高校文化是自主、自由、开放的文化，是理性主义、崇尚科学的文化，是与社会保持紧密联系，对社会具有引领作用的文化，是具有传播、传承、弘扬和创新精神的文化。从世界上第一所高校诞生之日起，高校就在实现自身的发展过程中肩负起对整个人类文化传承和创新的使命，并引领着人类社会不断取得进步和发展。世界的发展表明，高校在哪里，哪里就有发展，哪里就有文化的繁荣和昌盛。

高校发展的历史也说明，以深厚的大学精神为核心内容的高校，才能称得上是一所优秀的高校，拥有大学精神的文化才能称其为高校文化。高校文化的基本特征决定了大学精神应当以学术研究为中心，把学术研究作为高校的核心要素，以学术水平来提升教学质量。高校的重要使命就是培养出大师级别的知识先驱者，通过他们的学术研究和知识创新来丰富人类的知识宝库。高校利用先驱者们留下的宝贵财富来传承人类文明和培养一代代新人，通过后来人的社会参与来直接推动社会各方面的发展。

高校文化是高校人文精神的重要载体，高校文化的传承和创新决定着高校的精神面貌。高校应从文化制度层面和文化治校层面不断完善高校工作中的治理体系，确立高校的办学指导思想，把先进、优秀的文化保存下来，发扬光大，并在此基础上不断地对先进、优秀的文化进行创造性发展，实现自身的突破和超越。

用先进、优秀文化引领高校文化建设，这是由我国的社会主义性质和我国高校的根本任务决定的。我国是社会主义性质的国家，我国高校就要肩负起为我国的社会主义现代化建设事业输送合格建设者和接班人的任务。我国高校能否培养出符合国家要求的建设人才，将直接关系到我国的社会主义现代化建设进程，以及在国际市场中的竞争力和影响力，这对于实现中华民族伟大复兴的中国梦将产生重要影响。高校文化是校园人文精神的具体体现，是我国社会主义意识形态的深刻反映，大学生的校园生活，尤其是大学生价值观的树立，与大学生将成为一个什么样的人的关联十分密切。

从这个意义上说，高校文化能不能继承和发扬社会主义先进文化和中华优秀传统文化，容纳吸取一切外来的先进、优秀文化，不断地积淀和丰富自己的文化资源，提升自身的文化涵养，这对于建设中国特色社会主义文化，以及为中国特色社会主义伟大事业培养高端人才具有重大意义。用先进、优秀的文化引领高校文化建设，是高校着眼于国情和世情的高瞻远瞩的眼光。21世纪是中华民族伟大复兴的世纪，是参与世界综合国力竞争的世纪，不论是民族复兴还是国力的较量都需要高素质的人才。文化作为上层建筑，是经济基础的深刻反映，一个国家经济的发展，离不开文化给予的强大的支撑和服务。而文化是人创造的，文化的主体是人。高校以文育人是高校文化建设的根本目的。高校文化建设对学生综合素质的塑造起到潜移默化的促进作用。用先进、优秀的文化来提高大学生的文化素养是高校教育的重要手段。高校文化建设，应该把先进、优秀的文化作为夯实高校文化底蕴的重要途径，以此去提高大学生的文化认知和文化认同感，使先进、优秀的文化在高校整个文化发展的轨道上并力前行，成为高校教育的强大推动力。

三、推进社会主义核心价值观培育，引领文化育人环境

文化的内涵丰富，纷繁复杂，而文化的核心是价值观。中国人民经过艰辛的实践和探索所构建出来的社会主义核心价值观是汇聚中华民族几千年来思想精髓的集中体现，是中华民族文化的精神标识。通过培育社会主义核心价值观，能够达到传承和弘扬中华优秀传统文化，提升人们的文化素养，提高人们的道德品质，实现价值观塑造，从而增强人们的文化自觉和文化自信的效果。

高等教育的价值理念来自于对社会价值理念的透视和深化，是社会价值理念在高校的生动反映。社会主义核心价值观是在中国特色社会主义伟大实践中产生和形成的，集中体现了中国特色社会主义制度下的价值遵循和文化特质。社会主义核心价值观对马克思主义价值学说做出了进一步的丰富和发展，作为马克思主义中国化的重要理论成果，构成我国社会主义精神文明建设的重要组成部分。高校作为精神文明生产的重要基地，是培育社会主义核心价值观的重要载体。在教育部、共青团中央颁发的《关于加强和改进高等学校校园文化建设的意见》中提出了关于我国高校文化建设的主要任务，就是要以理想信念教育为核心，以爱国主义教育为重点，以"三观"教育为主要内容。可以看出，高校社会主义核心价值观的培育与高校文化建设在基本要求上是一致的。

高校社会主义核心价值观的培育，能够挖掘高校文化的精神内涵，激发高校文化的内在动力，增强高校文化的育人功能。我国高校要具有深厚的文化底蕴，必须把社会主义核心价值观中的文化力量释放出来，因为文化可以给予社会主义核心价值观深深的滋养。没有对中华优秀传统文化进行源源不断地挖掘，社会主义核心价值观就会断了活水源头，就会失去生命力和动力。高校培养出来的人才，不仅要具有高超的专业技术，还要具备高尚的道德修养和坚定的理想信念。把民族精神、时代精神连同德育一起渗透到大学生的全程教育之中，这是高校育人的基本要求，也是高校文化建设的基本要求。将社会主义核心价值观贯穿高校文化建设的整个过程，能够引导高校文化建设始终沿着正确的方向前进，在高校形成一种具有中国气派的校园文化环境。

大学生肩负着民族复兴和国家富强的重要使命，承载着实现中华民族伟大复兴的历史大任。高校培养高质量人才，不仅要把社会主义核心价值观作为大学生树立正确世界观、人生观、价值观的指引，而且也是树立正确国家观、民族观、历史观、文化观的指引。把社会主义核心价值观融入高校文化育人和文化建设之中，能够帮助大学生深入了解和掌握中华民族复兴史，中国文化发展史，中国共产党奋斗史，帮助大学生践行青春箴言，追逐人生理想，努力"为中华之崛起而读书"。通过让社会主义核心价值观进校园、

进课堂、进课本、进大学生日常生活，进入大学生的认知世界，指引他们日常行为习惯的养成，在大学生生活圈中形成良好的人文环境。加强高校以文育人的价值观导向，用社会主义核心价值观对大学生进行潜移默化的影响，以增强高校文化的向心力、凝聚力、感召力，提升高校育人与社会用人的有效衔接，推动构建和谐的社会文化氛围。高校通过文化建设进一步加强文化自信的宣传教育，通过文化自信的引领，树立大学生的民族自豪感和自信心，使大学生自觉地从社会主义核心价值观的培育者走向践行者，坚定走自己的道路，追逐自己的理想，为人生出彩，为国家出彩。

第三节　内化于心与外化于行同步兼修

高校对于社会主义核心价值观的培育，不仅要对大学生灌输知识，使其获得理性上的认识，还要引导大学生直面现实生活，获得感性上的体验。因为社会主义核心价值观是在中国特色社会主义实践过程中产生的，它是一个从实践到理论再到实践的产生过程，这里面包含了人们对这个概念的认识植根于历史、面向现实、着眼未来的理论提升和实践验证。高校在"立德树人"的德育过程中，必须注重"德"在现实生活中的指导作用。社会主义核心价值观作为高校德育的重要内容，不仅要在培育上下功夫，还要考虑到大学生未来的社会贡献，将社会主义核心价值观转化为大学生服务社会的一种动力，也就是必须使学生做到内化于心、外化于行。

一、以社会主义核心价值观武装当代大学生

一种理论有没有指导现实的动力，就看这种理论能否被广大人民群众所认可，成为人民群众改造现实世界的武器。马克思主义历来重视理论对现实的指导作用。用理论武装人民群众的大脑，理论才能变为改造现实的力量。理论只有被人们认识和掌握，才具有指导价值和改变社会的功能。理论只有被人民群众所熟知、所使用，才能被人所接纳和认可。只有选择了科学的理论作指导，人民群众的行动才不会迷失方向，才能沿着正确的道路追逐远大梦想。

社会主义核心价值观是一种价值遵循，也是一种科学理论。社会主义核心价值观是在马克思主义价值学说和中华优秀传统文化的基础上产生的，它必然具有深厚的马克思主义

理论基础和中国传统哲学底蕴。首先必须让大学生熟知社会主义核心价值观的理论内涵，从学理上认识到它的科学性以及它对现实生活的理论指导作用。通过社会主义核心价值观的理论魅力化为一种理论力量去获得大学生对它的认知和认同，以内化的方式使其成为大学生的价值遵循。只有内化了，也就是马克思所说的"理论一经人民群众掌握"，社会主义核心价值观才能武装大学生，成为大学生外化于行的思想指南和精神动力。

二、把社会主义核心价值观内化于心

大学阶段正是大学生塑造"三观"的最佳时期。高校社会主义核心价值观的培育能够帮助大学生重新定位自己的人生价值，树立远大的人生抱负。高校教育应该对大学生进行一定的价值观引导，提升大学生对社会主义核心价值观的理性认知，争取大学生的高度认同，使其内化于心，成为大学生坚定的内在信念。

（一）把对社会主义核心价值观的理性认识上升为大学生的坚定信念

如果要让一种价值观具有稳定持久的效应，那对它的认识就不能停留在感性层面上。理性认识是对事物内在的本质的认识，只有这样的认识才能让人刻骨铭心，成为内心永恒的印记。社会主义核心价值观有其本质性的内容，必须将对社会主义核心价值观的认识上升至理性认识，才能吃透它的本质性内涵，将其内化到人的心灵深处，成为一种内在信念。人的认识的形成是分阶段的，社会心理学家凯尔曼·本将其分为三个阶段：第一阶段是模仿；第二阶段是认同；第三阶段是内化，并指出内化是人的认识的最高阶段，是最高级别的理性认识，也是人对外在对象的认识所形成的内在信念。对社会主义核心价值观的理性认识，也就是要求对社会主义核心价值观的认识达到内化于心的高度，成为心中的一种信念。高校社会主义核心价值观的培育，就是将其培育成为大学生的内在信念。大学生只有把对社会主义核心价值观的理性认识上升成为自己坚定的内在信念，才能牢牢把握我国的国情，抓住实现自己人生价值的机遇，充满自信地为社会做贡献。高校在进行社会主义核心价值观培育时，要结合大学生的理想信念教育，"四个自信"教育，提升社会主义核心价值观的理性认识，将其内化于心，为走好新时代长征路立下必胜的信念。

（二）发挥校园文化感染力，展现社会主义核心价值观精气神

良好的校园文化环境，是高校社会主义核心价值观培育的肥沃土壤。世界上的著名高校都有体现自己办学特色的文化底蕴，并由此产生属于自己校园特征的浓郁的文化环

境。应我国国情的需要，我国高校应把社会主义核心价值观作为校园文化建设的重要内容，通过校园文化的渲染和透视，把社会主义核心价值观的精气神展现出来，达到社会主义核心价值观培育的效果。具体如下：

（1）凝练符合时代特征和本校特色的校园文化风貌，把无形的价值观念和道德风尚具体化、直观化，潜移默化地渗入社会主义核心价值观的培育中。如校训解读、校园网站建设、校报建设、校园文化活动设施建设等。

（2）以道德大讲堂、读书会、主题班会、艺术展览等为载体，开展丰富多彩的文化实践活动，借此加大社会主义核心价值观的宣传和教育，以提高大学生的综合能力和道德素养。

（3）利用重要节庆日，开展学术、艺术、体育、娱乐等校园文化活动，弘扬中国精神，培养大学生的爱国主义情怀，激发大学生的历史使命感。

（三）开拓内化社会主义核心价值观的多种渠道

对社会主义核心价值观的内化不能思想僵化、方式单一，要推陈出新，探索多种方式、多个渠道。当今时代是个信息化社会，互联网、微信、QQ等新媒体平台已经成为人们获取信息、实现人与人交往、交流的重要渠道。"00后"已经成长为新时代的大学生，他们是伴随着网络出生和成长的新一代。高校社会主义核心价值观的培育，除了采用传统的思想政治教育方法外，还应拓展采用与时代发展相匹配的多元化培育路径，结合学生特点，充分利用他们乐于接受的网络新媒体平台，研究信息化对意识形态的影响规律，弘扬正能量，塑造正确价值观，实现社会主义核心价值观"润物细无声"的内化功效。

（四）对社会主义核心价值观的内化要实现从理性认知到认同的转化

对事物的理性认知只是对事物内在的本质的认识，还没有把对事物的认识转化为自己内在的一部分。只有对事物的认识由理性认知转化为认同之后，才可能将其纳入自己的内心世界。社会主义核心价值观是全体人民都应该遵循的价值准则，我们每个人不只是认识它，还要认同它，使之成为自己内心深处的一座灯塔。我国高校对社会主义核心价值观的培育一定要将其贯穿高等教育的全过程。高校思想政治理论课是传授和讲解社会主义核心价值观的主渠道，通过思想政治理论课的功能提高社会主义核心价值观的认识和认同是不言而喻的。此外，高校的人才培养方案、课程建设、社会实践、党团活动、实习实训、学生管理服务等都要纳入课程思政的范围内，因地制宜地融入社会主义核心价值观的基本内容，使之潜移默化地内化到大学生的价值诉求当中。同时还可借助高校的文化传承与创新功能的发挥，深入挖掘中华优秀传统文化的深厚资源，将之现代化转化，与时代价值接轨，使之滋养大学生的心灵，实现内心的认同。

三、把社会主义核心价值观外化于行

高校社会主义核心价值观培育的目的是将大学生的个人成长与远大抱负结合起来，在科学理论的指引下，使其用自己的行动去实现个人价值最大化。个人价值最大化的集中表现就是个人最大限度地投入到社会实践当中，尽可能地为自己的国家和人民做贡献。实现个人价值最大化是社会主义核心价值观的终极目标，是外化于行的生动描述。高校社会主义核心价值观的培育工作，要做好内化和外化的融合，积极推进社会主义核心价值观的外化效果，使之成为大学生的自觉行动。

（一）教师要率先成为大学生的引路人

在高校社会主义核心价值观的培育中，教师是传道授业者，教师必须发挥示范带头作用。高校要把社会主义核心价值观的基本内容和要求融入思政课程和课程思政的双向制度建设中，以制度化的方式要求教师严格按照社会主义核心价值观的基本原则行事，不要做台上台下的两面人，要做知行合一的先行者和引领者。一方面，教师要在课程教学中熟练掌握社会主义核心价值观的基本内容，揭示出社会主义核心价值观的精神实质，为学生传道解惑，用理论的力量武装大学生的思想，做社会主义核心价值观的传播者和教育者；另一方面，教师要在生活中努力提高自身的综合素质，按照社会主义核心价值观的基本要求和职业要求，加强理想信念教育，立志做一名爱岗敬业、保持高度自觉性和坚定性的好教师。同时，教师应用自己良好的师德师风和高尚的人格力量感化大学生，为大学生提供培育社会主义核心价值观的正能量。

（二）加强价值观教育与生活体验的深度融合

高校社会主义核心价值观的培育要深入大学生的实际生活当中，特别是大学生参与的有意义的社会实践活动当中。比如，社团活动是高校大学生最常见的社会活动，高校可通过开展社团活动的机会融入大学生社会主义核心价值观的培育工作。一方面，高校积极引导大学生开展以服务社会为主题的志愿服务活动。青年志愿者可以到当地的福利院或者对学校周围的孤寡老人留守儿童、困难居民、残疾人等弱势群体，有针对性地进行扶贫济困，努力营造"我为人人、人人为我"的社会风气。另一方面，青年志愿者还可以深入基层、社区甚或家庭，开展社会主义核心价值观新事物、新典型的宣讲活动。通过社团活动增强大学生的集体主义意识，感受我国社会主义制度的优越性，提升对社会主义核心价值观内涵的认识，使得社会主义价值观的基本遵循自觉地落实到现实生活中。

（三）突出内化与外化相互作用的双重效果

如同理论与实践的相互作用一样，社会主义核心价值观的内化和外化也是一个相互作用的过程。内化离不开实践的养成，只有在实践养成之后才能更好地促进外化。高校要为社会主义核心价值观的培育提供恰当的实践平台。比如，为社会主义核心价值观设置长期稳定的教学实践基地，通过实地考察让大学生感受社会主义核心价值观的现实价值；思想政治理论课可以让大学生以拍微视频或撰写微评论的方式开展社会主义核心价值观主题教育教学活动。这可以提高社会主义核心价值观理论教学的实效性，提升对社会主义核心价值观这一理论的认同，进而使之成为指引自己行为的价值观导向。高校将校内课堂教学与校外实践教学有机结合，是高校实现社会主义核心价值观内化与外化双向互动的重要体现，也是重要途径。

第四节　顶层设计与精准靶向上下兼顾

培育社会主义核心价值观是一个上下联动的双效机制。做好上面的顶层设计非常重要，只有上面的顶层设计做好了，下面才能做得顺风顺水，一路畅通。高校在加强社会主义核心价值观培育方面，要做好顶层设计，系统规划，整体推进，形成良好的上下联动机制，使"自上而下"和"自下而上"的两股力量拧成一股力量，以便有效地推进高校社会主义核心价值观全方位的培育工作。

一、做好顶层设计是高校社会主义核心价值观培育的现实需要

做好顶层设计，关系到高校工作的整体推进，以及社会主义核心价值观在高校整体工作中的合理布局，这对于高校合理开展社会主义核心价值观的培育工作，大学生对社会主义核心价值观的认识和自觉践行都具有重要意义。2014 年，中共教育部党组、共青团中央

在《关于在各级各类学校推动培育和践行社会主义核心价值观长效机制建设的意见》中明确指出，学校在建立培育和践行社会主义核心价值观长效机制时，其遵循的主要原则之一就是"坚持系统规划，整体推进，不断完善培育和践行社会主义核心价值观的顶层设计"。高校作为学生在校生活的最后一站，是大学生即将接触社会，接受社会检验的关口。高校大学生选择一个什么样的价值观将直接影响到他的职业规划和人生价值追求。高校做好社会主义核心价值观培育工作，完善好顶层设计，这既是高校教育工作中一项紧迫而又艰巨的任务，也是一个长期而又系统的任务，必须制定出长效机制，从长计议，不断夯实高校社会主义核心价值观培育的基础性工程。

（一）什么是顶层设计

目前，对顶层设计的理解还是一个众说纷纭的话题。许多学者对这一概念进行了一些探究，给出了不同的解释。比如，竹立家指出"顶层设计"最初是来自于系统工程学领域中的一个词，字面的意思就是"自高端开始的总体构想"，但实际上是指"整体的明确性"和"具体的可操作性"。后被广泛运用到社会科学领域，成为政府或主管部门常用的一个词。在西方国家，这个词已经被政府部门等相关主导机构应用于军事与社会管理领域，是政府统筹内外政策和制定国家发展战略的重要思维方法。从 2008 年开始，对"顶层设计"一词的关注度呈现递增趋势，特别是在 2011—2012 年间，"顶层设计"成为一个高频词汇，这可能与我国经济体制改革总体规划中关于这个词的表述有很大关系。2010 年，党的十七届五中全会通过《中共中央关于制定国民经济和社会发展第十二个五年规划的建议》中，提出"更加重视改革顶层设计和总体规划"。这是我国政府首次提出"顶层设计"这一概念，此后被多次提及，乃至成为一个政治热点话题。"顶层设计"这一概念被逐渐运用到各个领域。

"顶层设计"在"维基百科"中的解释为相对于 bottom-up design 的 top-down design。从英文注释中我们更能准确地把握"顶层设计"的基本内涵，由此可知，"顶层设计"就是"自上而下的设计"，也可称作是阶梯式的设计。但是自上而下是相对于自下而上设计的，也就是说在自下而上的考量上做出自上而下的设计。实际上，顶层设计就是在底层设计的需求上或准确把握底层状况的情况下设计出来的。顶层设计离不开底层设计，两者是辩证统一、相互促进的关系，顶层设计以底层设计为前提，反过来做好顶层设计是为了更有效地推动底层的设计。由于各个领域的空间架构和布局不同，对顶层设计所表达的含义应做具体分析。就高校社会主义核心价值观的培育而言，顶层设计就是要求高校各级部门从总揽全局的高度出发，从大处着眼，从小处着手，制定出详细的"任务书""时间表""路线图""责任状"，形成自上而下层层衔接、环环相扣的制度和步骤，将社会主义核心价值观培育工作落实到每一个环节，科学高效地实现其培育的目标和任务。

（二）顶层设计是高校社会主义核心价值观培育建立长效机制的现实需要

在多元社会价值观汇聚的复杂环境中，高校社会主义核心价值观培育并非一日之功，不是靠一己之力就能完成的，必须持之以恒，常抓不懈。古言道："不以规矩，不能成方圆。"高校要从建立健全制度层面入手，在原有制度的基础上结合当前高校教育的方针政策，进一步优化和整合各项制度和措施，从而形成一套高校培育社会主义核心价值观的制度体系，从制度层面上规范高校社会主义核心价值观的培育工作，使这项工作能够走向制度化、规范化、常态化，以及具有长期的稳定性和实效性。制度的合理性和可实施性深刻体现制度制定者的智慧和能力。"不谋万世者，不足谋一时；不谋全局者，不足谋一域。"制度制定者既要考虑自身的实际需要又要考虑长远的发展目标。高校社会主义核心价值观培育制度的制定，要充分考虑顶层设计的整体性、系统性和可操作性。做好顶层设计，不仅体现国家和社会对社会主义核心价值观培育的基本要求，也是高校社会主义核心价值观培育建立长效机制的现实需要。因为高校社会主义核心价值观的培育工作，将关系到高校办学定位的问题，高校教育的"立德树人"的问题，高校大学生能否为我国实现两个一百年奋斗目标贡献智慧和力量的问题。高校社会主义核心价值观培育的长效机制，就是要求站在立德树人的战略高度，把学校的总体规划和具体实施方案紧密结合起来，不断完善学校的顶层设计，充分发挥各个教育部门的优势，杜绝社会主义核心价值观的培育工作与其他工作呈现"两张皮"现象，确保社会主义核心价值观的培育工作与其他工作一起，同步、稳步、扎实地推进，沿着长足有效的路线走下去。

二、高校社会主义核心价值观培育要做好顶层设计

高校教育要从整体推进，常态化管理角度出发，帮助并引导大学生形成对社会主义核心价值观的认知和认同，使大学生树立正确的价值观，健康的人生观，明晰的世界观，这关系到大学生能否成为社会的有用人才这一根本问题，更关系到整个民族的未来，以及国家的长远发展大计。由于各个高校都有自己的办学特色，构建具有高校特色的教育长效机制，通过合理有效的顶层设计，积极引导高校大学生自觉培育社会主义核心价值观，是目前高校在思想政治工作领域需要解决的一个主要问题。

（一）顶层设计要注重"顶层"与"底层"的层级设计

由于层级选择的不同，顶层设计中的"顶层"只是一个相对的概念。对于某一可供参照的层级来说是"顶层"，但对于另一可供参照的层级来说就可能是"底层"。顶层设计实际上是"从高处往下的层级设计"，最后形成"顶层"与"底层"的上下联动机制。可以看出，高一层对于低一层来说就是"顶层"，对于"底层"来说，上一层级的设计非常重要，如果某一层级设计不好，将直接影响到后面所有层级的设计。可以说，上一层级的设计是下一层级设计的前提条件，上一层级对于下一层级的顶层设计将起到决定性作用。高校建立社会主义核心价值观培育的长效机制，其校党委行政的"顶层设计"至关重要，对于高校各个部门来说，校党委是处在最"顶层"的。校党委在准确把握学校总的教育目标的要求下，要指导并督促下一级机构按照学校的总体办学方向，做好各个部门的"层级设计"，整合各部门资源和力量，通过相互协商和协调，制定出清晰的培育社会主义核心价值观的时间表和路线图，形成一整套上下联动的培育社会主义核心价值观的制度体系。同时，要加强"顶层"与"底层"之间的相互监督意识，明确各个层级的职责，开展定期督查和考评工作，并作为领导和员工年终绩效和思想政治素养测评的重要指标，坚决防止重头轻尾，重过场轻效果，重设计轻落实，重宣传轻行动，杜绝形式主义作风。

（二）顶层设计需要全校教师共同参与和培育

高校培育社会主义核心价值观不仅是高校党政领导部门的事情，也是全校教师的事情。列宁曾指出："在任何学校里，最重要的是课程的思想政治方向。这个方向由什么来决定呢？完全而且只能由教学人员来决定。"教师处在教育工作的第一线，是最接近受教育者的，教师的一言一行对受教育者起到耳濡目染、以身示范的作用。高校教师是高校教职员工的主力军，是决定高校思想政治教育方向的重要因素。高校教师要率先培育社会主义核心价值观，真正起到"德高为师、身正为范"的作用。

如果高校的顶层设计做不好，往往造成高校思想政治教育工作者与高校专业教学工作者存在"两张皮"现象。在这种情况下，高校社会主义核心价值观培育工作好像理所当然地成为党政职能部门和思想政治理论课教师的专属，其他专业课教师就不再承担这方面任务了。实际上，任何一门专业课都不仅仅是知识的单线传授过程，而是知识与社会应用相互连接的过程。如果一种知识的传授缺乏对社会良知的认识，这种知识的传授不仅起不到"立德树人"的效果，反而可能给个人和社会带来非常严重的后果。因此，高校在顶层设计中，要把思想政治理论课教师与其他专业课教师统筹起来，一并纳入到社会主义核心价值观的培育体系当中，让高校所有教师率先成为社会主义核心价值观的坚定奉行者。只有这样，高校教师才能以身示范，做大学生培育和践行社会主义核心价值观的引路人。

（三）顶层设计要落细落小落实

价值观是在人们的社会实践中产生的，反过来既成的价值观又是人们进行社会实践的价值导向。价值观与人们的社会实践紧密联系在一起，离开社会实践谈价值观是空洞的，离开价值观谈社会实践是盲目的。社会主义核心价值观是在中国特色社会主义伟大实践中产生的，而中国人民是中国特色社会主义伟大实践的主体，所以社会主义核心价值观与每一个中国人的社会实践活动是分不开的。高校不能脱离社会实践而独立存在，我国高校在制定顶层设计时，要把社会主义核心价值观的培育要求细化到高校人才培养和大学生的日常行为准则和生活之中，做到落细、落小、落实，达到如同"百姓日用而不知"的程度。高校要善于利用各种资源和途径，形成培育社会主义核心价值观的生活情境和社会氛围，做到社会主义核心价值观进课堂、进教材、进头脑、进生活，使社会主义核心价值观的影响像空气一样无所不在。

第四章

社会主义核心价值观认同教育的文化育人路径

作为重要的文化建设和文化育人阵地，培养大学生的社会主义核心价值观是高校的重要历史使命。高校的社会主义核心价值观教育，可以通过利用文化育人对学生进行价值引导、情感激励和精神陶冶，塑造学生品格，使其在文化的熏陶中完善品德修养，认同核心价值观，升华人生价值与精神。

第一节　以一流大学精神推进现代大学治理

大学精神与大学治理两者具有极大的耦合性。大学精神所体现出独立性、批判性、人文性、价值性、创新性等显著特征，使之必然成为一所大学生命力的源泉和改革发展的内驱力。现代大学治理的主题是在加强党对高校的领导的前提下，着力构建现代大学治理体系，加快实现大学内部治理与外部治理体系现代化。因此，大学治理涉猎面广，若以之与大学精神，特别是一流大学精神之交集来谋划治理革新，或能有的放矢、容易深入。

一、一流大学精神及其时代内涵

大学精神与大学相伴而生，是校园文化的深层结构，是大学自身存在和发展中形成的具有独特气质的精神形式与文明成果，是一所大学全体师生历经数代人共同创造和认同的文化价值与道德取向。大学精神的独立性要求大学坚持自主办学，始终维护其传播科学知识与引领社会文明不断进化的本质；大学精神的批判性要求大学产生新观念、包容新思想，并以争鸣传统和科学态度审视传统与现实，产生对社会现实的理性反思；大学精神的人文性要求大学按照教育发展规律和人才成长规律办事，追求对人的价值实现和生存发展的关怀；大学精神的价值性要求大学能够引导人类社会进行价值构建，探索科技和人文的汇通之路；大学精神的创新性要求表现出不受束缚和不断开创的精神气质，从而谋求达到新境界。可见，各精神特征的根本内涵和内在要求都与现代大学治理互生互融，从此意义上讲，大学精神就是大学治理的抽象化、凝练性的表现。

在中国特色社会主义制度下，一流大学精神应具有新时代的时代内涵。中国要建设世界一流大学就必须构建有中国特色的高等教育话语体系，争取世界高等教育的话语权和领导权。这就要求大学作为培养人才和探求真理的殿堂，不仅要适应社会和服务社会，更要谋划社会导向和引领时代潮流；不仅要适应政治、经济和文化环境，更要超越社会现实以保持独立自由与批判性。可见，一流大学精神既具有民族文化底蕴又反映时代发展方向，是值得伴随时代变迁而不断传承发扬的。从这个意义上讲，将这些精神文化的继承与创新、适应与超越的关系融入现代大学治理全方位和全过程，再提炼出具有习近平新时代中国特色的大学精神特质，即为具有时代内涵的一流大学精神。

二、以一流大学精神引领现代大学治理

现代大学不仅是一种社会组织，更是人类文明的灯塔，在社会进步和时代变迁的过程中发挥着导向和引领作用。我国大学的根本任务在于立德树人，首要职能是人才培养。2018年9月，习近平总书记在全国教育大会上的讲话中明确指出，要努力构建德智体美劳全面培养的教育体系，形成更高水平的人才培养体系。要把立德树人融入思想道德教育、文化知识教育、社会实践教育各环节，贯穿基础教育、职业教育、高等教育各领域，学科体系、教学体系、教材体系、管理体系要围绕这个目标来设计，教师要围绕这个目标来教，学生要围绕这个目标来学。凡是不利于实现这个目标的做法都要坚决改过来。根据习近平总书记提出的上述要求，从立德树人根本任务的视角考察现代大学治理，可以看到部分大学还存在着文化自觉不够明确、对文化育人不够重视、各主体的治理边界尚不明晰等问题，需要以一流大学精神引领大学治理。

以一流大学精神引领我国大学治理，必然要求大学治理的理念与一流大学精神保持一致，其品质应该是开放和先进的，能够引领社会文化，具有时代特征；应该是包容和创新的，能够坚持探究与创新；应该是理性而严谨的，不因时尚和流行随波逐流，具有自身的活动形式和生命轨迹；应该是独立而坚守的，不因利益诱惑而沉沦或妥协，具有坚持操守不为外物所动的精神气质。

（一）坚持培养环节中的"全方位育人"

一是要坚守"思政育人"。习近平总书记指出："要把立德树人的成效作为检验学校一

切工作的根本标准。"全方位育人要求高校思想政治工作将"思政课程"与"课程思政"有机结合：一方面将形势政策、传统文化、红色基因融入思想政治理论课教学，提升教学质量和学生抬头率，凸显思政课堂的主阵地功能；另一方面要在所有的专业课程教学中体现思政育人的机能，将学科专业与国家的发展战略、将能力发展与中华民族的家国情怀结合起来，构建多元协同的思政育人体系。全方位育人要求思政育人工作将理论阵地与实践基地有机结合：一方面在理论教育中拓展思政育人的场域，积极探索网上党校、专题网站等思政工作平台，充分挖掘各类教育资源中蕴含的思政教育元素，合力推动理论指导与教育的创造性开展；另一方面广泛建立教育基地，充分利用重大历史事件和纪念日等开展主题教育和社会调查，借助主题实践，培育时代先锋。

二是要建设"文化校园"。应将校园的一草一木、一人一事都纳入"文化自觉"，致力于在全体学生基因中都植入"文化自省"。各学校应将大学精神的基本特征融入教育教学的主渠道、融入人才培养的全过程、融入大学治理的各个角落，建设一个契合国情和校情的全方位育人的文化校园。

三是要回归"多向度育人"。大学治理应该与经济社会发展紧密结合，以体现高等教育的责任感与使命感。但也必须看到，过度倡导"社会适应"，是与一流大学精神中独立、自由、人文与创新精神相背离的。中国特色社会主义的建设需要现代大学培养德智体美劳全面发展的社会主义建设者和接班人，因此，现代大学治理中必须要紧扣培养具有良好人文与科技素养的复合型人才的目标。

（二）谋求多方权力间的"包容性增长"

一是要适度强化社群与学术权力。在中国大学由"管理"向"治理"过渡的背景下，学术权力和社群权力确应优先强化。应在大学内部营造一种崇尚科学、尊重知识的氛围，坚持学术问题用学术手段解决，要赋予教授委员会、学术委员会审议权、决策权，特别是在学生培养体系建设、科研机制构建、学科建设布局等涉及学术事务的问题上，确立学术委员会的主导地位，并以相关学术团体的组织架构来规范、完善大学的管理体系，避免出现一切围绕经费转、指标转、排名转的状况。同时，应充分尊重全体大学人的主体地位，发挥群众团体参政议政和监督约束的作用，构建民主参与和共同治理的体制机制。

二是要推动权威与自治均衡发展。权威与自治的相对均衡与包容性增长，或是现代大学治理的一个突破口。在大学治理中，应首先倡导的是权威和自治相互尊重且允许对方的充分存在，包容甚至鼓励对方一定程度的增长。根据不同的校情，可以实现权威与自治的错时轮换增长；也可以在一定时期内适度助推权威变得更强大，自治也变得更强大，只要制约能力相对均衡即可，实现同步包容性增长。当然，在包容性增长的理念下，权威和自治也可某一方在一定时期内主动缩减，以维护对方力量的相对增长。

三是要育成共同参与的治理文化。从外部治理的角度推动共同治理，关键在于解决多元主体协同参与的问题，特别是企业作为经济社会发展的主体，要引入其参与到大学治理中来。应通过深化产学研合作的内涵，并由此拓展合作的外延，寻求大学治理的又一支强大力量。由此，以力量引入促成能量交换，才能进一步促进高校服务社会。通过舆论宣传导向、科研成果影响力、校友服务社会的价值等，一并调动社会其他方面的资源，推动大学治理共同参与的文化育成。从内部治理的角度推动共同治理，关键是有效实施内部控制，有效配置内部资源，有力处置各种利益冲突，形成有利于推进现代大学治理的格局。

（三）强化一流大学治理的"理想化高度"

一是要拓展"国际化视野"。一流的大学治理应有一流的国际化，应有放眼世界的眼界与纵观全球的高度，以此促进大学更好地履行国际交流合作的使命，提升大学国际化水平，解决大学文化对外传播问题，发挥大学文化传承创新、融通中外的独特作用。而一流的国际化必然推动高校去面对不同国家的教育体系结构和范畴，并大力增强针对别国学生教育、管理与服务的适应力；国际化背景形成的相关各国互相承认学位与学历，也将使大学接受来自国际的质量监测与评价，从而强化更具有广泛公信力的质量体系建设。基于此，高校应从老师和学生两方面都致力于会聚世界各地的优秀人才；课程中应加入国际内容，将课程的视角拓展到全球范围；应拓展国际交流交换学生的渠道，加强与境外高水平大学、研究机构、企业单位合作，就某些课题协作开展研究，或安排访问学者开展互动访问研究等。

二是要突出学术本位和教育本位。在现代大学治理中应重视学术的地位，突出学术本位和教育本位，才能保持其自身的组织本质和特性，实现大学治理的目标。当然，在注重学术自由的同时，应加强对学术责任的审视，不能忽视对学者学术道德的培养和学术规范的完善。要从制度层面加以规范，建立并实施公开、公平、公正的学术评价制度，以质量为导向的科研激励机制及公正健康的学术批判机制等，保证学术活动的良性开展。

三、凸显一流大学精神的"新时代特征"

一是要提升一流大学精神的具象化。大学章程是大学精神的重要载体和大学治理的核心蓝本。大学章程作为统领学校长期发展的基本纲领，要在坚持社会主义核心价值体系的同时，呈现出"一校一治"的个性化特色和锐意进取的改革创新精神。在制定伊始，就要将大学精神贯穿大学章程始终，体现权力分立和权力制约的思想，清晰明了地宣示大学的办学理念与宗旨、遵循的规范与价值，以及开展教育教学、科学研究及社会服务等活动的方式，形成内容详细、合理、可操作的制度模式。大学章程一旦制定后，就要在校内处于"最高法"的地位，全体大学人必须严格遵守，将其作为大学治理各项工作的首要依据。

二是要体现一流大学精神的时代性。现阶段，加快构建现代大学治理体系的首要任务是深入学习贯彻习近平新时代中国特色社会主义思想，准确把握和勇于承担高等教育发展的时代使命，共同为加快中国特色世界一流大学建设添砖加瓦。尊重一流大学精神的时代内涵不仅是传承现代大学治理体系的优质基因，更是革新现代大学治理体系的关键切入点。兴学强国是我国大学与生俱来的使命，深化大学治理改革，应当紧紧围绕新时代经济社会发展对人才培养在类型、结构、层次等方面的新需求，在管理机制、教学、学科、课程等方面综合推进革新。应从新时代高等教育的实际出发，借鉴当今世界一流大学的思路与模式，探索高素质人才培养和师生共同发展的机制与路径，探索现代大学治理之道。

三是要坚持大学治理过程的本土化。立足本土，建立适合我国国情的高等教育体系和大学治理体系，方能真正落实教育兴国、科技兴邦。一流大学精神是经典和稳定的，指引大学治理必须坚持以优秀的传统文化为基础；指导科技创新在广泛挖掘与盘活优势资源的前提下，服务于本国各个区域经济的协调发展；指引人才培养在世界文化交流与繁荣的基础上，满足国家的经济社会发展需求。一流大学精神是开放和包容的，本土化意味着我们既要坚持扎根中国大地办教育，又要具备国际视野和国际水平，以优秀文化理念和先进治理机制形成我国大学治理的本土化模式。一流大学精神也是创新的，我国创新型国家建设需要创新型大学作为支撑。将创新作为办学理念的一个核心，符合一流大学精神的创新特质，创新的理念也应被贯穿于现代大学治理的顶层设计之中。

第二节　创业型校园文化建设的思考

高等教育是文化传承的重要载体和文化创新的重要源泉，校园创业文化也必定成为整个社会中创业及创业文化的关键支撑和前行动力。一些高校将办学理念定位于创业型大学，一些高校将文化发展聚焦于创业型文化，都为创业型校园文化建设做出了积极有益的探索。

一、创业型校园文化的内涵特色

校园文化，是一所学校赖以生存与发展的重要根基和不竭动力。创业型校园文化是校园长期以来形成具有传承价值、自身特质且与创新创业相适应的文化，具有鲜明创新创业特色的校园文化，必将潜移默化地促使学生创业意识、创业精神、创业品质及创业能力的发展。优秀的创业型校园文化自身应具备的特质有：

兼容并包的开放精神。创业型校园文化的传承价值，必须做到涵盖不同特质学生的创业知识需求及不同届次学生的创业理念发展，也就决定了创业型校园文化必然突显兼容并包的开放精神，只有立足学校自身特色，有选择性地对社会上的一切先进思想、学术理念及社会文化等进行吸收融合，将之内化为自身价值、思想根据和行为准则，才有可能被广泛地接受和持续地传递。

力促改革的创新理念。随着现代社会对人才的多元化需求发展，以及大学生对自身的个性化成长规划，我国教育呼唤多元、自由、共享的校园文化。改革传统的教育思想，在校园每一个角落融入创新理念，有利于充分发挥创业型校园文化特质，使得高等教育教学保持长久的生机与活力。

契合校情的理性态度。创业需要激情，更需要理性。可以说，在我国当前创业及创业教育方兴未艾之际，不缺乏激情，却往往忽略了冷静和理性。校园文化的存在发展都以学校为土壤，决定了创业型校园文化的建设也必须根植于校园实际，紧扣校内外资源和文化传承。从学科专业长远发展、本校学生客观条件、外界区域经济环境等情况出发，营造具有自身特色的创业型校园文化氛围。

二、创业型校园文化的建设基础

创业文化的建设必须围绕高校文化建设的核心，融入校园文化的方方面面，从精神、物质、制度等层面同时展开，并充分发挥其交互作用，有重点地去建设创业型校园文化的完整体系。

精神文化——思想基础。精神文化一直是校园文化建设的核心，也应当作为创业型校园文化建设的一个重要方面进行强化，由此而奠定坚实的思想基础。要深入了解学校广大师生员工面对创业文化的心理和意志状况，全面采集来自精神领域的第一手数据，对选择精神文化建设推进的速度、内容、范围、形式等进行针对性谋划。结合高校办学特点和人才培养目标，进一步引导学生树立正确的世界观、人生观和价值观，循序渐进地使高校校园精神在学生的思想观念之中烙下深刻的印记。

物质文化——物质基础。物质文化是创业文化的具体形态表现，是创业文化传播中极有说服力的载体，是创业型校园文化建设的重要物质基础。富于特色的高校校园文化环境能够折射出一所大学的精神特征，要将创新创业理念在适宜的情况下融入校风、校训、校歌、办学宗旨、宣传口号等，使得创业型校园文化显性化，更利于反复宣传和深入人心。在校园建筑物和其他公共设施的建设和管理工作中，在实用的基础上加入一些体现时代特征、社会意识和创新精神的内容，营造关注市场、崇尚创业的人文景观氛围。

制度文化——政策基础。制度文化是在精神和物质之外的又一个校园文化建设的重要基础，它将广大师生与创业活动联系起来，确保文化建设规范高效地进行。必须在文化革新的同时加强制度的创新改革，使之成为值得信赖、可以依靠的良好政策基础。紧扣创新型国家建设和创新型经济发展的大政方针，紧扣地方区域经济发展的导向，保持学校与地方政府、与教育主管部门在制度文化上的方向目标一致性。此外，不断完善各类创业制度，同时保证创业政策的严肃性与灵活性，切实保障创业型校园文化健康快速发展。

三、创业型校园文化的建设策略

党的十八届三中全会提出，要把立德树人作为教育的根本任务，要深化教育领域综合改革。高校的教育管理工作必然牢牢把握立德树人和综合改革等关键词，创业型校园文化建设工作当然概莫能外，必须提出教书育人新要求，制定创业工作新标准，采取文化繁荣新举措，才能充分发挥创业型校园文化对学生、对高校、对社会应有的积极作用。

（一）实施多元化育人模式

只有遴选和施行多元化的育人模式，才能形成迎合创新创业教育的开放型高等教育理念，从而推动创业型校园文化的科学建设。

采取多方互动的育人模式。在人才培养过程中注重学校与企业、与行业、与政府的互动，让学生及早接触社会政治经济发展一线，从而产生创新性想法，培育创造性思维。在教育内容安排中寻求学科专业的交叉融合，衍生新知识、探索新文化。

采用灵活学制的育人模式。通过设置课外创新学分等新型学分机制来支持大学生参与创新创业，对学生参与课外创业培训活动，从学校层面以弹性学分制等形式给予认可。允许学生通过休学等变换学习周期的方式从事创业活动，鼓励有能力的学生在合理制定学业规划的基础上，保留学籍以获取成段的创业时间。

采用实践体验的育人模式。在课程教授中，引导学生成为课程的参与者，通过小组讨论、角色扮演等形式，让学生在体验中学习。在经济管理相关的专业设置创业实习课程和建立创业实习基地，并通过高校的政产学研资源，积极为大学生争取创业资金和其他扶持，帮助学生在创业过程中成长，真正实现实践育人。

（二）广植创新型知识元素

作为培养高素质人才的前沿阵地，高校应当引导和鼓励学生先创新、再创业，通过创新谋求高层次、高质量的创业。创新应作为创业型校园文化的重要内涵，创新类知识元素也应作为贯穿创业教育始终的内容。

注重创新知识元素引入，为学生植入创业文化。创新知识引入和创业文化推进的过程毫无疑问应当遵循由浅入深、由易到难的逻辑顺序，应当分时段、分层次来进行。

注重创新知识元素普及，将学生融入创业文化。重点是在学生的学习过程中，特别是专业课程教学之中融入创新创业元素。在专业知识中凸显相关领域的前沿知识，诱发学生对新知识的渴求。将创业知识与学科专业紧密结合，多途径帮助学生了解创业必须具备的基本条件和专业素养，唤醒依托专业进行创新创业的意识。

注重创新知识元素提高，升华创业型校园文化。在课堂以外，定期开设创业培训讲座和集训班等，为大学生提供在创新创业方面专项提升的机会。在学生实习实践等接触社会的过程中，整合资源帮助学生全面接触行业与企业，了解市场与产品，增加人脉，增强协作，催生大学生成功创业的可能性。

（三）开展一体化教学实训

创业型校园文化建设要求在教学实训方面注重专业与创业结合，课内与课外结合，理论与实践结合，过程与成效结合。

推进教学内容一体化。将教育教学内容重点设定为培育学生的专业知识素养、创新创造能力及基本职业素质。根据在相关领域成功创业的一般规律，结合社会需求变化，对其进行系统整合和补充完善，增强育人成效。

推进教学组织一体化。注重第一、第二、第三课堂的有机融合，注重课堂内与外的自然衔接。在课堂教学中注重章节化、系统性的教学实训，坚持融入更多接近于课外活动的生动形式。在课外教学中沿袭模块化、焦点式的实训内容，逐步向规范、制度、长效的工作模式倾斜。

推进师资团队一体化。创业型校园文化中的师资应大部分是双师型教师，既懂专业、又懂创新，既懂学术、又懂市场，既懂理论、又懂实践。博学多能的师资队伍必是优秀创业型校园文化的重要推手。

（四）制造品牌性文化影响

在校园文化建设上，高校应该树立文化精品意识，注重品牌文化建设，助推学校形象与地位提升。

注重树立地域性品牌文化。通过校园创业文化与地域文化的良性互动，更容易培育主体独特的人文气质和创业素质，使创业教育特色更加鲜明，创业文化品牌进一步彰显。

注重打造团队性品牌文化。坚持挖掘品牌文化的建设主体，特别是发挥创新创业类学生社团在创业型校园文化建设中的自主意识和能量，通过开展具有广泛影响力的社团活动锻炼自身，辐射他人。

注重打造载体性品牌文化。当代高校最重要的文化载体之一是网络等新媒体工具。高校能打造促进互联网创业的优质模式，本身是一种品牌；能很好地运用新媒体工具服务创新创业，同样是一种品牌；能将网络平台，譬如微博等作为文化品牌的营销窗口，又是另一种品牌文化。同时，鲜亮的名称或符号也是品牌建设的重要基础，将创新创业融入校徽校歌、院旗院训、班徽班训等，能够形成比较有冲击力的文化传播效果。

第三节 社会主义核心价值观视阈下高校中华优秀传统文化教育路径探究

中共中央总书记习近平在中央政治局第十三次集体学习时指出："培育和弘扬社会主义核心价值观必须立足中华优秀传统文化。"大学生作为社会主义核心价值观最主要的践行者，未来势必成为中国特色社会主义事业的接班人和主力军。因此，在当今思想碰撞、价值多元的背景下，高校必须加强中华优秀传统文化教育，切实有效地传承和弘扬中华优秀传统文化，促进大学生正确价值观的树立。

一、中华优秀传统文化与社会主义核心价值观的内在关联性

（一）中华优秀传统文化是社会主义核心价值观的思想源泉

中华优秀传统文化是指在中华民族发展的历史长河中，祖先们通过他们的勤劳和智慧，创造出的具有民族特色的博大精深、源远流长的中华文明。其包罗万象，内容广泛，具有多元一体性；其不断被继承与发展，具有价值延续性。社会主义核心价值观是社会主义核心价值体系的核心，高度凝练了中华传统文化中的思想与精神，中华优秀传统文化与社会主义核心价值观在逻辑关系上具有一致性。

在国家层面，两者都体现民本、和谐的儒家思想。"富强"来源于古时"富国强兵""富民养民"的思想；"民主"是从"民为邦本""民贵君轻""仁民爱民"等古训中提炼而出；中华优秀传统文化中重视"和"的思想"以和为贵""求同存异"这些思想在社会主义核心价值观中概括为"和谐"。在社会层面，两者都展现出一个充满正义、道德的社会风貌。"自由、平等、公正、法治"这些内容的思想价值与"不患寡而患不均""天下为公""天下有义则治，无义则乱""隆礼重法"等价值取向相得益彰。

在个人层面，两者都彰显了爱国、待人友善的博大情怀。"爱国"从古至今一直是中华民族精神的核心，是"天下兴亡，匹夫有责""先天下之忧而忧后天下之乐而乐""苟利国家生死以，岂因祸福避趋之"的现代阐释；"诚信"与"诚者，天之道""民无信不立""身致其诚信"等一脉相承；"友善"则可追溯到孔子的"仁者爱人"的思想。可见，社会主义核心价值观三个层面的倡导，都可以在中华优秀传统文化中找到思想根基。

（二）中华优秀传统文化对培育社会主义核心价值观的重要性

1. 中华优秀传统文化为培育社会主义核心价值观提供价值支撑和精神支持

社会主义核心价值观是社会主义意识形态的本质和灵魂，引领着国家、民族的生存和发展。"优秀传统文化是我国现代文明的基础，是我们核心价值观的立足之地。"中华优秀传统文化凝结着各民族的智慧，蕴含着伟大的民族精神和优良的道德传统，包含着整体趋向的政治价值观、文明和谐的社会价值观等。社会主义核心价值观与传统文化所倡导的价值观一脉相承，若立足于传统文化，那么，社会主义核心价值观的培育则会达到"润物细无声"的效果。

2. 中华优秀传统文化为培育社会主义核心价值观提供重要的载体

核心价值观是文化的重要组成部分，其培育和践行当然也离不开文化的支撑。价值观是一种意识形态，具有一定的抽象性，要想被人们所理解、践行，必须将其融入具体的、可感知的活动中。韩愈提出"文以明道"，周敦颐提出"文以载道"，可见，传统文化，如诗歌、古文、戏曲等都十分注重载体功能。社会主义核心价值观中许多内容都可以在我国的传统节日、古文典籍中找到根基。如，端午节纪念投江的著名诗人屈原，体现一种"爱国"情怀；重阳节登高为老人祈福，彰显"尊老""孝道"；2014 年将 12 月 4 日设定为国家宪法日，也是通过节日的形式，传播"公正、法治"的精神。传统文化中的古文典籍、诗歌戏曲也同样渗透着为人处世的道理，起到道德教化的作用。通过开展这些人们喜闻乐见的活动来传播主流价值观，使其深入到生活的方方面面，让人们无时无刻不在感知、领悟和实践。

3. 中华优秀传统文化为培育社会主义核心价值观提供深厚的群众基础

培育社会主义核心价值观，首先要取得人们的认同和接受，通过科学的方式进行传播和弘扬，最终实现价值观的践行，即从社会主义核心价值观的具体实施看，无论是认同还是实践，都需要具有深厚传统文化底蕴的人民群众的力量。中华优秀传统文化经过五千年历史长河的积淀，"它已贯穿于中国人民的思想观念、道德礼仪、风俗习惯等各个方面"，对人们的思维方式和行为模式产生了深刻且持久的影响。也就是说，人们受到优秀传统文化潜移默化的影响，在言行举止间往往会"自觉"或"不自觉"地体现出其中的精神和价值观念，只要稍加引导或规范，人们就会对社会主义核心价值观中凝结的思想产生极大的认同感，并付诸实践。可见，中华优秀传统文化为社会主义核心价值观的培育提供了深厚的群众基础。

二、加强高校中华优秀传统文化教育的必要性

（一）高校开展中华优秀传统文化教育的价值

2014 年 5 月 4 日，习近平总书记在北京大学师生座谈会上发表讲话，基于青年的价值取向决定未来整个社会的价值取向这一当代的基本事实，他要求广大青年自觉践行社会主义核心价值观，并强调从中华优秀传统文化中汲取丰富营养的必然性和重要性。高校是培养国家栋梁之材的重地，是文化传承的主阵地，更应深化广大青年对中华优秀传统文化

的认知和理解，将中华优秀传统文化教育放在优先地位。

1. 加强中华优秀传统文化教育，有利于促进大学生对传统文化的全面认识

中华民族是一个拥有悠久历史的伟大民族，在其历史长河中形成了具有鲜明民族特色的文化传统和精神。这种文化传统和民族精神是这个国家生存与发展的坚实基础和不竭动力。要实现中华民族伟大复兴，作为推动中国未来发展主力军的广大青年，就必须认真回顾和梳理自己的优秀传统文化，并从中汲取养分和力量。因此，高校应加强中华优秀传统文化教育，通过必修课和选修课的教学、学生活动的渗透、校园文化的建设、网络平台的优化等方式，挖掘其中蕴含的宝贵精神财富，促进大学生对传统文化有更加系统化、全面化的深刻认识，以增强民族自信心和认同感，推动中国梦的实现。

2. 加强中华优秀传统文化教育，有利于提升高校思想政治教育的实效性

"中华优秀传统文化蕴含了对人生和宇宙的关怀、对人和生命的理解，也就是说它强调人的价值和需要，注重人的发展与完善。"思想政治教育是中国精神文明建设的首要任务，对学生的思想品德、人格品质具有塑造作用，对大学生世界观、人生观、价值观的形成更是具有重要影响。因此，高校应将传统文化中的优秀理念如爱国主义、积极有为等融入高校思想政治教育中，让学生在感受传统文化魅力的同时，提升人文素养，树立正确的价值观念，建立顽强拼搏、积极向上的人生态度，以促进高校思想政治教育实效性的提升。

（二）全球化背景下高校中华优秀传统文化教育面临的挑战

中华优秀传统文化是我们宝贵的精神家园，为我们文明的进步、社会的发展提供了不竭动力。然而，随着经济全球化的发展，信息的传播速度大幅度提升，西方的价值观和生活方式不断植入，难免影响了本土文化的弘扬和传播，给中华优秀传统文化教育带来诸多挑战。

当前，以美国为首的资本主义国家利用互联网向世界各地传递西方的意识形态和价值理念。根据 CNNIC 发布的第 50 次《中国互联网络发展状况统计报告》显示，"90 后"和"00后"已经成为互联网主流人群，其中，20—29 岁占比 17.2%，可见，高校学生受互联网影响最大。

我国优秀传统文化以"德""善""和"为核心，倡导仁、义、礼、智、信以及温、良、恭、俭、让等优良传统美德。然而，现实主义、拜金主义、利己主义等观念在大学校园中不同程度地存在，这与高校中华优秀传统文化教育在内容上产生冲突。"第二文化空间"

不仅冲击着大学生的思想观念，更对其行为方式产生消极影响。考试作弊、学术抄袭、贿赂拉票等现象时有发生，这一方面严重违背了优秀传统文化所倡导的精神；另一方面也反映出我国存在优秀传统文化消歇倾向。

（三）高校中华优秀传统文化教育存在的问题

当前，绝大多数大学生对中华优秀传统文化教育是持积极态度的，肯定了中华优秀传统文化的地位和作用，但也存在一些急需解决的问题，主要表现为以下几点。

1. 大学生文化底蕴不足，对传统文化的认识不全面

大学生对我国传统文化有一个全面、科学的认识是高校顺利开展中华优秀传统文化教育的基础，是高校有效实现"以文育人"的重要保障。然而，有相当一部分大学生对传统文化的了解成零散的点状，而非成点线面系统化，具有知识盲区。2004 年《中国新闻周刊》对北京几所高校开展的调查显示：大学生对传统文化的认知不足、了解程度不高，因而文化底蕴不足，特别是理工科大学生对中华优秀传统文化了解甚少。

2. 大学生学习主动性不足，知识储备量较少

在我国，小学、中学的语文课、历史课是学习传统文化的主要途径，但不是唯一途径，并且课堂上讲授的文化内容仅仅是冰山一角；大学课堂对传统文化也多是泛泛而谈，并不能让学生有针对性地深入了解。因此，就需要大学生通过大量的课外阅读增加对传统文化的了解。然而，大多数大学生对传统文化的了解仍停滞于中小学的知识，大学期间并没有掌握新的传统文化知识。这一方面反映大学生学习传统文化知识的主动性不强，没有意识到其对自身素养的形成具有重要作用；另一方面也说明，当前高校对优秀传统文化教育的投入比较少，力度和重视程度不够。

3. 大学生应用能力不足，出现重理论轻实践的失衡现象

中华优秀传统文化蕴含着诸多为人处世的价值理念，如待人友善、一诺千金、公平正义等，这些传统美德的弘扬不仅需要我们对理论层面的学习，更需要我们将其转化为行为，在实践中感受传统文化的魅力。然而，很多学生对传统文化的学习局限于书本上的古诗词和文学著作，即停留在理论层面，不能将传统文化中的优秀品质和理念与生活实际相融合，并在实践中弘扬。这也反映出当今教育体系的不完善，如课程设置方面，从小学到高中过于注重知识的传授，仅倾向于对传统文化的记忆背诵，忽视知识的应用；高校文理科对传统文化课程的重视程度不一，造成传统文化教育的盲区。

4. 高校重视力度不够，功利化和形式化问题突出

开展中华优秀传统文化教育必须获得高校领导及教育工作者的全力支持，高校教师也应提升自身的传统文化素养，各学生组织应响应号召，通过举办富有文化底蕴的主题活动，营造浓厚的文化育人氛围。然而，有些高校对传统文化教育的重视程度不足，各层领导对传统文化缺乏一定的科学性和全面性的认识，在教育过程中出现"走过场""不深入"现象。高校并没有提供多样的途径，使学生真正学习到文化的精髓。再从大背景来看，当前社会极力提倡素质教育，但应试教育的影响仍存在。受功利主义影响，学习内容限定在考试、就业范围内，阻碍了高校中华优秀传统文化教育的有效开展。

对传统文化认识得不全面、不深入、不与时俱进，势必会导致大学生人文素养的缺乏，这不仅影响当代大学生价值观的形成，更会动摇社会主流价值观的地位和作用，不利于社会的和谐和稳定。因此，高校加强中华优秀传统文化教育，提高大学生的文化素养和思想素质具有相当的迫切性和必要性。

三、强化高校中华优秀传统文化教育的新路径

（一）将中华优秀传统文化教育纳入教学计划，充分发挥思想政治理论课主渠道作用

课堂是学习知识、传播知识的主要渠道。因此，高校中华优秀传统文化教育也需要"课堂"这个载体，通过教学提升大学生对优秀传统文化的认知程度。在课程设置上，高校应充分考虑大学生的身心需求，开设他们感兴趣的相关课程，必修和选修相结合、文化概论和经典细读相结合，从面到点，由浅入深，完善高校中华优秀传统文化教育的课程体系。高校思想政治理论课是引导大学生形成正确的思想和价值观的主阵地，也是中华优秀传统文化教育的重要载体。因此，我们应将优秀传统文化融入思想政治理论课，加大文化教育的比重，使学生在对中华传统文化再认识的基础上，领悟中华优秀传统文化与社会主义核心价值观的思想协同性，帮助他们树立正确的价值观，这不仅能提升思想政治教育的有效性，也能促进大学生对社会主义核心价值观的认同。

（二）创新中华优秀传统文化教育的教学模式，将课堂教学与课外阅读有机结合

兴趣是最好的老师。文化对人的意识和思想会产生一种潜移默化的影响和熏陶，其起

作用的前提是激发学生学习的兴趣和热情。传统的灌输式教学显然不能做到这一点。因此，我们要将中华优秀传统文化的教育模式多元化，采取不同的教学组织形式，在积极愉快的氛围中，传递优秀传统文化中的思想理念和价值追求，最终实现"要我学"到"我要学"的转变。此外，教学中还可加入社会实践环节，使学生通过志愿服务、爱心捐赠等活动，切身体会"尊老爱幼""吃苦耐劳""自强不息""见义勇为"的中华传统美德，在实践中逐步形成科学的价值观。

（三）为中华优秀传统文化教育营造浓厚的校园文化氛围，发挥其隐性教育功能

"良好的校园文化是一种隐性的教育力量，它与课堂教学不同，往往会潜移默化地熏陶、影响和塑造学生，使之不自觉地感悟和形成社会主义核心价值观。"因此，高校开展中华优秀传统文化教育，应当紧抓校园文化建设。校园文化主要由物质文化和精神文化两部分组成。在校园物质文化方面，高校应将中华优秀传统文化的元素融入学生生活、学习的每一个角落，让学生全方位受到熏陶和感染。校园的建筑、雕塑、宣传栏、板报、横幅、路牌、标语等硬件设施都可以成为教育重点。在校园精神文化方面，高校应注重校风、学风、教风与中华优秀传统文化的有机结合，并大力支持社团、学生会组织的以学习优秀传统文化为主题的各项活动。理论学习研讨、书法大赛、朗诵大赛、读书沙龙、传统美德教育活动等主题丰富、形式多样的校园活动必定能吸引学生积极参与，再辅之以广播、报纸、校园网站、微信公众号等媒介宣传，这能使大学生不仅深化对中华优秀传统文化的认知，更将其思想精髓内化于心。

（四）提高高校教育工作者的优秀传统文化素养，完善传统文化教育领导机制

在教育活动中，教师发挥着不可替代的主导作用，是决定教育成败的最关键因素。因此，必须提高高校教师的文化素养，全面整合师资力量。高校可以定期开展相关的主题培训、讲座，让教师感受到传统文化的魅力，并适当对教师进行考核，完善培训机制，从源头实施中华优秀传统文化的有效教育。此外，制度的建设是高校开展传统文化教育的最终保障，只有学校党政领导重视传统文化教育，并落到实处，才能将中华优秀传统文化的教育作用发挥到最大。为此，高校要建立健全优秀传统文化教育的领导责任制度、监督机制和考评机制，校党委宣传部、校团委、学工处、教务处等部门形成合力，为中华优秀传

统文化教育保驾护航，实现文化育人的最终目标。

（五）利用新媒体开展中华优秀传统文化教育，提升其创新性和有效性

当前，信息技术发展迅速，高校应顺应时代和学生需求，将中华优秀传统文化以学生喜闻乐见的形式展现，其中，新媒体就扮演着重要角色。一方面，高校要加强校园网站建设，开辟"中华优秀传统文化学习基地"。在基地上，将传统文化分门别类，以学生感兴趣的不同形式呈现。另一方面，当前大学生越来越倾向于碎片化阅读和视觉化阅读，高校需要有针对性地在微博、微信、飞信、QQ等客户端上进行创意推送，即精简中华优秀传统文化的内容，提炼其中的精髓，使推送内容在富有文化内涵的同时不失诙谐风趣，以吸引众多师生阅读。以新媒体为依托的传统文化教育，将社会主义核心价值观中的大道理层层分化，变成大学生乐于接受的小道理，将大大提升教育的创新性和实效性。

第四节　革命红歌的精神力量在高校思想引领中的作用

红歌脍炙人口，易打动人的心灵。战争年代唱起红歌，令人斗志倍增，迎难而上，面对敌人，毫无惧色。社会主义建设时期唱响红歌，鼓舞人们自力更生，艰苦奋斗，用勤劳双手改变社会面貌。在大学校园文化建设过程中，唱响红歌，鼓励大学生汲取奋斗力量，鼓舞大学生肩负起时代责任与民族责任，激励大学生为社会主义事业而努力奋斗。

一、革命红歌精神力量在高校思想引领中的依托载体

在高校中传承革命红歌的精神力量必须依托有效的载体，分为经改造的一般性活动和完全为传承红歌精神力量服务的独创性活动。活动的辅助手段为宣传平台，其长效机制为交流平台。江苏大学一直坚持将活动作为传承革命红歌精神力量的重要手段，与此同时，做好宣传平台和交流平台，以使活动的传承效果能达到较大的广度和深度。

（一）传承革命红歌精神力量的外在体现和表达手段——活动

1. 为传承革命红歌精神力量而改进的品牌活动

江苏大学在探究如何在高校中传承革命红歌精神力量的过程中，一直用成熟的、受欢

迎的品牌活动平台作为有效途径之一，积极探索在不改变活动原有精神的基础上，将那些成熟的、受欢迎的活动改造为适应传承革命红歌精神力量目标的活动，融入红色元素。以"江大排行榜"校园歌手大赛为例（以下简称"江排"），作为江苏大学学生最受欢迎、覆盖面最广的文化活动之一，"江排"歌手大赛具有良好的美誉度和固定受众群，在这样一个品牌活动中，学校通过对活动的原有流程、主题思想，以及舞台设计和服装效果等方面进行适度修改，成功地将红色歌曲元素植入了活动之中，并引发了良好反响。此外，在"五·四颁奖典礼"、艺术团汇报演出等品牌活动中，也适当地将红歌元素与积极向上的活动主题巧妙契合，达到了很好的效果。

2. 为传承革命红歌精神力量而独创的活动

通过原有成熟、受欢迎的活动平台来传承革命红歌精神力量虽然十分方便和高效，但由于原活动主题的限制，无法完全满足传承需求时，就需要具有独创性的、全面的为传承革命红歌精神力量而服务的活动。江苏大学在这方面也做出了初步的探索，在深入研究之后策划举办了诸如"革命红歌美文选""革命红歌电影节""红歌文化讲座""革命红歌进宿舍"等富有新意、贴合实际的活动。这些活动均以传承革命红歌精神力量为主要目标，在不同方面，以多样的形式强化了同学们对于革命红歌的了解，从而使革命红歌的精神力量从多个角度渗透到广大学生的思想观念之中。

（二）传承革命红歌精神力量的辅助手段——宣传平台

宣传平台的效果是决定革命红歌的精神力量传承效果的重要保证，而宣传平台在宣传环节中的成功与否又取决于其宣传媒介和宣传内容。江苏大学在开展传承革命红歌精神力量的各项活动中，发挥江苏大学宣传阵地多、宣传范围广的优势，综合应用网络团校、江大青年手机报、新浪官方微博及团学通等媒介达到较好的宣传效果。此外在宣传内容上，在保留一定政治色彩的同时，力求将宣传稿口语化、亲近化，贴近广大同学的语言习惯，融入时下流行的语言元素，使得宣传内容更容易被广大同学所接受。

（三）传承革命红歌精神力量的长效机制——交流平台

在较好地宣传、举办活动后，如何引导同学们进行自发交流、探讨对革命红歌精神力量的理解成了深化传承革命红歌精神力量的长效化手段。江苏大学通过各级学生组织搭建的诸如"红色经典读书月"交流会等现实平台，各级学生组织的新浪官方微博，以及学校内的学生论坛所组成的虚拟平台，为同学们提供进一步交流思想、探讨问题的机会，使同学们对革命红歌的精神内涵加深理解，以更好地促进革命红歌精神力量的传承。

二、革命红歌精神力量在高校思想引领中的融入元素

革命红歌产生的时代背景与今天的社会环境存在一定脱节，因此在将红歌作为一个优秀的文化、艺术形式展现在具有较多个性需求的当代大学生面前时，应当植入符合时代背景的各类元素，以使红歌能在不失其精神力量的前提下更好地传承。

（一）革命红歌精神力量在高校思想引领中融入的群众性元素

任何艺术形式及其内在文化价值只有在具有群众性的基础上才有可能广泛传播。因此能否通过相应手段，将群众性元素植入革命红歌的表现形式之中就显得尤为重要。以"江大排行榜"校园歌手大赛为例，在这样一个极受群众支持的活动中融入革命红歌，在歌曲演唱过程的舞台设计上设置了教室桌椅、黑板等体现课堂环境的元素，使观众产生一种亲近感和参与感，巧妙地将遥远的革命年代与大学生活场景相融合，并达到了预期的效果。

内涵深刻、时代久远的红色歌曲，其历史渊源却往往鲜为人知。通过征文、演讲等参与难度小、开展范围广的大众化的方式来探究红色歌曲的历史背景、探讨其文艺历史价值，能够使得更多的同学了解红色歌曲的深刻内涵和历史渊源。以"革命红歌美文选"活动为例，将征文、演讲等为大众所熟知的，具有群众基础的活动形式与红色歌曲文艺价值、历史背景相结合，使同学们进一步了解、发扬红歌中所蕴含的无限精神力量。

（二）革命红歌精神力量在高校思想引领中融入的时尚性元素

革命红歌精神力量在高校中的传承主要是针对大学生，而大学生对艺术和文化的价值判断有其特殊的取向。而时尚但不失庄重的元素一方面适合革命红歌的主题需要；另一方面也更易得到广大大学生的喜爱。因此，在革命红歌的艺术形式中融入时下流行的时尚性元素可以更好地为传承其精神力量服务。以 2011 年 5 月的"江大排行榜"校园歌手大赛的开场舞为例，首先在开场曲的选择方面选择了被重新编曲并融入 R&B（Rhythm and Blues，意为节奏蓝调）元素的红色歌曲《龙的传人》，并配合街舞呈现；在服装设计方面，选择了既能体现红歌时代背景，又不乏时下流行元素的衣着搭配，如时下广受追捧的海魂衫、梅花衫等服装，营造了时尚新鲜、吸引眼球的效果，同时又传达了革命精神、爱国情怀等讯息；在动作编排方面，将时下流传度广、时尚幽默的动作融入表演之中，引起观众

共鸣和关注，最终，使得观众能更自然、更直接地体会到红歌的精神力量，并获得非常好的反响。

三、革命红歌精神力量在高校思想引领中的深化方式

（一）活动组织方（学生干部）对革命红歌精神的深化方式

组织方作为活动的幕后操作者，对活动起到了绝对的主导作用。在将革命红歌元素融入原有活动或举办独创性的红歌活动时，组织方首先自发地学习革命红歌的精神内涵，体会革命红歌的精神内涵非常重要。在此基础上，结合对观众的了解，将革命红歌的精神融入活动之中。

以"江大排行榜"校园歌手大赛为例，在活动准备初期，组织方便自觉地接触、学习了很多红歌的文化知识背景，深刻了解了红色歌曲深刻的文化内涵，形成了自己的思考，并且从心底认同传承革命红歌的精神力量对形成正确的价值观所具有的正面意义。继而在挑选合适的红色歌曲、组织歌手排演红歌时才能坚定不移地把握正确方向，更好地引导选手诠释红歌的精神内涵，更好地达成传承红歌精神力量的目标。

（二）活动展示者（参与选手）对革命红歌精神的深化方式

活动的直接参与者是向观众表达活动内容的直接媒介，是实现活动目的的环节。深化参与者对于革命红歌精神的理解，是提高传承红歌精神力量效果的重要保障。

在学校歌手大赛的准备过程中，邀请专业老师向参加比赛的选手们介绍和讲解红歌的历史背景及其蕴含的思想感情，并引导大家共同交流讨论对于红歌的思考和体会，帮助选手更好地通过自己独特的方式诠释红歌的文化内涵，通过他们发自内心的表演感动和影响观众，将革命红歌的精神力量在潜移默化中植入观众的心田。

（三）活动参与者（观众）对革命红歌精神的深化方式

作为红歌精神力量在高校传承的主要对象和受众群，观众在传承红歌精神力量的过程中扮演了极其重要的角色。因此，组织方必须在活动组织的各个方面充分考虑，站在观众的角度，寻找能够使观众在潜移默化中受到红色歌曲革命思想的熏陶的方式，通过渗透教育达到传承革命红歌精神力量的目标。

以"革命红歌乐飞扬，红色情结大家赏"——革命红歌电影节为例，组织方在活动前

调查了观众对著名影片中红色歌曲的喜好和看法，在仔细分析了调查问卷后，选择了大家感兴趣的红色歌曲，使得观众得以欣赏到自己喜爱的革命红歌，让观众更投入、更自愿地参与到活动中来。而在观影结束后，邀请观众填写调查问卷，并对观众的观影感受进行随机采访，从而提醒和引导观众对于电影所传达的信息和体现的革命精神形成体会和思考，达到了传承革命红歌精神力量的目标。

加强对革命红歌精神在美育教育中的研究，一方面有利于引领青年学生通过对红歌精神力量的感知和体会，释放激情，接受思想洗礼，培养爱国热情，树立崇高理想，坚定理想信念；另一方面有利于高校团学组织开拓进一步深入开展思想引领的新方向和新途径，为进一步做好广大青年学生的教育和管理工作提供了有效的方法。

第五节　以一流大学精神引领"双一流"建设

改革开放以来，我国高等教育的发展取得了长足进步，正在积蓄力量踏上更高的发展平台。2015年11月5日，国务院发布《统筹推进世界一流大学和一流学科建设总体方案》，提出全力推进世界一流大学和世界一流学科建设，即"双一流"的建设目标，指出力争到2020年，若干所大学、若干学科进入世界一流行列。"双一流"建设"对于提升我国教育发展水平、增强国家核心竞争力具有十分重要的意义"，其目的是"为实现'两个一百年'奋斗目标和中华民族伟大复兴的中国梦提供有力支持"。如何才能实现这一目标？"在保障大学的高水准方面，大学精神比任何设施、任何组织都更为有效。"不同的大学精神造就不同的大学，而一流大学精神是一流大学的根基。为实现"双一流"建设的目标，我们有必要对一流大学精神做一番思考。

一、一流大学精神的特质

大学精神就是浸润在大学文化环境之中，通过大学人的实践活动并经历史的沉淀、锤炼、发展而成，支撑大学存在的生命本质。就其显现而言，大学精神表现为一种反映大学历史传统、办学理念、社会声誉、师生心态、学术气质、学校个性化特色的校园文化形态，根本上体现为"大学人"这一群体特有的生活状态和独特的文化心态。一流大学精神就是体现在历史上的诸多一流大学身上的精神，它成就了这些一流大学，又是在这些一流大学的实践、反思中被提炼出来的。

从中外大学的发展历史来看，一方面，一流大学精神有其共性，总是表现为对人类文明的尊重、对学术自由的捍卫、对科学真理的敬畏、对未知世界的探索、对国家民族命运的关怀、对各种思想文化的宽容。如，被誉为"欧洲大学之母"的博洛尼亚大学和巴黎大学，是一个学生与教师自由讨论学问的学术共同体，它们培养了大学尊重学问、自由独立的精神。其后出现的牛津大学、剑桥大学、科隆大学等欧洲大学都吸纳来自所有可能国家的人员，发扬文化贮存与传播、创造与交流的功能，形成学术自治和学术自由的精神传统，并逐步摆脱教会的控制，让大学最终发展成为不受任何势力侵犯的神圣领土。可以说，"中古大学最具永恒意义的便是它的世界精神，它的超国界的学术性格"。进入工业化时代，知识的重要性越发彰显，大学纷纷将获取知识作为自己的使命。无论是纽曼主教以传授通识知识、培养"绅士"为宗旨的"自由教育"，还是洪堡在柏林大学倡导科研与教学并重、从单纯传授知识到创造知识进而在探索和创造中完善人格的"科学教育"，尊重知识、敬畏真理成了大学的重要精神。20世纪后，获得成功发展的美国大学深受实用主义哲学影响，不仅坚持以高深学问服务社会、国家，而且注重应用知识的研究和发展。同时，美国大学又坚决秉持大学自治、学术自由、崇尚科学、坚持真理的精神，如此才成就了耶鲁大学、麻省理工学院、哈佛大学等一大批世界一流的大学。而在19世纪末才创办和发展起来的中国大学，从一开始就与国家、民族的命运紧密联系。无论是坚持"思想自由、兼容并包"的北京大学，还是"尊重教授，'学''术'并举"的清华大学，抑或是以"刚毅坚卓"为校训的国立西南联合大学，它们都秉持了独立自由的学术精神、民主科学的现代精神和救亡图存的爱国精神。

另一方面，一流大学精神在各大学身上又表现为不同的理念、气质和特征。如人们常说的"北大创新、清华严谨、南开笃实、浙大坚韧"，便是这些大学独特精神的概括。又如哈佛大学的"与真理为友"，耶鲁大学的"争取个体独立、捍卫学术自由"，麻省理工学院的"追求卓越、挑战极限"，牛津大学、剑桥大学的"谨严、求真、探索"等，都标示着这些不同大学独具的个性化品质、精神。时至今日，我国大学已经发展成为庞大的组织体系，客观上已经形成了层级差别。同样，大学精神在今天、在不同的大学也呈现出不一样的色彩，在境界上也有了高下之分。有的大学，其精神恢宏博大；有的大学，其精神自在优雅；有的大学，其精神务实严谨。有不同精神的大学就有不同的价值追求、思维方式、学术范式和教学模式，相应地，在整个高等教育的体系中处于不同的位置。

一流的大学精神是以探究智识、造福人类为目的的精神，是独立思考、捍卫真理、无私无畏、纯粹专注的精神。一流的大学精神以不断探索求真的姿态塑造时代精神、引领社会文化、培育创新人才，永不满足现状，充满着对现有一切的质疑和批判精神，因此历久弥新。早期的大学精神安静地置身于"象牙塔"之中，专注于保存、传授和发展高深学问。19世纪的柏林大学以其追求自治、自由的学术活动充分表达了这一精神，并在此基础上把握住工业时代的新脉动，增加了科学研究在大学的比重，把探究真理、生产知识的精神发扬光大，因此塑造了辉煌，被赞为学术界的一轮明月，推动了德国科学事业的发达昌盛，使德国成为19世纪初到20世纪初的世界科学的中心。20世纪，以威斯康星为代表的美国大学在政府的推动下感受到市场对实用知识的渴求，把握住了科学向技术转化的时代发展浪潮，在传统大学精神中写下了浓墨重彩的新章，以服务国家和公众为己任培育出了一大批世界一流学科和一流人才，从此执世界高等教育牛耳。一流大学发展的历史反复呈现出这样的规律：只有不断追求，勇于创新，成为引领者才能成为真正的"一流"，因为所谓"一流"者，一定是领跑者，而不是跟从者，一定是创造者，而不是模仿者。

　　一流的大学精神又是保守的，始终以自己的原则守护学术家园，拒绝诱惑，拒绝妥协，坚持自己的操守，不为外物所动。大学之所以为大学，自然是因为大学具有独有的精神和气质、独有的生命活动形式和轨迹。无论是立于京城禁苑的太学、栖身郊外的柏拉图学园，还是中世纪由学生行会而来的博洛尼亚大学、教师行会组建的巴黎大学，无论是柏林大学、莱顿大学，还是麻省理工学院和哈佛大学，都坚守着大学的操守和自身的底线：坚持对真理的追求，对知识的好奇，对人类最高价值的探索和引领，绝不向谬误、谎言妥协，即使它们包裹着巨大的利益诱惑，或者强大的力量威胁。一流的大学精神是具有活泼的生命力的，因此在不同时期、不同地域会有不同的具体显现，但一流的大学精神又是具有延续性的，在任何时空都横亘于大学组织之中，作为大学所有成员的信仰而世代传承并发展，在他们日常的言谈、活动中显现、流转，让保有这种精神的大学或学科具有顽强的生命力，老而弥坚，坚不可摧。

　　一流的大学精神是理性而严谨肃穆的。一流的大学精神对于时尚和流行的东西保持着警惕之心，不让自己受到情绪、偏好、利益乃至价值观念的影响，以免被蒙蔽了心智而远离了真相。在这种精神的指引下，大学的成员会用心研究每一个存在于理念或现实中的东西，仔细甄别其真伪、善恶、美丑，会自觉与违背事实、逻辑的东西划清界限。一流的大学精神不会盲目跟风，而是有自己的骄傲和自信，有自己的坚持乃至固执，不会仅凭任何单一外在的标准，如经济的、政治的标准来评价自己的学术活动、教育工作。一流的大学精神矗立在那里，它就是大学发展的风向标。一所大学的精神与一流大学精神的距离就是这所大学与一流大学的距离。一流大学精神照耀下的大学是能够引领人类不断获得知识、获得力量，不断可持续地进步发展的大学。这样的大学才配称之为一流大学。

一流的大学精神又是感性而激情满怀的。大学精神并不是先验的抽象存在，而是具体存在于大学实现理想、目标的过程中，生成于大学一代代成员的具体行动之中。作为支撑大学活动的生命律动，大学精神是蕴含在大学日常行动之中的实践智慧。这样的大学精神"在明明德，在亲民，在止于至善"，对人类的命运充满关怀，勇于担当国家民族发展的重任。一流大学精神不是只顾埋头"格物"制作器具，而是通过格物致知通达诚意正心修身，目的是齐家治国平天下。因此，一流大学精神必然是引领社会主流价值、形塑时代精神的灯塔，能够为人类照亮前行的道路。在一流大学精神光耀下的大学是社会良心的所在，是人类共同体在野蛮、倾轧中走向文明、美好、和谐、幸福的希望。

何谓一流大学？能够培养出一流的人才，产出一流的学术成果的大学就是一流大学。一流的大学精神渗透在大学的教育、学术活动之中，育化一流的大学教学、科研活动。当一所大学失去了这样的大学精神，其行动方式就不可避免地表现出急功近利的一面，越努力离"双一流"越远，即使其在短时间内获得如昙花一般炫人眼目的成果，也会如昙花一般转瞬凋零。在实践层面将高等教育的应然状态更准确、更科学地转为实然状态，是一个多维主体、多元价值动态博弈的结果。

二、一流的大学精神涵育一流的人才

朱克曼研究美国的诺贝尔奖获得者、科学院院士的时候发现了"科学界超级精英的未来成员集中在名牌学校的现象"。换言之，评价一所大学是否属于一流，"产出"一流人才是一个重要指标。一流人才，首先是指在自己的工作领域中获得了巨大的成就，这些成就使整个行业进入到新的发展层次，引领了一个时代发展方向的杰出人才，其代表人物我们一般称之为"大师"。观察古今中外的大师们，虽然个性差异极大，成长经历也各不相同，但还是有些共同之处。首先，大师都具有很强的创造能力。创造能力很难通过一定的规格培养出来，它来源于反思批判的精神、独立思考的精神和持之以恒的精神。其次大师大多具有高尚的人格。高尚的人格很难受到功名利禄的诱惑，大师们往往沉迷在工作中废寝忘食。大师的人生往往简单干净，对真理抱有诚挚、热烈的情感。再次，大师都具有开阔的眼界，其心怀宽广似海，善纳百川。大师不会囿于狭隘的专业壁垒之间，既不会同行相轻，也对其他领域的知识怀有强烈的好奇心并广泛涉猎。唯有以真理为信仰，诚挚勇敢，专注严谨的一流大学精神才能涵育出大师的灵魂。一流人才，尤其大师的涵育必然经过漫长的周期，需要教育者与受教育者有足够的耐心。而支撑这份耐心的是对人必须且能够不断自我完善、自我超越的信仰，是对通达真善美大学精神的信念，是对以人为本教育理念的信心。而这种信仰、信念、信心就是一流大学精神的实质，也就是一流人才能够成为一流人才的精神内核。

钱理群先生说中国的大学正在培养"高智商，世俗，老到，善于表演，懂得配合，更善于利用体制达到自己的目的"的精致的利己主义者。精致的利己主义者无论如何算不得一流的人才。第一，精致利己主义者的核心之处在"利己"，当社会、他人利益与其自身利益发生冲突的时候，他们会毫不犹豫地选择牺牲社会和他人的利益。在利益一致的情况下，精致利己主义者会和他人形成短暂的合作，但其自身的利益永远都是其行为的根本出发点，对于社会的存在具有很强的腐蚀作用。第二，精致利己主义者的生命过程注定是孤单寂寞的。在精致利己主义者的生命体验中与他人的分裂、对抗是主要的体验，他们的心理容易扭曲，难以真正体会到幸福。第三，最重要的是，精致利己主义者的人格是分裂、扭曲的，总是处于内外、表里不一的状态中。由于人是社会性动物，社会是人存在的基础，精致利己主义者也不能离开社会而存在，他们不得不一边维护、迎合着社会的规则，一边又对这些规则嗤之以鼻并暗自破坏。我们所谓一流的人才，首先是人，然后是才，是爱因斯坦在悼念居里夫人时说的"对于时代和历史进程的意义，在其道德品质方面，也许比单纯的才智成就方面还要大"的那种人才，是立志"为天地立心，为生民立命，为往圣继绝学"的人，而绝不是将学术当成升官发财敲门砖的人，也绝不是世故精明擅长钻营之术把他人和自己都变成牟利工具的人。退一步说，即使仅仅从能力一个层面分析，精致利己主义者也不能成为一流人才，因为他们太多的天赋、时间、精力要用于琢磨更快获得利益和拉拢并算计他人上。所以，中国这么多年来一直不乏"功成名就"者，但"钱学森之问"还是刺痛了所有人的心。

毋庸讳言，大学的人才培养方向自现代以来就转向了专业化、职业化。哈佛大学校长艾略特曾说："我们要培养实干家和能做出成就的人，他们成功的事业生涯可以大大增进公共福祉。我们不要培养世界的旁观者、生活的观众或对他人的劳动十分挑剔的批评家。"针对大学日益严重的书斋化现象，艾略特将大学的知识生产和知识传播与社会生产、生活实践相结合，开辟了更广阔的学术天地，其意义非常重大。可惜的是，在资本主义物化社会的背景下，面向实践的学术空间日益窄化成了工具化、效率化的技术空间，那些"没用的"或者"低效率"的人文社会科学知识、基础科学的生产和传播从业者越来越少，进入大学接受高等教育的聪明人往往涌进专业技术色彩浓厚的领域，很多在大学里学习基础科学的都是无奈"服从"调配的。大学在排行榜的各种指标指引下"对标发展"，日益焦虑，不断分解指标，规范大学教师的工作方向、工作方式，出现了首重课题、次重获奖、再重论文的制度导向，教书育人仅仅在口头和文件中占有重要地位。"应当有一种教育，依此教育公民的子女，既不立足于实用也不立足于必需，而是为了自由而高尚的情操……处处寻求实用是对自由大度胸怀的极大歪曲。"这种教育才是一流大学精神应当呈现的教育，这种教育才能培养出一流人才。教育是面向未来的具有战略性的、全局性的事业，不能急功近利。坚守一流的大学精神，坚持以探究智识、造福人类为目的的办学精神，才能培养出勇敢坚毅、无私无畏的一流人才，这才是"双一流"建设的正道、通途！

三、一流的大学精神涵育一流的学术

学术活动是大学之为大学的内在生命之源，既是大学存在的根基，也是大学发展的动力。无论是一流大学还是一流学科，都是必然以一流学术为砥柱。大学精神则是学术生命活动的灵魂，决定着学术发展的高度、广度和深度。有什么样的大学精神，就有什么样的学术活动，也就有什么样的学术成果。一流的学术成果必然由一流的大学精神所育化。缺失一流的大学精神就永远孕育不出一流的学术成果。

一流的学术秉承着一流的大学精神，表现为对真理纯粹的执着和坚守，是不断打破有限、探求未知的实现人类自我超越的创造性活动，是内含着崇高的理想、高尚的情怀和宏大的视野，实现人类迈向文明的伟大行动，是一个时代的文化标志。一流的学术活动有自己的"文化性格"，有共同的价值信仰和学术传统，有群体自觉遵守的行为范式，不盲从、不谋私、不偏狭。一流的学术是耐得住寂寞、担得起挫折的活动，是板凳能坐十年冷、文章不写一句空的精神操守。一流的学术成果是一流学术活动厚积薄发的结晶，无论它甫一诞生便引发欢呼，还是沉寂多年才得到理解，都是经得起时间的考验，能够最终凭借其理论宽度、思想深度启迪人类智慧、增加人类知识、推动了人类进步的成果。

对照一流学术的尺度，当代大学需要面对的学术问题主要有三方面。其一，工具理性侵蚀大学精神，学术活动失却终极的目标。资本主导的现代性社会以工具理性和符号意义的方式实现了对世界的解构及虚拟化重建，以高度抽象的普遍性抽离了人的生活具体，由此造成了对人类终极问题的无形消解。学术活动内在的高贵精神被剥离，学术成果变成可以交换利益的筹码。对学术本身的热爱被诸多功利性价值诉求排挤出大学建设的中心地位，对数量和形式的追求超过了对质量和价值的责任感。日益世俗功利化的大学越来越难以为社会发展提供高层次的精神源泉和动力。其二，大学对政治权力的依附，使得知识往往只有凭借政治的权力才能获得其本身应有的地位。大学的学术活动方向、内容、成果评定慢慢围绕着权力（人脉）展开，将学术研究人员及其学术活动分成三六九等，等级越高资源越丰富。大学学术活动的"马太效应"日益增强，怎样更快爬上更高的学术序列而不错失更多的机会让大学学术研究人员尤其是年轻学者日益焦虑。其三，大学对市场的盲从，使得学术活动都以市场化标准（主要是经济效益、量化评定）进行考核，由此造成大学教师和学生忽视基础理论研究、轻视纯粹学术探讨，甚至为了迎合市场的需要，某些大学学者不惜造假、掩盖真相，被公众讽之以"砖家""叫兽"。以上问题都是缺失一流大学纯粹、真诚、无私、坚韧精神的表现，因此偏离了学术的本真——学术是用以探索未知世界、追求人类幸福生活、生成人的自由解放生活的，而不是谋取利益的工具。当学术沦为工具，其价值的评估尺度就只能是获得利益的大小、速度。以上是这个时代大学存在的主要学术问题，中国大学能否跳出现代化陷阱，以一流大学精神为魂打造出一流的学术精神、行为范式，产出一流的学术成果是能否实现"双一流"建设目标的根本所在。

无疑，大学必须融入五光十色的具体生活，要服务社会，要满足政治经济的需要，不能脱离社会的具体需要只作为精致而易碎的"象牙塔"存在下去。然而，如果一所大学努力地迎合社会上各色各样的需求，不能发挥对社会文化的批判功能与创新功能，不能引导社会文化进步，反而被社会流行文化左右的话，这样的大学无论如何也攀不上一流毕竟所谓一流者，必然拥有自己独特的立身之本与骄傲，那就是对真理的热爱和坚守使它们成为蠹立于激流中的砥柱而不是无根飘荡的浮萍。要成就一流的学术，就需要理顺大学与国家、社会的关系，建构和谐的学术环境。学术活动的土壤是现实的社会生活。大学是国家的智源，是社会的重要构成。大学与国家、社会之间是成员与家庭的关系——国家给予大学安全的保障，社会给大学提供生成的平台，大学则回报国家、社会以文化、思想及精神的支撑。"大学之文化传承和创新关系到国家民族乃至人类社会的文明程度及其进程"，所以打造一流的学术，就要努力达成大学与国家、社会的圆融关系，把握学术活动的边界。首先，打造一流学术就要把握学术活动的权力边界。学术活动的思辨性、批判性、创新性决定了它的自由性。但自由有度，学术权力的行使必须遵守国家法律，不损害国家和社会的利益。与此同时，国家应当始终坚信，任何基于理性的探索必将造福于国家和民族，学术权力的理性运用只会提升国家权力的力量。其次，打造一流学术也要把握学术活动的方式边界。大学是以理论、思想、文化、育人的学术方式服务国家和社会的，往往不具有直接的功利性和现实的效益性。尊重大学的学术方式，就要让"学术体系一定不能完全变为商业性质，不能仅仅生产文凭和知识"。最后，打造一流学术要把握学术活动的道德边界。

大学是知识的圣地，是精神文明的摇篮，因而对自己有着不一般的道德要求。学术活动首先不能违背社会已然形成的公序良俗，同时由于学术活动指向的是人类社会生活的真善美，对从业者道德境界的要求更高、规范更严。

四、一流大学精神的生成养护之道

首先是要树立以大学师生发展为中心的大学发展理念。无论大学秉承何种精神特质，呈现何种形态，都是围绕着大学发展理念展开的。一流的大学精神一定是以一流的大学发展理念为其最坚硬的内核的。大学发展理念层次的高低根据其距离人类社会存在发展的根本目的远近来判定。人类社会发展最根本的目的就是人自身的发展——实现人的自由和解放。人类无论是为探究世界做出的努力还是培养下一代的付出，都是为实现这一目的。从这一意义上说，大学的发展理念越接近人的发展、解放，这一根本目的就越是"高级"。为什么要建设一流大学？其只是追求在世界大学中的排名？当然不是，"双一流"建设直接目的是为中华民族的伟大复兴做贡献，间接目的是为了人类的文明和进步做贡献，为了服务"人类命运共同体"。围绕这样的大学发展理念形成的大学精神不是外在的赐予和规制，不是抽象的道德律令，而是大学师生在活动交往中自然生发的，是师生在自身不断积累的获得感中形成的共同价值理念。我们只有树立以大学师生发展为中心的大学发展理念，才能生发出一流大学精神。

其次是要引导师生养成独立思考的习惯。大学是围绕高深知识的生产、传承组织的专门性育人机构，创新是大学与生俱来的特质，创新力是一所大学成功与否的重要评判尺度，也是一所大学的个性之所在，是一流大学精神的重要特质之一。大学要创新离不开师生独立的思考判断能力。人类社会到了今天进入到一个全新的阶段，曾经被视为理所当然的很多东西在不久的将来可能都会变得陈旧、落伍，举步维艰。我们的大学能否成为一流的大学，我们的学科能否成为一流的学科，中国的高等教育能不能领军新时代，关键看有没有"一流"的大学精神：那种勇于开拓、勇于打破已有发展模式，离开熟悉平坦发展道路的精神；那种勇于面对新时代、新机遇、新社会要求的精神。缺失了这种精神的大学，不仅不能成为最先进的世界大学，也难以用最快的速度学习、赶上那些先进的大学，永远成不了真正的一流大学，而支撑这种精神的就是师生独立思考的习惯。独立思考意味着充分发挥每一个师生的智慧，意味着思想的碰撞，还意味着不断学习接纳新的思想养料，不断总结、反思、进步。在师生普遍的独立思考习惯中，追求真理、勇于开拓、不断创新的一流大学精神就得以茁壮成长。

最后是要全面开拓大学师生的眼界，并提高大学师生的境界。一流大学精神应当是健全的精神，而健全的精神只能存在于大学师生开阔的眼界和崇高的境界之中。境界与眼界相互关联，眼界决定境界，境界又影响格局。在现实中，囿于学科之间的藩篱，一些大学教师眼界相对狭隘，无法形成博大的胸襟气度，限制了大学学术发展的高度与人才培养的水平。因此，拓展师生的知识结构以开拓大学师生的眼界并提高其境界，才能培植出一流大学精神。大学人文学科的师生如果不关心科学技术的进步，就只能停留在从逻辑到逻辑的抽象演绎中，把握不到时代发展的规律，也就不能形成对时代具有深刻解释力、影响力和引导力的理论成果。理工科的师生如果没有人文知识，缺乏人文素养，就无法跳出有形的局限，必然深陷在工具性思维中难以自拔，无法触摸到自然科学最深层次的脉动，犹如盲人摸象，也就难免故步自封、盲目自大，失去反思的能力。唯有开拓大学师生的知识眼界，调整大学师生的知识结构，培养其科学、全面的思维能力，并促使其形成道高德重之境界及海纳百川之胸襟气度，一流大学精神才能喷薄而出。

第五章

社会主义核心价值观引领高校思政教育研究

当代中国青年是与新时代同向同行、共同前进的一代，生逢盛世，肩负重任。要引导广大青年成为"志存高远、德才并重、情理兼修、勇于开拓"的人，就要从教育着手，教导他们树立坚定的社会主义核心价值观，爱国爱民，从学习中激发信仰、获得启发、汲取力量，在坚持自身原则的基础上不断开拓创新。

第一节 高校思政教育的方法

一、大学生思想政治教育方法的重要作用

（一）是组成大学生思想政治教育要素的重要部分

现在的高校大学生与之前有很大的区别，现在的大学生思维活跃，思维观念随着社会发展日益更新，能够接受新的教育理念，形成正确的价值观。

教育者在施教过程中要按照党和国家提出的具体施教内容，结合大学生素质结构使用特定的方式和方法，培养符合当代社会发展的有正确的价值观的大学生。

由此可知，大学生思想政治教育包含了以下要素，即教育者和教育对象、培育内容和要求、教育方法、一定的社会环境和条件，教育对象即主体要素，要求即内容要素，教育方法即方法要素，条件即环境要素。

（二）是实现大学生思想政治教育目标的必要条件

大学生思想政治教育有三个阶段。

首先，大学生思想教育的内容要遵守党和国家的明确要求。在当代各种信息冲击

下，现代大学生会有选择地接受各种理论，将其转化为内在的个性的思想理念，即内化的阶段。

其次，在多元文化的背景下，教师必须不断加强大学生的理想信念教育，使其转化为行动，培养学生良好的习惯，即外化的阶段。

最后，针对大学生在内化与外化阶段产生的社会效应，教师要做好观察并进行详细分析与评价，通过数据反馈，及时对施教方案及内容作出适当调整，找出对大学生个体观念和个别行为培养的有利方案，使其符合当代社会的要求。

二、大学生思想政治教育的方法创新

（一）推动思政教育精细化开展

1. 专业化细分

思政教育的专业化细分是指对思政教育的工作目标、工作内容、工作对象、工作载体、工作方法等的分门别类，根据不同情况，采取有针对性的举措，从而使思政教育对目标、内容、对象、载体和方法等有更深入的了解，能更熟练、更专业、更有针对性地开展工作。高校思政教育目标宏观上是"培养社会主义建设者和接班人"，中观上是培养具有高校特色的"高素质人才"，而在微观上，就辅导员工作来说，则需要一项一项工作地推进，将宏观和中观目标进行分解。

（1）工作领域的细分

当前，随着高校规模的不断扩大，思政教育的内涵也日益丰富，使高校思政教育者的工作量不断增加、工作难度也相应增加。思政教育内容，横向看，涵盖了学生党建、奖惩助贷、心理健康、就业指导、团学建设、科技创新、志愿服务、社会实践等多个条块；纵向看，分为精神空间、网络空间和网下空间。在精神空间中，辅导员要关注学生的思想状态和心理状态，促进学生树立社会主义核心价值观念、养成健全人格；促进学生拥有健康心理，对于有心理隐患和心理问题的学生及时提供帮助。对于网络空间，辅导员要做好学生上网习惯引导，学会正确使用网络，养成网络文明；关注学生"网络生存"状态，了解网络舆情，做好网络监管等。而在网下空间，则指我们平时所说的各类思政教育活动、科技创新教育活动、校园文化活动等。无论哪一个维度的思政教育工作，都应当按照条块进一步专业化细分。要引导和激励辅导员队伍专业化发展，鼓励辅导员结合自己的专业学科背景和兴趣爱好，结合工作分工和岗位职责要求，在学生工作某一个板块里"术业有专攻"。

（2）工作对象的细分

在服务学生全面成长的过程中，也要针对不同学生群体、学生的不同需求和不同发展阶段对服务对象进行细分，分类指导，因材施教。根据高校现阶段教育内容的差异性和特殊性，可以把高校内部的学生群体分为以下几部分，分别是：本科生、研究生、进校新生和毕业生、高年级学生以及低年级学生群体等。在这些群体中又可以根据学校内部的规定和要求分为学习困难群体、心理弱势群体、经济困难群体等。不同社会经济背景、不同成长环境和成长经历的学生在思想、心理、行为等方面也会有不同的需求和特点，从而使学生呈现出不同的特质，包括志趣、爱好、心理状态、个性特征、气质等。通过比较和分析，探讨服务对象在行为和观念方面的特征及现状，分析其产生的原因，将有助于深入细致、富有成效地开展工作，这也是进一步提高思政教育针对性和有效性的立足点。这里所讲的"特殊"学生，并非对学生的另眼相看，不带有任何价值判断和意识形态，而只是对工作对象基于工作内容和要求不同而采取的一种归类方法。所以，在实践工作中，要注意保密，保护学生个人隐私，思政教育工作也要避免公开使用"特殊学生"这样的字眼，否则就可能引起其他人对这部分学生的歧视和偏见。

针对不同年级、不同学生群体、不同特质个体，在具体工作中的目标是不一样的。比如对于学习比较好的学生，可以进一步拓展其知识面；对于学业困难的学生，辅导员的工作重点则是帮助其树立信心、找到适合他的学习方法，帮助其顺利完成学业，这个时候"追求全面发展"可能成为退而求其次的目标。对于不同年级的学生，思政教育的重点也要有所区别：对大一的新生，要重点抓好适应性教育、热爱专业、校史教育等；对大二的学生，侧重抓好理想信念教育、道德教育和职业生涯规划教育等；对大三的学生，要注意抓好个人选择定位、情感恋爱方面的心理健康教育等；对于大四的学生要以职业道德教育为主。这就要求辅导员在日常工作中要善于抓住重点、找准问题关键、区分事情轻重缓急，不断因时、因地制宜地开展工作，从而使目标定位更加合理，工作计划更加贴近实际。

在工作领域细分的基础上，要进一步结合工作对象的细分，坚持"做精、做细、做实"。如学生职业发展与教育，不仅可以对不同年级的学生进行细分，开展阶段性职业教育，还可以对不同就业取向、不同就业能力、不同就业困难等进行细分队形，进而开展有针对性的辅导。

2. 问题导向

在专业化细分的基础上要坚持问题导向，鼓励针对相关领域的实际问题加大调研分析力度，加强理论研讨与实践，并提出合理有效的解决办法。将学生纷繁复杂的问题进行合理的分类，探究原因，总是需要根据一定的规律，从而形成一种基本的解决方法，并在此基础上利用思想理论指导日常实践。

（1）以学生需求为核心

"以问题为导向"强调的是一种"以学生需求为核心"的理念，实际上是对"以人为本"思想的实践。思政教育工作者要善于发现学生的"问题"，这个"问题"往往就是学生由于某方面因素而导致的外在的表象，使学生的某些"需求"没能很好满足。思想政治教育工作者可以根据马斯洛的"需求层次理论"，对学生的需求满足状况进行分析，查找原因，找出学生存在问题的根源，只有这样，才可能将工作做细；只有这样，才能找准学生问题的症结所在；只有这样，才能真正提高思政教育的针对性和有效性。而这样的工作思路和路径，正是促使思政教育符合教育本身规律、实现科学化提升的基础条件。

（2）整理共性特征

坚持问题导向是以学生问题为指引，分析其产生原因，并提出合理有效的解决办法。大学生个体多元化的特征，决定了大学生存在问题的多样性和复杂性，但大学生作为一个群体，意味着这些问题必然具有共性特征，可以进行分类和整理。在工作对象细分的基础上，挖掘学生群体里的共性问题。如新生归属感的问题、毕业生就业困难群体的问题、农村学生问题、贫困学生问题、少数民族学生问题等；在工作领域细分的基础上，挖掘细分领域里的共性问题。如社会实践育人的有效途径、突发事件的正确处理、赴外交流学生的管理等；还根据问题发生的时间特点划分为常规性问题和突发性问题等。通过对典型案例的剖析，从实际出发，以社会生活焦点、思想观念疑点、大众舆论重点作为切入点，以问题为导向，在事务性的具体工作实践中探寻规律性，将发现问题、研究问题、解决问题作为思政教育的逻辑起点及落脚点。

（3）固化工作机制

高校思政教育者要注重理论和实践相结合，不仅用理论指导实践，还应该从实践中总结提炼理论。在对问题进行分类整理后，要对问题进行深入研究。认真仔细分析问题产生的原因、问题涉及的对象特征等，有针对性地提出解决问题的方法。但解决具体问题并不是最终目的，而是应该总结掌握同类问题的规律性，科学地归纳出解决这类问题的基本方法，并进一步提升建立相应的工作机制。精细化意味着科学化、程序化、规范化，固化工作机制，让辅导员从一次次"救火员"的零散工作中解脱，通过完备的规章制度的导航和规范，用规章制度确保规范化和法制化的实现。

（4）进行深度辅导

"深度辅导"是心理学上的用词，在思政教育中也可以借鉴心理学深度辅导的做法，树立以问题为导向的精细化理念，建立思政教育深度开展的工作模式。当前，一些高校探索出"辅导员工作室""学生工作坊"等工作模式，提倡从"单枪匹马"到"团队合作"的转变，旨在强化问题导向，以"兵团作战"的方式对工作对象提供全方位的辅导和支撑，把教育引导工作做细、做深，做到极致，从而可以更加准确地把握思政教育中面临的课题的症结，理清脉络、对症下药，追求优质化成果，并在实践经验的基础上不断推进理论研讨，逐渐形成一套较为完善的操作规程和辅导理论，不断提升专业理论水平与实践能力，培养相关领域的专家。

3. 多学科协同育人

多学科协同育人是指各学科之间的各组成部分进行合作，通过协同合作形成协同效应，这样可以充分发挥育人作用，"有利于思想政治教育工作者在对大学生精准画像的基础上利用多学科知识对大学生进行精准施策和精准引领，切实提高大学生思想政治教育实效。"随着时代的发展，学生的需求越来越多样、丰富和个性化，学生工作的内容越来越丰富，涉及的领域越来越广，思想政治工作日益发展成为多维度、多类型、多层次的有机整体，在解决具体问题时需践行协同育人，要加强多学科支持、多领域知识运用、多资源整合，注重新方法新技术的运用，将多学科知识、方法、平台、资源予以整合优化。

（1）多学科工作支持

首先，学生思政教育应该遵循科学性，结合教育学、心理学、社会学、管理学等相关学科的科学规律，来分析了解学生成长的规律、学生教育的规律以及思想政治工作的规律。所以，辅导员开展工作必须依赖于相关知识的积累，辅导员必须获得思政教育相关专业科学的专门知识，知识越多，专业性越强。同时，辅导员还必须具备"百科知识"，知识越广博权威性越高，越能获得学生的认同。高校辅导员职业是一个知识密集型行业，从事学生思政教育、管理和服务的辅导员，必须具备相关学科相应的知识。

其次，随着时代的变迁和学生群体特征的变化，学生思想政治工作的复杂性和综合性不断增加。而对一个复杂问题，单纯依靠思政教育本身往往无法解决，要善于吸收和借鉴管理学、社会学、法学等领域的研究和工作方法，甚至需要社会上专业力量的介入，共同研究解决方案。

（2）跨学科组织应用

如果说"多学科支持"强调辅导员"一专多能"的话，那么"跨学科应用"就是强调"团队作战"。借鉴管理学上的"项目管理"理论，在思政教育工作中，也可以以任务、项目为导向，组织工作团队，比如，近年来很多地方教育主管部门和高校正在努力探索实施的"辅导员工作室""辅导员小组""辅导员梯队"等，就是将不同学科背景、不同工作领域、不同工作经历、不同年龄段的辅导员组合在一起，实现优势互补，从而形成一个跨学科的工作团队。比如，在学生危机事件中，既需要心理辅导员，也需要危机公关专业人士，可能还需要法律顾问、网络监管人员等，如果能将具备这些专业能力的辅导员聚集到一起，这样的团队必将极大提升工作执行力。

（3）多资源整合管理

育人工作是一项系统工程，大学人才培养仅依靠单方力量无法实现，更需要高校各方面的共同努力，以及家庭、社会各方资源。当前很多高校都在积极采取措施，努力推动"全员育人"机制的构建，构筑起包括高校党政管理干部、共青团干部、思想政治理论课教师、辅导员、班主任、专业课教师、朋辈等主体共同参与的全员育人格局。每个主体在学生的思政教育方面都有自身独特的优势，如第一课堂的专业课教师可以将德育教育的目的和主题隐含于专业教学中，由说教转变为渗透，实现润物无声。高校应围绕人才培养的核心，充分利用各主体的优势，整合各部门的资源。除了校内资源，校外资源包括家庭、企业、毕业的校友以及社会知名人士、学者等都应该统筹到全员育人的框架里，让各方力量成为思政教育的主体，发挥其主观能动性，为学生搭建起和谐的育人环境、校园环境、家庭环境、社区环境、朋辈环境等，发挥这些环境的积极作用，为教育工作所用。

（4）新技术手段支撑

思政教育的精细化，必须强调科学技术和教育手段的支撑。在技术上，要善于利用新技术和信息手段，使思政教育者能够更加全面、深入地把握具体情况，了解学生思想动态，提高思政教育的科学性、针对性和时效性。重视信息手段和科学方法的运用，可以为大学生思政教育提供新的思路和手段。顺应信息化趋势，依托信息科技和新技术、移动终端、电脑以及新媒体等，主动占领新媒体阵地，发挥新技术对思政教育的促进作用。如一些高校逐步开发新型移动智能终端平台，整合校园各活动组织方发布信息、管理活动，便于学生获取信息，管理生活和学习。慕课也是目前流行的网络课程，思政教育也可以结合慕课或者"微课"的形式，开展灵活新颖的授课或活动。在信息化和大数据时代，收集整理日常数据，利用专业工具进行数据分析，获得数据背后的信息。利用好大数据分析的方法，能够从大量烦琐的日常工作中，获取更多的信息，进而促进工作的科学性。

（二）推动思政教育个性化开展

个性化，就是根据人们个体差异，在大众化的基础上根据个体特质的需要，形成别具一格、别开生面的状态。思政教育的个性化，指在对被教育对象进行综合调查、研究、分析、测试、考核和诊断基础上，根据社会或未来发展趋势，根据被教育对象的性格、兴趣、爱好、现状、预期等潜质特征和自我期望，量身定制教育目标、教育计划和辅导方案，从而促进思政教育为被教育对象更好地接受、认同和转化为行动。

当代大学生思维活跃，他们行为的独立性、选择性、多变性、差异性也明显增强，以网络语言为例，现在"原创""转载"等张扬个性、表现风格的词一直比较流行。我们要充分认识到这种变化，尊重他们的多样性。由于受到家庭氛围和社会因素等的影响，每个学生的成长轨迹都不尽相同，性格特征、兴趣爱好、行为习惯、价值取向和人生规划等也千差万别。他们都有自己的想法，也有表达自身想法、张扬自身个性的权利。在思政教育中，个性化强调具体问题具体分析，而不应该按照一个模式、一种方法来开展工作。强调了解当前学生自身发展的新期待、新需求，承认学生的个体差异，尊重学生的个体需求，发掘学生的个性潜能，注重学生的个性弘扬，开展分类指导，提高思政教育的实效。

1. 尊重主体精神

教育，包括思政教育，归根到底是一种人的参与的活动，参与其中的人就是主体。强调思政教育的个性化发展，首先，要强调和凸显参与其中的主体性，也叫主体精神。在中国语境中，主体性、主体精神、主体地位、主体价值这些词往往是同义或者近似的，都强调对于主体的尊重，强调发挥主体的能动作用。人可以有意识、有目的地支配自然和驾驭万物来满足人类社会物质的、精神的发展的需求，所以，人是主体。因为人能从事体力与脑力劳动等各种社会活动，所以人能支配客体。主体是实践活动中的范畴，是实践活动的直接参与者，是实践活动中的人。在思政教育活动中，最主要的主体有学校、教师、学生、家长、社会等，而其中发生相互作用最多的无疑是老师和学生这两个主体，在高校日常思政教育活动中，"老师"群体中最直接也最主要的是辅导员，所以，强调高校思政教育活动的主体性，就是强调要发挥大学生和辅导员的主体性。

高校思政教育中，强调主体精神，就是强调辅导员和大学生都要积极发挥主观能动性，意识到自我的主体参与，积极创造条件完成思政教育这一实践活动。需要指出的是，传统的强调"主体精神"往往单指尊重学生的主体精神，而不说教师即辅导员的主体精神，似乎辅导员天然就是主体，自然而然就会发挥主体作用，其实不然。在当前高校思政教育日趋繁重、日益多样化和专业化、精细化的情况下，不仅要强调大学生的主体精神，也要强调辅导员的主体精神。

（1）尊重和发挥大学生的主体精神

尊重和发挥大学生的主体精神就是要调动起大学生作为思政教育活动主体或者说主人翁的意识，不仅作为受教育者，而且作为教育实施者，不是被动接受教育、完成任务，而是主动策划任务、实施任务、保障任务完成；不是单纯地、简单地参与教育过程，而是积极、能动、创造性地参与教育过程，促进教育过程的顺利开展、有效开展和有特色开展。为此，要注重发挥大学生的主人翁性、积极性和创造性。

1）主人翁性。人们主体意识的每一次觉醒和进化都反过来推动社会的发展，促进人类的进步。教育机制发挥作用需要以个体教育中的主体性特征为基础，在对个体进行教育的过程中要遵循个体身心发展的规律，采用相应的方法促进个体的持续性发展。思政教育要入脑入心，本身就不仅是一种知识和信息的交流，而更重要的是情感和思想意识的交流，所以，在思政教育中调动大学生的主体意识，调动起主人翁精神，就是要将大学生调动起来，以平等的姿态，将教育者和被教育者，将信息发出者与接受者置于同一平台，进行信息交换和情感交流，以此实现辅导员对学生的影响，同时实现学生之间的相互影响。在思政教育中，强调大学生的主人翁精神，一是要进一步唤起大学生的主体意识，发挥"朋辈教育"功能，通过形式多样的载体，将大学生群体中那些"正能量"传播出去，更好地影响周边的大学生；二是要引导大学生以主动配合、合作、共享的姿态，接受学校和老师的教育，而不是消极接受甚至抵触。

教育学上的"朋辈教育"指的是教育者或受教育者在同一环境或教育背景下有共同语言，彼此之间能够分享交流自己已有的信息、行为观念，从而实现教育的目标。而在高校思政教育工作实践中，朋辈教育指由大学生自己来充当施教者，用自己的言语、故事、事迹、行动来传播"正能量"，发挥示范作用，来带动身边的其他学生一起进步。

教育活动是一个合作互动的过程，如果受教育者消极抵抗，那么教育效果将大大受到影响，甚至教育活动本身也不能顺利进行。在价值观越来越多元化的今天，思想政治教育工作效果受到多种因素影响，往往有被消解的风险。所以，调动学生的主人翁精神，让大学生以"主人"的心态来看待思政教育工作，以一种"我的事情我做主""我也是老师""我要分享我的成功"等类似的态度来参与教育的过程，这样才能达到事半功倍和"入脑入心"的效果。

2）积极性。基于青年学生的心理特征和代际差异，在实践中，部分大学生对于思政教育工作往往存在消极应付心理。因此，调动大学生参与思政教育工作的积极性，目的就是要改变这些大学生对于思政教育活动的抵触情绪和厌倦心态。这一方面需要不断提高思政教育活动本身的吸引力；同时，还要通过其他手段调动这些学生的积极性，重点从以下三方面入手：

一是重要性引导，即要进一步凸显思政教育活动的重要意义。这种重要性不仅指基于教育工作本身的价值，更要强调其对于青年学生的实用性，即要凸显这些教育活动对于大学生本身是需要的、是有现实意义的，这就需要在教育活动实施过程中，要更多地寻求教育素材与大学生成长成才需求和大学生心理特点、大学生群体兴趣点等的契合度。

二是丰富和创新工作载体，即要通过适当的载体来激发学生的积极性，来维护这种积极性。比如，学生社团这种组织形式，就是一种载体，通过让学生自由组合和"三自教育"的方式，可以比较长时间地激发和维持学生的积极性。再如，适当的奖励和表彰也是一种增强积极性的手段，诸如此类，要灵活应用。

三是成就感维持。人们主体性的重要体现就是人们在实践过程中能获得存在感、成就感、幸福感，体验到作为主体存在的价值。所以，要在时间上维持大学生对于思政教育活动的积极性，应当使大学生在参与思政教育活动的过程中能找到其价值，能获得成就感和存在感。所以，一些共享、分享、诉说、展览、展示型活动，就是体现成就感的有效形式，类似的活动可以多开展一些。

3）创造性。教育活动中大学生主体意识的另一个重要表现是创造性，即大学生不仅参与教育的过程，而且还有创新，对于教育活动有所贡献。这不仅实现了对于学生积极性的激发，也促进实现了成就感，同时还使教育活动本身具有了创新性和特色性。比如，在信息化、网络化时代的今天，许多传统的思政教育活动通过网络和新媒体平台进行开展。辅导员不可能掌握全部信息化手段，而调动学生参与制作新媒体、网络育人平台等，就不仅使大学生本身受到了教育、体现了价值、获得了锻炼，而且使思想政治工作也实现了创新。此外，在教育活动选题、策划、实施过程的组织、管理、宣传、总结、表现形式等方面，也可以积极发挥学生的创造能力，从而促进思政教育工作主题鲜明、形式新颖、生动活泼，受到欢迎、起到实效。

（2）尊重和发挥辅导员的主体精神

辅导员是高校大学生思政教育工作的主要实施者，其工作内容繁杂，工作对象价值观多元、性格多样，工作成效评价方式很难量化和具象化，这样的工作性质决定了辅导员工作是一个主观性、社会性、属人性很强的工作。因此，辅导员工作具有个性化的特点，对于同一个工作，不同的辅导员，其工作理念、工作思路、工作载体、工作方法和工作成效都可能不一样，因此，尊重和发挥辅导员的主体意识，强调其主体精神就具有重要的现实意义。尊重和发挥辅导员的主体精神，就是高校学生思想政治教育工作的现实需要。长期以来，在高校思政教育工作实践中，始终是强调辅导员个性化开展思政教育活动的，而当前尊重和发挥辅导员的主体精神，要强调以下三点：

1）允许和鼓励辅导员积极创新工作。高校学生思政教育工作有很强的政治性和政策性，要求辅导员应当严格贯彻党的教育方针，认真落实各项教育政策，积极地将思政教育的要求落到实处，切实促进大学生树立社会主义核心价值观。因此，从这一点上讲，辅导员工作是不能随意"发挥"的，无论教育内容还是活动主旨都应当紧扣思政教育的要求，辅导员可以创新、创造的空间主要在于教育的方法、形式、载体、手段、平台等方面。辅导员不仅可以创新，而且应当不断创新，要将思政教育工作常做常新。所以，在实践中，要允许和鼓励辅导员按照党和国家要求，按照学校要求，围绕育人目标，在思政教育活动的策划、组织、过程中，对思政教育的具体内容、平台、载体等方面进行专门的设计，体现出新意，增强吸引力和感染力，增加教育活动的生动性和互动性，从而增强育人效果。

2）积极鼓励辅导员专业化发展。发挥辅导员的主体精神，要着重调动辅导员对于业务的钻研精神、精益求精的精神，要促使辅导员按照专业化道路不断提升自己的专业化水平。高校学生思政教育工作内容越来越丰富、分工越来越细、专业化程度要求越来越高，单个辅导员很难在所有工作板块中都成为特别专业的专家，因此，应当鼓励辅导员在思政教育工作某一个或少数几个领域和板块中成为专业人才，成为专家型辅导员。这个过程是一个前期的学习和实践的过程，因此，必须强调辅导员发挥主动性、积极性，发挥主人翁意识，将工作压力转化为自我学习提升的动力。

3）为辅导员个性化开展工作提供保障。鼓励辅导员在思政教育中创新创造，要建立必要的保障机制，除了资金和物资保障外，更应营造鼓励辅导员创新的氛围和制度设计。比如同济大学每年拿出一定资金，专门用于评选"院系学生工作创新案例"，具体又分为"主题创新""方法创新""载体创新"等，通过评选表彰的形式，激励辅导员积极开展工作创新，这样就形成了很好的鼓励辅导员个性化开展工作的氛围，可以促进学生工作不断涌现一些新的亮点和特色，也有利于促进思政教育工作成效的提升。

2. 尊重个体差异

尊重个性化，是"人本主义"的直接体现。早在20世纪80年代，西方国家就已经提出了人本主义教育思想，认为了解一个人必须从整体出发，因为人是一个不可分割的整体，并且每个人都有独立性，有自己的喜怒哀乐和需求。

所以，尊重学生的个体差异，是实现思政教育个性化开展的重要前提。

（1）知人善育，正视学生个体差异

尊重人必须以知晓、了解、接触人为基础，所以，尊重学生首先要正视学生，要面对学生这个"客观存在"。学生的个性化是建立在共性与个性并存的基础上。现在在校的大学生大多是 2000 年之后出生的，适逢经济全球化迅猛推进、社会环境巨变的时期。大学生的思维活跃，交际广泛，能够接触到很多新鲜事物，因此他们的观念更新快，接受新事物的能力强，能够在日常行为中体现出很强的主体性和独立性。服从意识减弱，单向的灌输阻力增大，这是当代大学生共同的特点。但是，由于每个个体的生活环境、生活方式、心理因素等不同，因此会导致他们的行为方式和发展规律呈现出不同的特征，大致可以分为不同类型的群体，群体间差异较大。此外，在群体共性的基础上，又因为学生个体的成长经历、个人禀赋、兴趣爱好、自身素质等方面各不相同，群体内部的学生个体差异性也很大。他们的人生目标千差万别，接受能力有强有弱，价值取向更加多元化，基于此，就需要发挥辅导员的作用，利用课余时间与学生单独进行沟通交流，根据每个人的特征进行因材施教，引导学生成长成才，并保持其独特鲜明的个性特征。

正视学生个体差异，要求思想政治教育工作者必须正确对待学生身上存在的缺点与不足。思政教育工作者要有包容之心，应正视学生个体差异，还要求思政教育工作者能够想方设法帮助学生，指出其不足、提供改进建议、帮助其改正。正视学生的个体差异，还要求思政教育工作者能帮助学生积极弘扬其优点与长处，无论是良好的个性特征，如开朗、活泼、勇敢、有创造力等，还是一定的素质特长，如艺术天分、文体特长、科研能力等，扬长避短，促进学生进一步拓展其优势，促进学生更好地成长。

（2）因材施教，体现层次差别

个性化的教育方法主要体现在因材施教上，根据大学生的个体特征和个性差异进行教学实践，尊重学生的个人禀赋、专业背景、认知水平、学习能力、自身素质等方面的个体差异。在进行学生工作时，需要从学生的实际情况出发，依据学生的个性特征、发展规律、生活环境和生活方式等情况进行因材施教，做到具体问题具体分析，切实解决学生的问题。

在目标设计等方面体现层次差别。由于个性的差异，每位学生想要的人生目标各不相同，有的想在专业领域做出一番成就，有的想锻炼自己全面发展从而更好地适应社会，有的就想出国深造体会不一样的文化，也正是由于个性的差异，在思政教育开展的过程中，我们对每名学生的目标设计也应该体现出层次差别。如喜爱钻研、动手能力强的同学，可以鼓励他们在科技创新方面有所建树；学习成绩优异，热爱科研的同学，可以鼓励到国内外知名学府学习，在专业领域实现自己的理想；学习成绩一般，但人际关系特别好的同学，可以在领导组织、协调和领导能力方面多加锻炼。

3. 弘扬个性特征

现代社会造就了一批具有较强主观意志、独立意识的年轻人。在大学生中更是存在强调个性自由、强调自我独立的群体，他们的思想更加复杂、价值观更加多元、个性更加张扬。在思政教育过程中，既要加强学生的全面发展，又要尊重学生合理的个人追求和个性发展，重视他们在学习与生活、物质与精神、情感与理智等方面多元化、多层次的需求，关注学生的个性特征和发展需要及心理特征，能够从根本上促进学生的个性发展，发挥学生的潜力。

鉴于目前社会对人才多元化的需求，更应关注学生个体的差异以及个性发展的不同需求，充分发挥学生在不同方面的能力和水平，树立正确的世界观、人生观和价值观，树立创新意识，培养创新精神。创新精神实质上是一种独立探究的精神，以"独创"为特色的创新思维必然是一种个性化思维，需要尊重学生的个性。培养创新型人才就需要在日常的教育教学过程中指导学生树立创新意识，培养学生的创新能力和水平，提高学生的创新精神，这样就可以激发学生自觉主动地发现问题、解决问题，提高学生的能力。并且在教育过程中可以对学生进行有目的的指导和训练，充分发挥学生的主体性，为他们的发展提供条件，创造学习环境，帮助学生培养组织能力、管理能力、人际交往能力以及团队合作能力等，使其成长为能够满足社会和国家发展需求的创新型人才。

充分尊重学生的自我，激发学生主动参与，鼓励学生主动探索，为学生实现个性发展提供一定的条件，营造良好的学习和成长氛围，允许学生适当的个性张扬和"奇思妙想"，使他们获得良好的个人心理体验和感受成功的契机和载体，促进学生个性发展和个人梦想实现。如部分高校针对学生个性化需求，提出"学生有梦想，我们来实现"的理念，通过提供资金、场地、物资等，创造平台帮助学生圆梦。

（三）增强思政教育的人文关怀

思政教育中提到的"人文关怀"是指有别于自然的人伦内涵，同时与神理有别的精神教化，并具有自身的特点，如文明、儒雅、文治教化等。马克思认为，人本的实现首先是满足人的合理需要、尊重人的主体价值、重视人的实践活动。在此基础上，实现人的多维度解放与全面发展，达到人的自由个性。现如今我们也对"人文关怀"进行了新的界定，"人文"特指能够以人的人格和尊严为主，充分发挥人的主体性，把人文的内涵与当代的社会主义核心价值观相联系，重点突出实现人的价值，能够很好地处理人际关系。

人文关怀始终坚持"以人为本"的教育理念，在实施教育的过程中可以发挥人的主体性，关注个体的生活环境、生活方式和心理状态，强调人的价值取向和教育理念。思政教育"以人为本"的人文关怀，是马克思主义人本论在高校思政教育实践中创造性应用的产物，它强调教育者与被教育者的平等性、亲近性、贴近性和柔和性，强调尊重学生独立的人格和自由的精神，着眼学生的全面发展，凸显学生的主体地位，从人文关怀、柔性管理和隐性教育三方面入手，在潜移默化中达到较好的教育效果。

1. 重视人文关怀

"人文关怀是思想政治教育的核心维度和价值坐标"，主要体现在以人为本，关注学生的发展和需要。"人"是思政教育的出发点与归宿。推动大学生思想政治教育走向人文关怀，首先要承认并尊重大学生是具有独立人格的人、完整的人、能动的人、创造性的人。把思政教育作为一种关怀学生，为学生服务的工作，在工作中既要坚持教育人、引导人、鼓舞人、鞭策人，更要做到尊重人、理解人、关心人、帮助人。要关心学生内心的感受，倾听学生的呼声，了解学生的情绪，关心学生的疾苦，关注细节、关注需求，善于把握学生思想变化、心理波动、学业困难、生活现状等，将思政教育做细、做活，弘扬学生的主体性，促进学生全面发展。

（1）尊重学生独立人格

思想政治工作说到底是做人的工作，需要"情"和"理"并用，以真挚的感情启迪人，情理交融，循循善诱，坚持以人为本。关注"现实的人"是马克思主义人文关怀思想的出发点。充分认识大学生这个完整的生命体，看到大学生是有思想、有情感的活生生的人。只有立足于人，从现实的人出发，从人的现实需要出发，并最终回归于人，回归于人的发展上来，才能真正提升思政教育的实效性。尊重学生，要避免居高临下，以师长的姿态来教训学生，以刺激性词汇来管教学生。要避免对学生进行分级分层，避免标签化管理，要善于发现每个学生的闪光点，客观公正看待每名同学。保护学生尊严，对家庭经济困难、学习困难、后进生等特殊群体的学生要注意隐私的保护，帮助他们克服欠缺的方面，不断完善自我。

（2）满足学生成长需求

在科学发展观指导下，我国高校学生工作提出要以学生为本，更加注重学生多样化的需求。尊重学生的兴趣，满足学生的需求，学生工作应该从重管理转型到重服务，从规范学生转型到为了学生。

高校学生日常工作量多面广，学生基数大，导致辅导员经常需要处理大量烦琐的日常工作，在实际组织管理中容易严格按照制度开展工作，忽略了人的情感因素，以灌输式、教导式的形式达到思政教育的目的，忽略了学生的需求。学生工作必须尊重、正视和研究学生需求，并要把握学生个体、学生群体的不同需求，才能从根本上提高辅导员工作实效性。美国高校辅导员职责界定非常明确，即针对学生成长发展的需求，细分为针对每类需求的具体部门，如招生与入学服务中心、就业服务中心、学生教育发展中心、学生健康与医疗服务中心、学生政策及司法部门、国际教育部门以及校友基金发展事务等学生事务管理部门，每个部门在开展工作之前，都要调查学生的需求，针对学生的需求安排和调整自身的工作，学生则是按照自己的需要选择不同的服务。高校思想政治工作应该从学生需要什么、喜欢什么的角度出发，倾听学生的呼声，关注细节、关注需求。善于把握学生思想变化、心理波动、学业困难、生活现状等，主动挖掘学生的需求，特别是不主动表达的学生群体，但是在对学生个体的个性化特征进行了解的过程中，需要通过大量的信息敏感地捕捉到相关的内容，需要智慧与灵感。在学生特点的需求瞬息万变的时代，只有通过发挥各个方面的力量，才能造就一个灵活、智能的大学生思政教育体系，才能不断解决面临的新问题。

（3）凸显学生主体性

"教育主体论"从 20 世纪 80 年代开始成为思想政治工作者的一种共识。思政教育必须尊重大学生的主体地位，激发他们的主体意识，大学生是一个独立的个体，有很强的主动性、自觉性和创新性，并且具有一定的发展潜力的人，凸显学生的主体地位，让学生在高校的育人、管理、服务等方面都积极参与，主动加入学生思政教育各环节，发挥主体作用。学生有权参与学校管理的全过程，并做出对自己有利的选择，避免只注重对学生行为的规范和学校教育秩序的稳定。要充分利用好学生朋辈的教育资源，依托学生群体内部资源实现自我感知和引领。同时，发挥学生社团、学生组织以及"学生自组织"是基于学生按照行政划分、志愿兴趣、共同任务等结成的组织形式，是凝聚学生、动员学生的重要方式，具有群众性、"草根性"、生动性等优势，在学生学习生活中发挥着越来越显著的作用。通过学生社团与学生组织，可以进一步丰富思政教育的载体，贴近学生的生活需求、能力需求、素质需求、情感需求，提升影响力与覆盖面，增强渗透力和吸引力；可以依托学校丰富的资源，发挥学生在学生社团与学生组织中的主动性和创造性，构筑"百花齐放、精彩纷呈"的文化氛围。因此，必须进一步抓好学生社团与学生组织建设。通过加强规范管理、帮助搭建平台、提供资源与指导等，扬长避短，发挥其在促进学生"三自教育"中的积极作用。

2. 重视柔性管理

柔性管理方式在实行的过程中是自发的、民主的，通过这种管理方式能够使人们做到自律、自悟和自省，使他们能真正心情舒畅、不遗余力地为团队目标努力。

柔性管理方式的过程可以概括为"外在影响到自觉主动"这一变化，这一转变的过程受到一定的时间影响，是会反复发生改变的。根据柔性管理方式的转变过程可以发现它具有以下特点：质的模糊性、量的非线性、方法上的感应性及职能塑造性。

首先是质的模糊性。高校大学生是接受思政教育的主体，大学生的思维活跃、接受新鲜事物的能力强、交际范围广等，但是他们的心理特征和行为举止有时会存在不一致的情况，这种现象就与柔性管理的"质的模糊性"这一特点相符。

其次是量的非线性。大学生虽然开始逐渐走向社会，但是他们的身心依然处于发展和成形阶段，他们的心理特征复杂多变，作为独立的个体，虽然具有很强的发展潜能，但是自律性较缺乏，对学校的一些规章制度有时会出现排斥的现象，而这一点正好与柔性管理的"量的非线性"这一特点相一致。

再次是方法上的感应性。对大学生进行管理的主要人员是高校辅导员，辅导员在进行管理时，除了要遵从学校日常的规章制度外，更要言传身教，通过自身的学术魅力，加强与学生之间的互动交流，从根本影响学生，提高自身的威信力。而这一点正好与柔性管理的"方法上的感应性"这一特点相符。

最后是职能塑造性。思政教育的管理依赖于一定的制度要求，但是制度的制定不仅是管理人员单方面的输出，更重要的是，要与学生的个性心理特征和身心发展结合起来，实现柔性管理的第四大特征——"职能塑造性"。

"柔性管理"运用于思政教育，主要是要改变以往管理模式单一化和刚性的特点，讲求管理模式的多元化，展现人本性、情感性、间接性等特点，坚持个性重于共性、肯定重于否定、身教重于言教等基本原则，采用教育、引导、支持、激励等工作方式，不断增强学生的接受度。它是在思考现状刚性管理弊端的基础上，结合现阶段高校思政教育所处的时代背景提出的，旨在进一步体现思政教育的"人文关怀"理念，引导一种更完美的教育境界。这也是贯彻落实科学发展观，提高高校思政教育科学性、增强思政教育实效性的重要内容。

（1）以需求满足引导学生价值取向

传统的思政教育观念是：供给创造需求。只要能提供服务，就会有学生参与，教育就会有成效，工作效果由辅导员的能力决定。在新时期，思政教育不仅要为学生提供服务，更要进行"供给侧改革"，主动丰富学生的价值取向的内涵，为学生提供更多成长成才服务，为满足学生的价值取向，学校可以为大学生营造良好的学习环境，把学生的兴趣和爱好放在教育学生的首位，这样可以从学生的价值观改变和成绩变化对学校的教育方式进行判断。同时，大学生思想政治工作本身要求做好学生价值取向和文化客体选择的引导，使学生对服务的需求从被动接受向自觉接受转变。所以，实行柔性管理的关键点在于创建树立学生正确价值观的方法，针对学生出现的问题提出具体的解决方案，引导和鼓励学生把自己内心的想法表达出来，表达自己真实情感和愿望。柔性管理中强调个性重于共性，需要充分满足学生的多样化、个性化需求，将每一位学生都视为一个单独的工作对象，根据学生的特定需求来进行工作方式和内容组合，其最突出的特点是根据学生的特点来进行工作调整。从而可以有针对性地向学生提供差异性服务，真正体现以人为本。这种以学生个体需求和偏好为导向的工作方式，对辅导员队伍能力提出了挑战。

（2）以激励肯定的方式促进学生学习

新时代多样化的学生特点已经把思政教育的核心作用体现为：促进学习，激发灵感和洞察未来。激励、综合、协调学生以个体或团队形式，按照思政教育的目标进行努力，从而以更高的视野认识自身发展。在教育过程中，多激励，少打击；多肯定，少否定，通过正向的积极地鼓励，增加学生自我学习的动力。要善于发现学生的特长和优点，尊重学生的个性，理解学生个体的差异性，鼓励学生多元化发展，不要用一种发展模式要求所有学生。通过这样的一种目标确定，可以将学生激发成为思政教育的动力，而不仅仅是工作对象；可以将学生的创新能力整合到学生工作的统一战略目标之中，从而使学生的发展、思政教育的优化能形成有机统一、促进大学生思政教育的良性循环。

（3）以潜移默化的身教引领学生成长

重视"朋辈教育"的作用，重视潜移默化的身教，避免刻板的言传。高校大学生是进行朋辈教育的主体人员，这样的教育方式可以把处于相似的教育环境、生活方式、思想观念的人把自身的生活经历、思维方式、学习理念等分享给彼此，这样的教育方式有助于引起教育者和受教育者双方的情感共鸣，可以在沟通交流的过程中对学生的思想观念产生影响。

一是开展"朋辈教育",用身边人教育身边人,用身边事影响身边人。依托优秀学长、优秀学生、优秀校友,通过选拔高年级学生担任低年级学生小班主任、副班主任;通过好人好事的宣传表彰等,鼓励广大学生自我感知、自我实践,引起内心理解和共鸣。

二是"典型示范",以学生模范带动广大学生进步。比如,有的高校通过开展"学生精英培养工程",依托党校、团校等组织形式和载体,开展"学生精英培养计划"、实施"选苗育苗"等,培养具有典型示范潜质的优秀大学生。开展"学生典型示范工程",通过"优秀学生""励志之星""感动人物""年度人物""研究生学术先锋""优秀班集体""优秀团支部"等先进个人和集体的评选、表彰和宣传展示,塑造一批学生个人和学生集体典型,发挥其示范带动作用,促进学校良好学风、班风养成,促使广大学生"学先进、争先进、做先进",不断发展提高。

3. 重视隐性教育

所谓"隐性教育",指教育者为了实现其教育目的而实施的不为受教育者明确感知的使受教育者能在不知不觉中受到教育的一种思政教育的类型,强调教育过程通过合理设计和恰当载体增强教育目标和内容的隐蔽性、增加教育过程的愉悦性、增大教育途径的开放性、延长教育节奏的渐进性、发挥教育接受的自主性,以生动活泼、喜闻乐见的形式,把教育目的、内容和形式在无形中渗透在学生的日常生活和学习过程之中,这样就可以把隐性和显性教育有机地结合起来,在不知不觉中对学生的思想、观念、价值、道德、态度、情感等产生影响,使他们在不知不觉中受到熏陶。长期以来,我们更多强调显性教育,强化显性课程,但隐性教育的作用和潜能还未得到很好的重视和发挥。

从思政教育方法上看,隐性教育是相对于显性教育而存在的,其特征表现在:①教育境界上追求的是"潜移默化"和"润物细无声";②教育目的具有潜隐性;③教育功能具有浸润性;④教育内容具有隐形作用,是在不知不觉中对学生进行熏陶和影响的,尤其是隐性教育具有渗透性和间接性,并非思政教育第一课堂上以授课的形式给学生灌输道理,也并非通过思想政治老师直接向学生传授教育内容,而是将教育的目的和意向隐藏到学生的学习、生活和各种活动之中,隐藏到学生生活学习的环境中,利用内隐的方式将教育内容渗透在教育情境当中,可以让学生在潜移默化中接受教育的影响。

（1）隐性德育课程教育

隐性德育课程是指隐藏着思政教育目的,以潜移默化的方式发挥着思政教育功能的课堂,可以涵盖自然科学课程、人文社会科学课程以及专业课程,也就是今天大力提倡的

"课程思想政治"，也就是"课程思政"。在不同的学科之中有不同的精神内涵，如人文社会科学具有明显的社会主义核心价值观和爱国主义精神等内容，自然科学中含有持之以恒的研究品质内涵，这些不同学科的教育也就是上文提到的隐性教育，专业课老师对学生的影响非常大，其在专业学术上的造诣常受学生的崇拜，进而延伸到崇敬专业课老师个人。因此，专业课老师应该利用自身的优势，在专业课程上不失时机地渗透正确的社会价值观念、专业道德等，还可以通过个人人格的魅力感染同学，引领同学对专业知识的探索、对科学精神的追求，甚至生活态度的积极向上。

（2）校园文化环境熏陶

校园文化环境是开展大学生隐性思政教育的主要空间和载体，包括校园物质环境和校园精神文化环境。

校园物质环境是由校园建筑、道路、植物、文化设施、内涵育人信息的人文景观等构成的空间场所，大学悠久的历史沉淀在校园物质环境中都有不同程度的体现。如学校建筑，本身承担着教育功能，结构设计、建筑外形、功能变化、名称等都可能有背后的故事，同时在悠长岁月里的人物和发生在其中的事件等都有可能成为教育学生、启发学生的资源。构建充满真情实感、人文关怀的校园环境，其所内隐的文化、信息和历史等都在以无声的方式影响着学生的思想。学生生活学习在校园里，对校园环境总有着自己的解读和理解，从而内化为对学校精神文化的认同。更进一步，校园物质环境中所体现出来的精神，可以被转化为学生个体的精神，从而起到以境化人的隐性教育的作用。

校园精神文化环境是指大学的精神、大学的文化传承与创新。一所大学的精神文化，指引着身处其中的人们的思想观念、价值追求和行为方式等，这是一种潜在的、无形的却又无处不在的教育因素。大学精神可能就包含学术精神、人文精神、科研精神、批判精神、爱国主义精神等，不仅可以引领校园文化的主流，还可以激发大学生的理性，提升学生的思想境界，完善学生的人格品质。如搭建校史校情的课程体系，通过正规的第一课堂、"形势与政策"课堂、报告会、参观展览等多种方式，让学生了解学校的过去和未来，在润物细无声中影响大学生的认知，给大学生深刻久远的启示。大学生在这样的教育情境中可以克服自身思想方面的局限性，在学校为学生创造的学习环境之中，可以充分发挥这种教育力量、教育内容和教育因素在潜移默化中对大学生形成影响的作用，这样的影响可谓是"润物细无声"的内化和作用，对大学生形成正确的价值观和教育思想有着不可估量的作用。

（3）渗透式学生发展教育

高校培养学生全面发展，为学生构建了丰富的第二课堂活动，搭建了多样化的育人平台，层面多样、内容广泛、形式新颖，参加者选择性强、自主性高，在寓教于乐的过程中，学生的自主性得以发挥，从而潜隐在活动中的思政教育因素会发挥作用，以极其自然的方式积淀到学生身上。

校园文化活动通过对活动的合理设计，运用多种学生喜闻乐见的方式，让学生积极主动地参与活动，享受活动。在愉悦的氛围中，与思政教育相关的因素如人生哲学、伦理规范和理想道德等，会以一种渗透的方式浸润学生，使学生在温馨愉悦的氛围中成长。

社会实践在 21 世纪大学生培养中有着非常重要的作用，不同于大学专业知识及技能等方面的培养，社会实践对大学生综合素质的提高存在潜移默化地影响，其作用不可替代。将大学生个体置于整个国家与民族的背景之下，置于历史与时代的维度之中，社会实践对大学生在更大范畴上具有意义，在更广义的高等教育中扮演着角色。

大学生作为即将进入社会并在未来发挥重要作用的群体，通过社会实践活动，将个体与社会更为紧密地联系起来，社会日新月异的进步与民族复兴道路上发生的深刻变化，他们将获得亲身经历甚至参与创造的机会，参与感与自豪感会让他们切身体验到国家在党的带领下所创造的辉煌成就，爱国的情感和承担民族复兴重任的使命感随之而来，形象且深刻，这将成为学生努力学习积极回报社会等正能量行为的动力。通过参与丰富多样的社会实践，大学生的社会阅读能力和解决实际问题的能力会得到充分的发展，其对理想和价值观的认识也不再抽象与片面，从而坚定当代大学生对其远大理想的信念和自信。在行知结合中，大学生原本相对稚嫩与单一的世界观不断成熟和完整，优秀的品格和个性在与外界的互动中形成良性的正反馈。

第二节　课堂育人的路径探索

一、大学生社会主义核心价值观教育中第一课堂育人路径

（一）大学生社会主义核心价值观第一课堂育人的优势

1. 全面性教育

实施大学生社会主义核心价值观全面性教育，就要保障受教育者的全面性。对于每一个特定个体而言，全面性教育都应该促进他们在各个方面的充分发展，课堂教育机制就是让所有大学生享受同等受教育的权利，当然他们在享受权利的同时也承担一定的责任和义务。然而，由于多种因素的影响，思想政治教育课程的学生上座率并不高，这还需要进一步改进。课堂教育作为知识的有效传播路径，是系统教学的主要场所，因此，必须经过充分准备、严密组织、科学实施，才能收到事半功倍的效果。

2. 主动性教育

社会主义核心价值观一直在强调课堂上教师的主导位置和学生的主体位置。大学课堂内进行社会主义核心价值观教育，应发挥学生的主动性，并与学生的互动教育相结合，要着眼于培养学生的思考力、判断力、选择力，这是课程本身发挥立德树人作用的根本体现。

（二）大学生社会主义核心价值观第一课堂育人的途径

1. 提升师资素质是关键

新时代的思政教师应"政治素质过硬、道德品德高尚、理论知识渊博、业务能力精湛、心理素质良好的先进群体，是学生健康成长的有力引导人"。提升教师素质是实施素质教育的关键，学生良好的素质培养首先取决于具有高素质的教师的引导和示范。教师需要具备持续学习的能力，不断更新知识结构，丰富知识储备，尤其针对政治学习，不能满足于现有的知识和认识，要通过不断地深入学习，使自己的认识可以适应岗位需求和发展的要求，对自身所教的理论"诚教之，笃信之，躬行之"。如果教授马克思主义理论的教师自己不坚信马克思主义，那么怎能让学生信服马克思主义？所以，强化教师队伍的建设重点

便是让教师从根本上接受马克思主义，并做到言行一致。此外，教师自身思想品德素质的提升也非常重要，正所谓修身立品，行动反思学习，正人先正己，教师必须以高尚的师德做学生的楷模，只有不断地学习，才能提高教师的教育教学理论水平和专业知识水平，通过言传身教的方式带动学生自主学习。教师要发挥模范带头的作用，树立积极的形象，鼓励学生养成正确的价值观。

2. 激发大学生的兴趣是必要环节

从个体方面来说，一个人的自我意识里包含了道德、信念和自我认知。心理学家认为，个人意识的薄弱，从某种意义上决定了自身的发展，进而决定了个人综合水平的提升。要想提升大学生社会主义核心价值观，必须树立以受教育者为中心的观念，满足学生的教育需求，在课堂中真正将学生放置在主体位置，引导学生自主探索、研究并进行课外实践。教育模式上不断更新现有的教学方法，引入先进的教学理念，在备课时设计学生学习的兴趣点，以这个兴趣点导入课堂，向他们展示一个具有吸引力的求知世界，鼓励学生质疑求新，培养学生的创造思维，激发学生的学习动力，注重大学生的自我教育能力，只有这样才会获得理想的教育效果。

二、大学生社会主义核心价值观教育中第二课堂育人路径

（一）大学生社会主义核心价值观第二课堂育人的优势

1. 有利于培育大学生爱国主义精神

社会主义核心价值观教育的重要内容是爱国主义，并且，爱国主义也是中华民族的优秀传统。作为提高全民族整体素质的基础性工程，爱国主义可以引导青少年大学生树立正确的信念、价值观、理想和人生观，能够引导青少年大学生在了解祖国、热爱祖国的基础上树立报国的志向、学习报国的才能和践行报国的意志。目前，高校的爱国主义教育主要以传统的授课方式教育学生，并没有将爱国主义真实"落地"，在这种情况下，爱国主义更多的是假大空、高不可攀的标语和口号。虽然，这种死板、传统的教育方式在短时间内可以把相关的内容传达给学生，但是最终很容易造成学生对爱国主义教育产生逆反心理和厌烦情绪，无法达到真实的教学效果。相较于传统的教学方式，第二课堂教育的形式多种多样，教学内容充实丰富，能生动形象地表现事物，产生强烈的刺激，由此激发学生的爱国情怀。大学生对事物的认识通常是由近及远、由感性到理性、由具体到抽象的。节日

的欢庆盛况、山河的壮丽以及家乡的美好建设都能激发他们的爱国情意。

2. 有利于培育大学生敬业精神

"作为社会主义核心价值观中的重要范畴之一，敬业具有时代性和继承性的统一，具有普遍性与行业性的统一，对于今天有着重要的价值和现实启示。敬业精神的发生需要认知与认同共同作用，精神和物质共同驱动，舆论和示范相互结合，道德和法治相互制约，把握敬业发生的机制和过程，有助于敬业精神'内化于心，外化于行'"。敬业精神又包括乐业爱业精神、奉献勤业精神和创新敬业精神。敬业需要公民敬重和热爱自己的工作，并将这种敬业转化成工作的不竭动力，热爱自己的生活、集体、社会和国家。对于高等学校来说，培养大学生的敬业精神是一项非常重要的任务，并且，敬业精神也是社会主义核心价值观教育的重要组成内容。对于大学生来说，敬业就是敬爱学业、敬爱正在做的事情、敬爱未来的事物。第二课堂教育的特点鲜明，有利于大学生学习敬业精神。

（二）大学生社会主义核心价值观第二课堂育人的途径

1. 科学设计第二课堂内容体系

第二课堂需要进行整体经营和设计，因为第二课堂是培养大学生综合素质的重要载体，是高校培养人才的重要组成成分。第二课堂教育需要结合社会主义核心价值观的内涵，在建设第二课堂教育体系的过程中，应该根据保障体系、评价体系和内容体系建设以学校为统筹、以学生为主体、以专业为载体、以院系为中心的教育体系。

对于青少年大学生来说，大学阶段是培养学生思想观念和道德观念的重要阶段。思想道德修养的基础是思想道德建设，重点是爱国主义教育，核心是理想信念教育。第二课堂活动的优势是可以贴近学生、贴近生活、贴近实际；此外，第二课堂活动还可以培养学生的思想素质、政治信仰、敬业精神和道德修养。第二课堂活动主要包括关于"中国梦"的党团组织活动、业余党校团校活动、报告形势政策以及主题教育活动等，通过这一系列的活动，可以引导学生形成正确的价值观念，并将学到的理论知识转化为实际行动。对于各大高校来说，应该积极充分地发挥高校的人才优势和智力优势，将学生的社会实践活动与专业学习、创新创业充分结合，可以组织学生积极参与"三下乡"的志愿活动，让大学生能够在社会实践活动中长才干、做贡献和受教育，不断牢固大学生的社会主义核心价值观。

保障大学生健康成长成才的重要依据是促进大学生身心和谐发展，培养学生良好的人文素养和审美情趣的重要载体是文艺活动。高校应该加强大学生的文化素养教育，组织开展丰富多彩的比赛和活动，比如，文艺演出、体育竞赛、心理辅导等有利于大学生身心健康的活动。在文化教育活动中，将美育、德育、智育和体育有机整合，不断弘扬高雅的文学艺术，由此提高青少年大学生的审美素质。在教育活动中，应该引导学生将社会主义社会价值观付诸实践。高校第二课堂的重要组成部分是社团活动，社团活动可以实现大学生的自我管理、自我教育和自我服务。学校的社团活动应该从学校的全局出发，明确第二课堂的属性和社团活动的定位，着重挖掘学生的内在潜能和提高学生的综合素质，激励大学生积极开展丰富多样的社团活动，通过指导大学生参与社团活动，丰富大学生的内心世界和鼓励大学生积极挖掘和发挥自身实践能力，培养和践行社会主义核心价值观。

2. 拓展延伸第二课堂教育空间

第一，积极争取社会的大力支持。在地方组织领导的支持下，可以为大学生开展第二课堂教育活动提供更多的社会教育资源。

第二，开拓校外教育活动基地。充分挖掘爱国主义教育资源，积极开辟校外的第二课堂活动基地。第二课堂主要的开展形式多以活动为主，组织开展活动最重要的就是场地的选择。在每个高校都有很多可以使用的爱国主义教育资源，这些资源大多是与学校联动的，能够为开展爱国主义教育提供便利，这些资源具有距离近、花费的时间成本和金钱成本低、人际关系熟等独特的优势。

第三节　实践育人的路径探索

一、大学生社会主义核心价值观教育中实践育人遵循的基本原则

（一）目标性原则

目标的本质意思是射击、攻击、寻求对象，现在多指个体、组织在固定的时间内所达到的预期。高校实践的育人活动目标指在现代教育理念的指引下，根据学生的发展规律和教育规律，由教师进行指导，指导学生积极参与实践活动，在参与实践的过程中不断提高自身的综合素养和促进自身的全面发展。目标的设定可以为实践活动指明方向、树立旗

帜，高校的实践育人活动在组织和设置的过程中应该坚持目标性原则，紧紧围绕实践育人的总目标，明确实践活动的形式和内容，并将总目标拆分成不同的分目标，高效有序地开展实践活动。

（二）主体性原则

学生在传统的教育模式中，基本处于被动接受知识的状态。实践育人教育观与之完全不同，实践育人教育观注重培养学生主动、积极参与实践活动的兴趣，学生是实践活动的主体，学生可以在实践活动中不断完善自我、发展自我和教育自我，教师在实践活动中处于指导地位。组织开展实践活动的目的就是帮助、引导学生获得知识和进一步将理论知识付诸实践。不管是在实践活动中获得理论知识还是利用理论知识支撑实践，都需要激发学生参与实践活动的积极性，都需要发挥学生的主观能动性。其原因在于不同的主体对事物的认知和理解不同，需要个体形成属于自己独有的认知架构，在构建这个认知架构的过程中，需要不断发挥个体的主体性。所以，在实践活动中，主体性原则的意义重大。

二、大学生社会主义核心价值观教育中实践育人的根本途径

主体与社会存在必然联系，主体离不开社会，在形成核心价值观的过程中，主体都会在接受自身已有的核心价值观的基础上，结合自身实践不断完善和形成自己的价值观。实践的过程就是建立核心价值观的过程。所以，对于形成大学生的核心价值观来说，最重要的就是实践育人。

（一）实践使大学生理想与现实、理论与实践得到统一

第一，积极调动主体的自觉性和自主性。在进行实践教育的过程中，教师应该引导学生参与有意义的实践活动，帮助和引导学生构建适合学生自身的核心价值观，不断提高学生的内在品质；此外，教师还应该拓宽学生参与实践的途径，把践行社会主义核心价值观付诸实践。实践教育的形式也属于学生的自我教育，实践教育活动的开展离不开学生的自主性。大学生对实践教育的认知程度和自觉性等，直接影响大学生践行社会主义核心价值观的实效性。

第二，提高学生主动参与实践的目的性。实践活动的有效开展除了受学校的影响以外，也会受到家庭和社会诸多因素的影响，在具体实践的过程中，他们很有可能会遇到挫

折和困难。因为社会实践并不具备自发性，所以，教师应该发挥好主导作用，突出强调实践活动的目的性，设计和控制好实践活动，并且，针对不同的人群，教师应该根据个体的实践需求制定不同的实践目标，进而更好地发挥实践教育的效果。学生作为活动的主体，应该正确认识和实践教育活动，有选择地参与实践活动，实现实践活动的目的。

（二）打造专业实践平台，注重大学生能力培养

大学生除了不断学习理论知识之外，还需要不断提高自身的专业实践能力，因此，高校应该开展多种多样的专业实践活动，为学生打造一个专业的实践平台，以此增强学生的专业实践能力。专业平台的打造势必离不开学生的专业能力，高校实践活动的设置应该注重校内和校外的联动，着重培养学生的专业实践应用能力。这项工作需要做到以下几点：

一是在增强学生专业实践能力的基础上，设置勤工助学岗位。勤工助学可以加强学生的劳动技能训练和劳动观点教育，不断提高教育的质量，培养全面发展的新一代社会主义建设者和接班人，并且，勤工助学还能促进教育改革，有助于发展我国的教育事业。因此，勤工助学岗位的设置主要是为了服务教学，并坚持育人为本的教学理念。勤工助学一定要立足于专业实践，例如，可以有针对性地设置具有专业性、技术性、服务性的岗位，进而更加有效地提升学生的实践能力。

二是建立以专业为基础的公益性社团。建设具有公益性和专业性的社团可以让公益实践活动更具有针对性和有效性。为了更好地彰显社团的有效作用，应该加强与其他高校社团的联动，取长补短，促进本校公益社团活动的有效发展，还应该加强和社会公益社团的连接，不断完善本校公益社团活动的内容和形式，不断促进社团的长期、有效发展。

第六章

社会主义核心价值观融入创新创业教育研究

第一节　社会主义核心价值观融入大学生创新创业教育的可行性

一、社会主义核心价值观融入大学生创新创业教育的理论支撑

如今，我国对于新时代创新创业型人才的需求量不断增加，而传统高校的人才培养计划难以满足国家和社会的需要，所以将社会主义核心价值观融入大学生创新创业教育是极其重要的，这已经成为学界研究的热点。

首先，将社会主义核心价值观融入大学生创新创业教育符合理论和实践的辩证统一原理。社会主义核心价值观作为全体社会成员普遍认同的基本道德准则，反映的是最广大人民群众的利益诉求，是科学的理论体系，对人民群众参与具体的社会实践具有积极的指导作用。而大学生创新创业教育作为中国特色社会主义伟大事业建设的重要组成部分，需要以社会主义核心价值观这一科学的理论作为引领和指导。处在创新创业活动中的大学生面临着激烈的竞争和巨大的市场环境压力，往往会出现各种思想问题和困惑，需要思想和心理方面的正确指导。社会主义核心价值观则具备这种价值引领和提升道德修养的功能，可以使这些处在创新创业阶段的大学生能够以科学的方法分析活动中所面临的复杂问题。

其次，将社会主义核心价值观融入大学生创新创业教育，是符合马克思主义哲学价值理论的，价值的本质在于客体对主体产生的效应，价值体现在个人的发展可以推动社会的进步，在实践的基础上遵循价值与真理的统一。将社会主义核心价值观融入大学生创新创业教育，能够充分发挥大学生创新创业者的主观能动性，在创新创业活动中实现个人成长进步的同时，也学会积极承担社会责任，做一个对社会、对国家有价值的人才。

最后，将社会主义核心价值观融入大学生创新创业教育符合大学生综合素质全面发展理论。社会主义核心价值观下的大学生综合素质发展应该是自由全面、和谐统一的，只有个人实现了全面发展，才能更好地服务社会，创造更大的社会价值，实现社会不同维度的扩展，提升国家的综合实力。人的自由全面发展是共产主义社会的理想目标。社会主义核心价值观教育与大学生创新创业教育进行的人才培养都是以提升大学生德、智、体、美、劳等方面的素质为主要内容，是推动大学生全面发展的重要途径。

二、社会主义核心价值观融入大学生创新创业教育的现实依据

我国的大学生创新创业教育始于 20 个世纪 90 年代，各个高校陆续开展创新创业教育相关课程，但是由于基础薄弱，弊端也日渐凸显。大学生创新创业教育目标定位不明确，课程质量难以保障，师资水平参差不齐，评价体系的设置不科学、不合理，缺乏正确的价值观念的指导和引领，甚至出现违背社会主义核心价值观的思想，因此，将社会主义核心价值观融入大学生创新创业教育迫在眉睫。

社会主义核心价值观可以为大学生创新创业教育提供多方面的帮助。

一是社会主义核心价值观可以为大学生创新创业教育提供正确的方向。目前大多数高校的创新创业教育过度关注大学生的创业率及创业成功率，希望通过速成的方式帮助大学生完成创业，存在过度功利化的倾向，没能正确处理好创新创业理论教育和创新创业实践教育之间的关系，忽略了大学生创新创业教育的本质是为了实现大学生综合素质的全面发展。

二是社会主义核心价值观所强调的以人为本正是大学生创新创业教育中所迫切需要的。大学生创新创业教育应该根据大学生的不同需求，根据个体差异来制定整体性的目标和差异性的目标。目前大多高校尚未形成针对大学生不同需求的创新创业教育，缺乏对高校创新创业人才的专业化筛选和科学化培养，忽视培养学生的责任意识、职业素养和创新品质的核心价值引导。因此，需要社会主义核心价值观为创新创业教育"掌舵"，确保人才培养方向契合社会发展时代需求，使创新创业人才不仅具备良好的创新创业潜质，更具有良好的道德情操。

三是大学生创新创业教育可以为践行社会主义核心价值观提供实践支撑。我国高校的核心价值观教育一直囊括在思想政治理论课程中，并没有与其他的课程交互融合，随着时代的不断发展，核心价值观的教育面临着形式单一、载体单一、与学生实际需求脱节以及教育效率低下等多种问题。核心价值观教育在高校人才培养中处于基础性地位，需要将

其充分融入高校教育的各个环节。完善的大学生创新创业教育体系能够培养大学生的创新创业价值观、创新创业品德、创新创业心理建设等，填补高校当前创新创业教育中的短板和漏洞，进一步完善高校社会主义核心价值观教育体系。

三、社会主义核心价值观与大学生创新创业教育间的内在联系

大学生创新创业教育和社会主义核心价值观教育是我国高校人才培养中不可或缺的重要组成部分，需要深入研究两者在教育目标、内容和方法上的内在联系。

（一）教育目标的一致性

社会主义核心价值观教育与高校创新创业教育的目标具有一致性。高校创新创业教育从学生自身需求出发，主要培养大学生创新创业精神，引导学生树立长远的创新创业发展目标，增强学生创新创业能力，丰富学生创新创业综合素质，帮助学生在掌握专业技能和知识的前提下更好地适应社会，实现自由而全面的发展。社会主义核心价值观教育主要是帮助学生树立正确的价值观，提高大学生思想政治道德素养，以培养德才兼备、全面发展的中国特色社会主义建设者和接班人为目标。社会主义核心价值观教育与高校创新创业教育在增强大学生综合素质和提高大学生核心能力方面相互作用，社会主义核心价值观教育为高校创新创业教育提供价值导向，高校创新创业教育为社会主义核心价值观教育提供育人新平台，两者的教育目标共同指向帮助大学生实现全面而自由的发展。

（二）教育内容的相通性

社会主义核心价值观教育与大学生创新创业教育的内容具有相通性。社会主义核心价值观教育的内容主要包括世界观教育、政治观教育、人生观教育、法制观教育、道德观教育五个方面。大学生创新创业教育的内容主要包括三个方面：第一，提升学生创新创业能力，主要体现为相关专业技能和综合能力素质的提升；第二，培养学生创新创业意识，主要是针对学生创新创业热情的提升以及创新创业实践意识的引导；第三，培育学生创新创业精神，主要是针对学生敢拼敢闯、吃苦耐劳、艰苦奋斗精神的培育，旨在提高大学生的综合能力。大学生社会主义核心价值观教育以培养中国特色社会主义建设者和接班人为目标，其内容强调政治性、先进性和现实性。大学生创新创业教育是随着新时代发展和当前现实社会经济发展而出现的教育新模式，其教育内容需要马克思主义理论的指导和道德伦

理的渗透，也需要随着当前经济发展的要求进行调整，可见两者在教育内容上存在明显的相通性。

（三）教育方法的相容性

社会主义核心价值观教育与高校创新创业教育的方法具有相容性。社会主义核心价值观教育的教学方法主要包括疏导教育法、比较教育法、典型教育法、自我教育法、激励感染法，在课堂讲授上通常会结合头脑风暴讨论法、案例分析法、角色扮演法。由于不同时代社会主义核心价值观的具体内容不尽相同，其教学方法也不断变化。因此，社会主义核心价值观教育也具有极强的包容性。高校创新创业教育主要通过现代化的教学手段引导学生参与教育实践，并在创新创业实践与创新创业理论相结合的基础上运用疏导教育法、比较教育法、典型教育法、自我教育法、激励感染法等一般方法，并以此为契机，培养大学生的创新创业理论能力、实践能力以及创新创业精神。社会主义核心价值观教育和高校创新创业教育都从人的实际出发，关注人的生存和发展，即"以人为本"，都以帮助学生自由而全面的发展为出发点和落脚点。两者都在不断探索和创新符合时代发展的教育方式和教育载体，其根本目的在于增强德育的实效性和针对性，且两者都注重理论教育、养成教育、实践教育的有机结合，在增强实效性上发挥着相互促进和相互保障的作用。

四、国家政策提供保障

政策支持是大学生创新创业教育的有力支撑。为了鼓励高校大学生创新创业，国家出台了多个相关的扶持政策，如《关于发展众创空间推进大众创新创业的指导意见》《关于进一步做好新形势下就业创业工作的意见》《关于深化高等学校创新创业教育改革的实施意见》《关于大力推进大众创业万众创新若干政策措施的意见》等。教育部为了鼓励创新创业教育，也不断出台各项政策并举办各种活动，如《教育部高等教育司关于报送 2020 年国家级大学生创新创业训练计划立项项目的通知》进行深化创新创业教育改革示范高校的评选、建立"全国高校实践育人创新创业基地"等。各大高校也顺应时势，从创新创业教育发展的实际情况出发，快速推进和深化教育改革，以更加完善的政策制度为创新创业教育发展保驾护航，为学生创新创业提供了有力保障。

五、多年的创新创业教育实践提供经验

大学生创新创业教育对创新创业环境也提出了要求，具体可以分为市场环境、社会环境和校园环境三个方面。

市场环境是指有利于大学生创新创业的市场准入机制、资金支持和市场管理服务体系等。社会环境是指全社会的创新创业氛围，不仅包括政策支持和学校引导，还包括社会组织的推动、地域资源的整合支持、家人和亲友的鼓励与支持等。校园环境即形成于高校内部的创新创业的良好生态，形成"人人谈创新，人人讲创业"的校园氛围，有助于学生形成强烈的创新创业意识。同时，加强家庭、社会、学校和政府之间的合作，促进交流，积极构建良好的创新创业环境，形成一个丰富完整的创新创业教育环境生态链。

综上所述，社会主义核心价值观融入大学生创新创业教育不仅符合理论和实践的辩证统一原理，而且符合马克思主义哲学价值理论，也符合大学生综合素质全面发展理论，同时能够用来填补高校当前创新创业教育中所存在的短板和漏洞，从而进一步完善高校社会主义核心价值观教育体系。另外，社会主义核心价值观与大学生创新创业教育存在一致的教育目标、相似的教育内容以及相容的教育方法，能够相互促进，相互保障。加上国家政策为其提供支持以及多年的创新创业教育提供经验，为社会主义核心价值观融入大学生创新创业教育提供了前所未有的良好环境。

第二节　社会主义核心价值观融入大学生创新创业教育课程体系

大学生创新创业教育课程是指高校有计划、有组织，以提高大学生创新创业综合素质为目的所开展的相关课程与活动的总称，也是高校课程体系的重要组成部分，更是大学生获得基本创业知识技能以及创业途径的重要方式。创新创业教育课程能否全面、科学、保质保量地开展，很大程度上影响着大学生创新创业的实际效果。如果将社会主义核心价值观有效地融入创新创业教育课程体系建设过程，让社会主义核心价值观与大学生创新创业教育进行有效连接，不仅可以使创新创业教育课程在内容方面得到充分的扩展和延伸，还可以使得课程更加多样化、具体化、全面化。此外，在教育效果方面也能得到深化和凸显，使得大学生在创新创业理论学习中取得更加优异的成绩与理论经验。将社会主义核心

价值观融入大学生创新创业教育课程体系，不仅是保证大学生具备清晰合理的创新创业价值观以及高尚的职业道德品质的前提，也是培养高能力、高素质创新创业者的必然要求。

本节将从明确创新创业教育课程的育人地位、完善创新创业教育课程的模块内容、提升创新创业课程的育人实效三个方面，来讨论社会主义核心价值观在大学生创新创业课程体系中的融入情况。

一、明确创新创业教育课程的育人地位

在社会主义核心价值观融入高校大学生创新创业教育体系的过程中，应明确创新创业课程的育人地位。创新创业教育在当今社会不仅是就业教育的一部分，还是一门独立的新兴学科，我们应该摆正对创新创业教育学科的态度。

（一）创新创业文化与社会主义核心价值观相符合

创新创业文化是指在开展创新创业实践的过程中，创新创业者普遍表现出的行为方式、思想意识、态度意识、价值观念，以及提供企业支持与创新创业活动支持的社会意识总和。它由个体所具有的创新创业意识和社会关于创新创业的意识两部分构成。从个体来说，主要表现为创新创业者的创新精神、创业意识和创新创业道德价值观。从社会意识来说，主要表现为当今社会对创新创业的态度以及创新创业的氛围。不同的创新创业文化对创新创业的影响有很大的区别，积极向上的创新创业文化具有凝聚力量、激励和约束创新创业者的作用，而消极的创新创业文化会让创新创业者互相欺诈、自我怀疑，从而降低创新创业者开展创新创业实践的意愿，阻碍创新创业者的实践活动。

将创新创业文化融入创新创业是当代高校培养创新创业人才不可或缺的环节。高校创新创业教育作为培育创新创业文化的重要力量，应该明确创新创业教育课程的育人地位，将社会主义核心价值观与创新创业文化相结合，形成符合新时代中国特色社会主义的创新创业文化。一方面，大学生创新创业文化培育应坚持将社会主义核心价值观融入大学生的创新创业道德价值观，让社会主义核心价值观激励和约束当代大学生创新创业实践过程；另一方面，高校要将大学生创新创业者作为主体，培育能够辐射全社会的高校创新创业文化，用健康的高校创新创业文化带动整个社会的创新创业风气。

（二）创新创业人才培养规格与社会主义核心价值观相匹配

高校创新创业人才培养规格指高校对创新创业人才质量标准的规定。所以，在创新人才培养规格与社会主义核心价值观相匹配的过程中，高校应该特别注重大学生创新创业精神、创新创业意识、创新创业能力的培养，并以此作为培养创新人才的质量标准。通过创新创业指标的培养，大学生创新创业者的创新创业精神将更进一层楼，创新创业意识和创新创业能力也能显著提高，抗压能力也将在原来的基础上有质的飞跃。

当今社会，创新创业人才可以分为引领技术前沿和挖掘市场需求的创意型人才、灵感型人才和精英型人才，以及促进创新落地和执行创新的复合型人才。但是无论是创意型人才、灵感型人才、精英型人才还是复合型人才，都是以创新创业精神、创新创业意识和创新创业能力为衡量指标。当前，高校创新创业教育在人才培养规格方面缺乏对大学生创新创业的道德培养以及创新创业价值观的培养要求，这就会导致人才的价值观和道德维度缺失，高校创新创业人才的培养效果不佳。

高校应该确立更加完善的创新创业人才质量培养标准，让创新创业人才培养规格和社会主义核心价值观相匹配，培养出契合社会主义核心价值观的创新创业人才。

（三）创新创业者个人职业操守与社会主义核心价值观相一致

职业操守是指人们在从事一定的职业活动和工作中必须遵守的道德底线和行业规范。由于牵涉利益纠纷以及个人发展，职业操守的好坏更能反映一个人的品行。

由于创新创业本身就是一项特殊的实践和职业，随着我国经济的日渐繁荣，创新创业实践的活跃度日渐提高，创新创业者的数量也在不断增加。创新创业者在个人能力、受教育程度等方面存在着很大的差异；此外，创新创业者选择的行业以及他所擅长的领域也有所不同。虽然创新创业是一种开阔性、创新性的活动，但是创新创业者也必须要遵守基本的创新创业道德规范，践行社会主义核心价值观。

因此，创新创业者应该明白自己该做什么，不该做什么，以及自己有权做什么，无权做什么。换言之，在开展创新创业实践中，创新创业者的职业操守成为创新创业者遵循道德底线的一大保证，也是创新创业活动有效进行的保障之一。

高校大学生创新创业道德培育的基础目标就是要培养大学生的职业操守，让大学生在面临抉择时做出正确的且不违背社会秩序的选择。由此可以看出在高校道德素质教育中融入社会主义核心价值观教育具有十分重要的现实意义。

二、完善创新创业教育课程的模块内容

创新创业课程模块内容的选择和安排都体现了一定的价值取向，将社会主义核心价值观融入大学生创新创业课程模块内容，是将社会主义核心价值取向、价值原则融入其中。创新创业课程模块内容的完善可以体现在知识与技能多元化、过程与方法标准化以及情感、态度、价值观维度深刻化三个方面。

创新创业课程的完善将极大地助力高校人才的培养，帮助大学生从课堂里感受创新的乐趣，增强大学生的创新创业意识和能力，为创新创业实践活动打下坚实的基础。

（一）知识与技能多元化

知识与技能维度多元化体现在多元学科知识的融合以及实践技能的融合上。创新创业知识包含创新创业伦理、创新创业道德原则规范等伦理知识，以及经济、法律、管理等内容。高校可以创新创业基础课程为平台，培养学生解决具体创新创业难题的能力，比如运营管理、公司财务、市场营销等学习。还应该开设选修课程，提高大学生的人文知识素养。

大学生学习创新创业伦理知识也是从新的角度对社会主义核心价值观进行再认识。以诚信为例，在开展创新创业实践过程中，诚信不仅代表创新创业者对消费者的诚信，还包含创新创业者对投资者、创新创业团队等群体的诚信。如果在创新创业实践的初期，创新创业者面对资金不足、竞争力弱等劣势时，不能做到诚实有信，而是急于求成，发布虚假广告，甚至恶意中伤竞争对手，那么就违背了诚信的价值观。为了防止这类现象产生，高校需要进行创新创业伦理培训，将社会主义核心价值观融入高校创新创业教育体系，帮助大学生形成正确的人生观、价值观，为以后的创新创业实践做好准备。

若一个创新创业者仅仅具备本专业的创新知识和技能，而不涉及与公司运营相关的其他领域，该创新创业者的创业必定是失败的，正所谓"打江山容易，守江山难"。以 ofo 共享单车为例，作为中国"互联网＋"大学生创新创业大赛金奖项目，其开创了中国共享单车的先河，并一度处于领先地位，曾占据大部分市场份额，但是由于经营管理不善，押金难以退还，消耗了消费者的耐心和信任度。最后该公司宣布破产倒闭，曾经的共享单车领头人如今已在行业中销声匿迹。由此可以看出，创新创业不仅需要聪慧的头脑，还需要大学生创新创业者能够跨领域、跨行业涉猎其他专业知识，在日后的公司运营中能够识破对手的陷阱，使公司能够蒸蒸日上。

（二）过程与方法标准化

大学生创新创业课程模块除了完善理论课程外，还需重点开发实践课程，并且所开发的实践课程也要符合社会主义核心价值观的导向。通过实践课程，深化理论知识，提升道德修养，并且提高模拟创业环节参与度以及培养决策应变能力，注重真实创新创业活动的体验。比如，高校与企业合作，引导学生进入企业进行实地学习考察，参加一些具有发展前景的项目孵化讨论。

社会主义核心价值观作为创新创业课程过程与方法的标准，是大学生创新创业伦理决策模型中的重要因素，制约和引导大学生创新创业者进行伦理决策。道德决策是指道德主体在多种因素综合的影响下做出的决定，是为了保证创新创业者能够做出有助于道德的伦理决策。大学生创新创业者应该做出符合社会主义核心价值观要求的伦理决策。社会主义核心价值观在大学生创新创业伦理决策过程中起作用的方式分为两种：一是社会主义核心价值观内化为大学生的创新创业道德价值观，大学生自发地做出契合社会主义核心价值观的决策；二是社会主义核心价值观成为作用于大学生创新创业伦理决策的外在约束力。

（三）情感、态度、价值观维度深刻化

价值观维度多元组合之下，创新创业伦理培育的首要内容是培养大学生面对创新创业伦理问题时的正确情绪，促使大学生形成积极的态度，使大学生在开展创新创业实践活动过程中有使命感和社会责任感，将个人际遇与国家前途紧密结合在一起。这就要求各高校将社会主义核心价值观的相关内容融入教学范畴，并将社会主义核心价值观作为切入点，重点培养大学生的价值观、社会伦理、道德品质。在社会主义市场经济中，大学生创新创业者容易以个人利益为中心，并且以个人获利的多少来判断自己是否成功，甚至对于不道德却能获得个人利益的行为表示推崇和赞同，这不利于中国特色社会主义的建设。所以，高校在解决大学生创新创业者个人利益与集体利益的矛盾冲突时，可以采取相应的措施。例如使大学生以正确的创新创业道德价值观为荣，以不道德的创新创业行为为耻，向大学生传播积极的创新创业文化，并形成良好的创新创业氛围，对大学生进行正确的引导。

三、提升创新创业教育课程的育人实效

为充分发挥创新创业课程的实效性，一方面，课程的设置、教材的选择、实践活动应该突出学生的主体地位与个性化发展需求；另一方面，要扩大创新创业课程覆盖面。

（一）课程设置、教材选择、实践活动突出学生主体地位

各院系有必要针对各专业学生特质主动开设相关创业课程，讲授与本专业创业相关的知识，在专业积累的基础上启发创业思维。尤其应注重在课程教学中融入核心价值观的内容，引导大学生逐步确立正确的价值观、道德观，并能将其作为行为准则，调和创业过程中的矛盾。课堂教学具有系统性、丰富性和全面性的特点，它使教育者可以借助课程这一载体实现与受教育者之间的互动与信息传输，对受教育者形成潜移默化的影响，让受教育者能够成为社会发展所需要的专业人才。

要让社会主义核心价值观融入创新创业课程，首先要在原有课程内容中丰富社会主义核心价值观的内容。目前我国部分高校有"创业学""大学生创新创业基础"等课程，这些课程旨在增强大学生的创新精神、创业意识以及创新创业能力，但是这些课程没有融入社会主义核心价值观。社会主义核心价值观追求的是个人成功、社会进步、国家富强的统一，强调的是个人利益与集体利益的一致性。创新创业者不仅要实现个人的价值，还要为社会创造价值，也只有在个人价值与社会价值之间取得一致性，大学生创新创业者才能实现个人价值。

教材作为课堂教学中不可或缺的载体，将社会主义核心价值观融入教材有利于提高创新创业课程的育人实效。目前我国创新创业教育类的教材数量和种类繁多，但是总体来看，大多数创新创业教材注重创新创业经验以及创新创业模式的分享，忽略了大学生的道德素质，这不利于大学生创新创业价值观的培养。为了保证大学生在创新创业实践中能够遵守创新创业道德规范以及职业操守，践行社会主义核心价值观，我们必须将社会主义核心价值观融入高校创新创业教育的教材中。

大学生创新创业活动载体包括大学生创新创业大赛、创新创业训练营、创新创业项目孵化平台等。高校应让社会主义核心价值观融入大学生创新创业大赛、创新创业训练营、创新创业项目孵化平台，使其成为实践活动的理念、评价指标以及政策倾向。大学生创新创业大赛是高校创新创业教育的重要活动载体，是大学生将创新想法和创业意识转化为创新创业实践的重要平台，也为大学生开展创新创业实践提供了重要方向。在不同的创新创业大赛理念和评价体系下，大学生创新创业者也会有不同的创新创业实践，比如，在参加中国国际"互联网+"大学生创新创业大赛、"挑战杯"竞赛的过程中，大学生创新创业者会对创新创业项目进行思考，并且通过团队合作的方式参赛，这能让他们明白团队在一个创新创业项目中的重要性，并且积累经验，有利于提高创新创业课程的育人实效。

大学生创新创业实践活动能够让大学生在潜移默化中接受创新创业理论的熏陶，推

动大学生创新创业者进行自我反思。在高校课程中，大学生创新创业者仅仅是创新创业知识的接收者，而在活动中，大学生创新创业者成为创新创业理论的行为实施者，他们的主体性和主观能动性能够得到较好的发挥。

（二）扩大创新创业课程覆盖率

扩大创新创业课程覆盖率主要体现在把创新创业教育基础类的课程纳入必修课范围，面向全体学生有重点的培育适合开展创新创业实践的预备力量，形成立体化、层次化课程体系。针对各高校之间存在的创新创业课程硬件实力以及软件实力之间的差距，可以采取网络课程资源共享的模式，将创新创业课程通过提前录制、网络播放上，让每一位在校大学生都有机会接触创新创业课程。此外，高校之间还可以通过资源互助共享的交流模式，由条件好的学校帮助创新创业教育资源欠缺的学校，从而扩大全国高校的创新创业课程覆盖率。创新创业教育旨在挖掘大学生的创新创业潜质，培养创新创业能力，它不仅适用于创办管理企业，同样适用于一般的岗位工作者。为了响应国家关于建设创新型国家的号召，各高校应当弘扬公平正义、爱岗敬业的价值理念，在扩大创新创业课程覆盖率的同时，培养创新创业人才。

第三节　社会主义核心价值观融入大学生创新创业教育实践活动

大学生创新创业教育实践活动可从校内、校外两个方面共同进行。校内创新创业实践活动包括举办创新创业经验文化交流活动、各种校内创新创业竞赛以及创新创业成果展，设立为学生服务的创新创业中心与实践基地，以及定期组织专家或成功的创新创业人士开展专题讲座等。校外创新创业实践活动包括大学生在企业的实习实训，以及政府、高校、行业、企业的创新创业园区两个部分，通过"政府、高校、行业、企业、学生"多方融合的方式来完善大学生创新创业平台，提高大学生创新创业效果以及社会竞争力。

一、以社会主义核心价值观引领校内创新创业实践活动

（一）举办相关的创新创业经验文化交流活动

培养大学生对创新创业的兴趣，可以通过举办创新创业文化节以及成立相关的创新创业社团来实现。开展大学生创新创业文化节，可以通过整合政府、企业、行业、高校四个方面资源，为大学生创新创业注入新的活力。文化节的内容可以设置为"专业的创客辅导营""企业文化进校园""大学生嘉年华"三个方面。在活动过程中，应当让流程以及环节的设计更加务实，形式更加丰富，各项竞赛单元活动应该为大学生量身打造。这样的活动比起难度较高的创新创业比赛更受大学生的青睐。此类活动能较好地激发参与者对创新创业的兴趣和热情，并促使理论课程实践化、具体化。

"创客辅导营"是指邀请创新创业相关专家以及培训老师对有创新创业想法但毫无经验的学生进行创新创业基础课程内容的讲解，并在课后对已经有创新创业项目的学生进行针对性的指导。"创客辅导营"通过搭建学生与专家之间的交流平台，来帮助学生提高自己的创新创业兴趣及能力。"企业文化进校园"是指高校通过邀请优秀的企业家或者企业管理骨干走进校园，面向学生开展创新创业主题讲座，讲述企业文化以及行业的发展前景，学生通过活动与企业骨干进行互动，在轻松活跃的氛围中以对话或讨论的形式解答创新创业困惑、交流心得，以现实案例带动创新创业热情，发挥活动引导大学生树立与社会主义核心价值观相符合的创新创业道德品质的作用。"大学生嘉年华"可以分为创新创业梦想会、创新创业大赛、科技创新大赛和才艺大赛四个板块，让不同领域和不同优势的大学生都能在自己所感兴趣的领域取得良好的成绩。一方面，需要把高校的大学生创新创业大赛办出效果、办出影响、办出品牌；另一方面，应该把科技与文化相结合，集聚最广泛的资源，凝聚最活跃的力量，以科技引领文化发展，让文化助推梦想起航。在此基础上，大学生创新创业文化节的开办可以为大学生创新创业者提供一个宝贵的实践机会和展现学习成果、自我的平台。

大学生创新创业社团作为以"服务与成就大学生创新创业"为宗旨的公益性青年创新创业组织，致力于帮助和扶持大学生把创新创业梦想转化为创新创业行动，为大学生创新创业营造良好的生态圈。它将培养创新创业意识、了解创新创业知识、强化创新创业能力作为主要指标，将搭建创新创业实践平台作为主要方式，因此，各高校在鼓励学生创办大学生创新创业社团的过程中应该加强指导和培训，提升社团服务水平。首先，充分调动创新创业社团指导教师的积极性，选派责任心强、有专长的教师指导社团开展活动，培训

社团成员，提高社团的实践能力和服务水平，更好地发挥其在学生中的示范带动作用；此外，应该邀请成功创业的学生代表为社团成员分享经验。其次，定期召集社团骨干开展交流活动，通报社团工作情况，总结交流经验，规划下一步工作。通过开展社团骨干交流活动，深入加强社团之间的合作与交流，整合创新创业资源，促使社团间互助互惠、团结共进。

此外，创新创业社团应该举办更多的创新创业实践活动，例如，组织社团成员在暑假期间进入公司实习，开展创新创业暑期社会实践。暑期社会实践结束以后，社团可以举办创新创业模拟比赛等，让创新创业知识得到更好的发挥。

（二）举办各种校内创新创业竞赛以及创新创业成果展

发挥创新创业大赛"以赛促创"的作用，充分调动大学生的积极性，并为其创新创业提供前期准备以及理论实践支持。高校在创新创业竞赛中鼓励大学生在教师的指导下参与一些成本小、资源消耗少的项目的同时，可以与其他中小企业特别是创新创业型企业进行合作。而高校与企业之间的合作充分体现了社会主义核心价值观下的校企关系，有利于国家建设以及人才培养。除此之外，校内创新创业竞赛应该与全国性的创新创业竞赛，如中国国际"互联网+"创新创业大赛、中国大学生服务外包创新创业大赛、"挑战杯"竞赛等结合起来，通过校内筛选的方式选择出优秀作品进行重点指导，专业培养。

此外，高校可以定期开办创新创业成果展，在校园以展板和实物的形式，或在微信公众号、网站宣传的方式，系统展示各级大学生创新创业训练计划项目的成果、各类学科竞赛的参赛获奖成果、创新创业实验室的建设情况等，为学生搭建交流沟通平台，激发其创新创业的热情和意识。在开办创新创业成果展的同时，高校应当邀请优秀项目的负责人，通过讲述项目背后的动人故事，激发大学生的创新创业热情。相关负责人也可以对相关作品进行操作演示，大学生也可以通过与相关负责人的交流来积累自身的经验，弥补创新创业过程中存在的不足。

（三）设立服务于学生的创新创业中心、实践基地

设立创新创业中心、实践基地，打造创新创业训练与孵化基地，改善创新创业环境。以模拟或真实的案例为切入点，通过师生之间思维碰撞、不同专业学生之间优势互补，形成创新创业团队效用，创新科技、创新管理模式，加速成果的产业转化。此外，创新创业实验区可以为高校大学生创新创业实践团队提供必要的场地支持以及基础化的仪器设施，

最大限度地保障大学生创新创业团队项目的有效开展，为产品的开发和制作提供良好的条件，也为创新创业实验团队与专家的沟通提供场地，为学生的学科竞赛提供帮助，为后续走向社会的创新创业实践奠定基础。

大学生创新创业中心应当对校内的创新创业活动以及相关的创新创业课程进行统一规划安排，除了配置相关的创新创业指导机构以外，还应该配备创新创业服务部门，为创新创业教育服务、为科研服务、为社会服务，最重要的是为具有创新创业梦想的学生服务。服务中心应当为入驻的团队提供相应的免费服务，比如高校所在创新创业中心进行项目孵化的过程中，所使用的电脑、屏幕、网络等一系列软件设施以及硬件设施都应该免费，所租用的场地也应该免费。此外，大学生创新创业中心应当给予在校创新创业大学生一定的免费服务以及免费指导等福利，应该注重整合所需要的"政—校—行—企"力量，联合实施扶持计划。

大学生创新创业实践基地的打造要从功能分区和视觉形象上下足功夫，除了满足创新创业教育体系所需要的各种功能之外，在视觉形象上还要赋予其浓郁的时代感和科技感。实践基地可以分为创新创业教育区、培训区以及项目孵化区三种，大学生可以在创新创业教育区接受理论培训，之后进入培训区进行实际操作以及模拟，有创新创业想法与项目的大学生可以与指导老师沟通，在项目孵化区里进行项目研究。大学生创新创业实训基地能够给创新创业者提供系统、全方位、舒适的创新创业环境，有利于激发他们的创造力，提高他们的专注度。

（四）定期组织专家或创新创业成功人士举办专题讲座

定期组织专家或创新创业成功人士举办创新创业精神、创新创业道德、创新创业心理专题讲座，丰富大学生的创新创业视野，并对其进行鼓励指导。大学生创新创业专题讲座可以是成功企业家对创新创业经验的分享，可以是创新创业竞赛评委通过实际案例对大学生创新创业竞赛的优秀项目、典型问题进行相关讲解，可以是企业家对自己企业创业初期所遇的困难以及经营模式的讲述，可以是在时代潮流下，大学生创新创业者在创新创业过程中的感人事迹与动人品质。

专题讲座的优势在于举办时间的灵活性以及参与对象的自愿性，专题讲座除了为学生进行创新创业方面的答疑解惑以外，还能进一步强化大学生的创新创业意识，有效激发大学生的创新创业热情，在创新创业这条道路上，大学生往往过于天真、缺乏市场意识以及商业管理经验，对市场营销缺乏认识，所以大学生对创新创业的理解还停留在一个美妙的概念和想法上。相关的专题讲座和企业家的创业故事，能让大学生创新创业者明白失败也是一种宝贵的经验。

二、以社会主义核心价值观约束校外创新创业实践活动

通过各高校与相关企业建立合作机制，扩展社会创新创业实践基地，提供场地、资金等各类支持，使大学生的创新创业能力得到不断的提升。此外，搭建企业、大学、学生共同参与的平台，产学研一体的协同创新平台，将企业的需求与学校的研究以及大学生创新创业联系起来，形成知识交易与企业发展和创新创业的知识中介模式。具体而言，高校可以建立实体平台，以技术转移、创新创业孵化器、协同创新等形式，举办洽谈会、对接会，为企业同学校、学生间的项目、资金交流提供桥梁。校外创新创业实践活动，可以通过大学生创新创业者在企业实习、实践以及在创业园区实际操作两个方面进行。

（一）企业实习、实训

企业实习、实训是指高校统一带领有创新创业想法的大学生到工厂、企业熟悉相关管理流程，体验相关岗位工作内容的社会实践活动，由实践经验丰富的创新创业教师或者企业导师答疑解惑。在该阶段大学生可以充分认知创业环节，了解创业过程，感悟创业艰辛，还可以锻炼沟通、交流、管理的能力，检测和评价自身的学习成果。

学校通过校企合作的方式，建立企业实习实训的学习模式，推进创新创业平台的建设，给大学生提供多元化的创业机遇，可以使大学生在实习中提高自身的创新创业能力以及综合素质。因此，开展大学生创新创业企业实习实训，除了让大学生充分感知创新创业的环节、了解创新创业历程、锻炼自身能力之外，还可以树立正确的就业观，培养创新创业意识，是解决大学生就业困难的有效途径之一。组织企业实践活动要注意场地的选择应具有代表性，以自主创办且具有一定规模的企业为佳，为避免实践流于形式，必须保持实践参与常态化、长期性，在实施过程中，相关指导教师要明确监督指导职责，注重实践成果评估与总结，通过有目的、有组织的引导，使大学生在实践中发掘个人创新创业潜能、明确创新创业意向、锤炼创新创业品格，以社会主义核心价值观规范创新创业行为。

在企业进行创新创业模拟实训是营造大学生创新创业氛围的有效措施。大力发展创新创业培训，培养大学生的探索精神、冒险精神、实践精神和创新创业能力，引导大学生积极开展创新创业实践活动，是提升大学生创新创业能力的有效方法。让大学生进入企业实习实训，不仅可以通过观察企业的运营模式积累经验，还可以学到许多为人处世之道，丰

富自己的社会阅历，为之后踏入社会打下良好的基础。

（二）创新创业园区实际操作

创新创业园区由政府、企业、高校共同出资建立，为进入园区的创新创业者、中小企业提供创业实务咨询、风险投资、人力资源等服务，通过资源共享，实现区域经济的联动效应。为了进一步提高人才培养质量，推进校企合作往深层次发展，需要创新人才的培养模式，因此在"互联网＋"的时代潮流下，通过整合政府、行业、企业、学校多方面的资源优势，开展协同育人模式，建设新型创新创业技术园区，全面推进大学生创新创业教育，并且将其个性化、专业化、深度化，立足培养创新创业型人才，服务企业，促进社会发展。

创新创业园区应当形成政府、行业、企业、学校多方联动的体制。学生可以立足专业优势，学以致用，在园区内部组建创新创业团队和创新创业工作室；导师为团队提供指导；政府和企业可以与学校一起办学，协同育人，为大学生创新创业者筹集创新创业资金，并秉持"全程化帮扶指导"的原则，促进大学生创业企业的发展。除此之外，通过建设园区公共信息服务平台，吸引更多的中小企业以及国内外高新技术企业入驻园区，并建立长期的合作机制，引入更多的专业实践项目，企业管理者将项目开发的实践经验放到信息服务平台上，供师生以及更多的企业人员学习，形成资源的交流和共享。

在鼓励大学生创新创业者以及优秀企业加入创新创业园区的同时，也应该约法三章：第一，为了保证园区的"动态发展，优胜劣汰"，一般成熟型企业合作期不宜太长，且学生团队的项目孵化期不宜超过两年；第二，入驻的企业应当向相关学校提供全年不少于一定课时的大学生创新创业教育课程，并提供相应数量的创新创业导师，指导学生结合专业方向进行创新创业实践；第三，入驻企业帮助高校指导大学生创新创业团队应在四个以上。与此同时，大学生创新创业项目团队应当给予入驻的创新创业企业一定的帮助和支持，实现资源的等价交换，并且在力所能及的范围内对企业进行一定的技术支持，高校也应当给予创新创业企业一定数量的商业订单和项目，做到互助共赢。

以上措施既能让企业人员参与高校的教学项目，教师参与企业的运营管理，学生参与专业实践项目，又能让企业为大学生提供实习岗位，进一步提高专业课教师的教学实践水平、学生的实践操作水平、企业人员的理论知识水平，也有利于社会主义核心价值观下的高校创新创业人才培养教育模式的变革，丰富高校创新创业人才培养模式，吸引更多的创新创业企业以及专家学者为中国培育出更多更强的创新创业人才。

在高校创新创业园区的建设过程中，应当考虑校外企业专家的需求，并将其需求融入园区的创建。例如，在园区当中设立供校外专家使用的专家办公室，以及针对企业的企业对接室。针对校内的指导老师和项目团队设立相应的办公区域和研发区域，集教学场地与实践工作场地为一体，教学内容与研发项目为一体，项目类型与入驻企业相互映衬，实现创新创业园区的独立化、多样化和全面化。在园区的发展过程中，应当明确管理制度，成立由政府、企业、行业、学校和专家组成的园区管理委员会，对园区进行规划和管理，协助园区争取资源。此外，创新创业园区应当对园区内的校外企业和校外专家学者进行科学合理的评估，对创新创业项目的执行情况以及对项目资金的应用情况进行定时考察，提高园区的整体运作效率，保证园区各项工作的顺利进行。作为创新创业园区的号召者和发起人，高校应当针对行业企业专家的意见，修订大学生人才培养方案和教师考核制度，鼓励有创新创业才华的教师参与企业项目，尽最大可能提高本校的人才培养质量。

第四节　社会主义核心价值观融入大学生创新创业教育保障体系

尽管大学生创新创业已经成为社会关注的热点话题，然而大学生创新创业教育虽已经过十余年的探索和实践，还未取得太多的成果，与现实需求差距较大。大学生创新创业教育保障体系不完善也是导致大学生创新创业教育无法取得有效进展和显著成果的重要因素之一。因此，将社会主义核心价值观融入大学生创新创业保教育保障体系，通过学校、政府、企业合作，从三个维度完善创新创业教育保障体系，以支撑大学生创新创业教育的发展。

一、创新创业教育组织机构保障

拥有系统完善、分工有序、条理分明的创新创业教育组织体系是创新创业教育得以有效、快速开展的可靠保障。创新创业教育组织机构的设立应该分为三个步骤：第一步是设立校级领导部门；第二步是设立院系管理；第三步是设立创新创业教育科研组。由上到下，将创新创业教育逐渐细化。

（一）设立校级领导部门

校级领导作为创新创业教育的推进者以及决策者，在创新创业教育中发挥着统筹协调的作用，是创新创业教育组织机构的重要部分。任何一项工作得以深入贯彻实施都必须依靠主管领导的高度重视以及宽阔眼界。因此，高校在相关领导、负责人的甄别上，应当选择具有战略意识的校级领导部门，将创新创业教育的重要性上升到学校办学方向的战略地位。学校主要领导应负责学校创新创业工作，统筹规划每学期的创新创业工作，并将创新创业工作纳入学校重点工作，设立创新创业工作专项经费。应当注意发挥党员领导干部的先锋带头示范作用，在践行社会主义核心价值观的同时，积极响应国家有关创新创业教育的政策、规定。此外，负责创新创业的校级领导应深化对创新创业教育的认识，因校制宜，协调和监督各教育单位开展工作，完善创新创业教育课程体系，将创新创业课程与实践活动纳入常态化教学体制，保障其独立的学科地位。学校应该统一安排经验丰富的人员对市面上的教材进行比对分析，并且邀请相关领域的专家教授进行比对，再由任课老师投票选出更加适合本校创新创业教育课程的教材。此外，校级领导部门应当针对学校的实际情况，组织相关人员进行讨论，确定本校创新创业教育课程的类型，设置合理的课程数量，合理分配教学时间，让学生在改变学习方式的同时，选择更加适合自身发展的创新创业教育课程。关于创新创业教育课程的成果检验，领导部门可以制定奖励措施，设置课程要求，刺激大学生丰富完善自己的创新创业成果，并通过校内展示、成果分享会等方式宣传。

校级领导部门还应当制定创新创业相关规定，积极传达中央及教育主管部门下发的相关文件，明确创新创业教育是大学生教育教学的重要组成部分，充分保证创新创业教育在高校人才培养过程中的重要地位。如，结合学校教学奖励津贴实施办法、大学生学科竞赛管理办法、推荐应届本科毕业生免试攻读研究生的实施办法等相关政策，修订并出台鼓励师生参与创新创业教育与思想政治教育双向建构教育活动的系列政策文件，能够让广大教师积极投身于创新创业教育，让广大师生能够积极参加创新创业竞赛，并对本校创新创业教育做出卓越贡献的人进行奖励。当然这要求高校领导要积极引入社会资源，为大学生提供教育、咨询、活动等服务，为创新创业教育提供相应的经费支持，鼓励大学生创新创业者们敢于创新创业，乐于创新创业。此外，高校领导部门还应当为大学生创新创业者提供相应的场地支持，让他们有舒适的环境进行创新创业项目的孵化与培育。通过招商引资、资金分配、设备引进等方式为大学生创新创业者提供条件，是高校领导部门最重要的职责之一，更是全面支持高校创新创业教育发展的重要表现形式。

（二）院系管理

院系在创新创业教育培养的过程中应当充分发挥带头作用，鼓励全院教师积极、广泛参与，全面规划大学生的创新创业教育工作，以培养高素质的创新创业人才为出发点，结合本院系学生的专业特点，制定创新创业教育课程规划。此外，院系应当为大学生创新创业提供帮助与指导，尤其在国家政策的解读理解以及创新创业实务等方面，让学生在了解当下国家对大学生创新创业所提供的相关政策的同时，提高自己的创新创业能力。

院系进行创新创业教育管理的过程应该将相关的社会主义核心价值观融入创新创业活动，彰显教学活动育人的本质。如，院系通过号召辅导员、任课老师等对学生进行引导，向学生讲授马克思主义理论、社会主义核心价值观以及新时代创新创业精神、意识等方面的内容，引导学生成为对社会有担当、有理想的创新创业者。除此之外，院系在开展创新创业课程时，应当让学生结合市场需求，理性地选择创新创业项目。通过对典型创新创业案例的解析，让学生树立创新创业大局意识、政治意识、奉献意识以及担当意识。

（三）创新创业教育科研组

创新创业教育科研组作为学校开展创新创业教育最核心、最需要创造力的部门，应当为学校的创新创业教育发展提供良好的建议。此外，还应当参与创新创业课程的设置以及创新创业教材的选择，维护和修订高校人才培养方案中创新创业的模块等。

当学校领导部门响应国家号召，要求开设创新创业课程时，创新创业教育科研组开始负责遴选创新创业的相关教材，并设计出符合本校的创新创业课程模式，比如，线下理论课程与实践课程所占的比例、线上"慕课"与视频公开课所占的比例、理论课程的内容、实践课程的内容等。做到既有面向全体学生的创新创业教育基础课，又有面向具有特别需求的大学生创新创业者的教育选修课；既有线下的理论实践课，又有线上的视频网络公开课，还要有符合学校定位和人才培养层次的特色案例课。如果市面上无法找到与本校创新创业课程相符的教材，创新创业教育科研组应当结合学校实际情况自行编写，方便本校大学生以及任课老师使用。创新创业教育科研组也应当将社会主义核心价值观元素融入高校大学生创新创业教育计划，这要求创新创业教育科研组开创新的教学模式，提高课程的实效性，让社会主义核心价值观与大学生创新创业教育能够很好地融合起来；此外，创新创业教育科研组也应当设计更多的创新创业项目科研活动，通过提升自身的理论水平以及教学水平，进一步指导创新创业教育的开展。当所设置的课程得到上级领导部门的认可后，创新创业教育科研组应当与院系管理部门取得联系，在开展教学活动的同时，做好相关课程以及教材使用的评估与反馈。

高校创新创业教育科研组也应当对高校大学生人才培养方案中的创新创业模块进行维护和修订，让大学生的专业教育与创新创业教育相融合，形成具有鲜明高校特色的人才培养方案。创新创业教育科研组应当吸收具有德育、法律、金融、管理等方面背景的人才，实现不同学科领域的知识融合。应当对国家政策和社会变化具有敏锐的感知度，在机遇或者变化到来前，事先做好应对。除此之外，也应当与外校的创新创业教研组及时沟通交流，取长补短，相互进步。只有这样，才能打造一支教学能力强、师资力量好的创新创业教育团队。

二、专业化师资队伍保障

拥有一支专业素质强、具有高尚道德情操和敬业精神的创新创业教师队伍是创新创业教育持续发展的可靠保证。2019 年，在全国教育大会上，习近平总书记强调："教师是人类灵魂的工程师，是人类文明的传承者，承载着传播知识、传播思想、传播真理，塑造灵魂、塑造生命、塑造新人的时代重任。"由此可以看出，教师作为传道、授业、解惑的载体，他们的水平直接决定了创新创业教育能否可持续发展，甚至直接决定了创新创业教育下培养的人才水平。因此，高校创新创业教师不仅要实现对大学生创新创业知识的传授，更要重点抓住人才综合素质的提升。对创新创业意识和创新创业精神的需求是时代的产物，更是对当代大学生提出的基本要求，在这种时代背景下，教师需要承担相应的责任。然而，并不是所有的教师都有这样的心理素质及能力，因此各高校需要针对性地开展教师的系列专题培训，将理念内化，激发教师创新创业的内在动力，扩充师资队伍，提高师资队伍的质量，完善师资队伍管理体系。

（一）扩充师资队伍，提高师资队伍质量

扩充师资队伍，提高师资队伍质量是保障专业化师资队伍的前提，是对大学生进行思想教育以及价值引领的重要力量和保障。要以社会主义核心价值观作为引领，依托创新创业教育，通过挖掘创新创业教育的价值来提升大学生的思想政治素质，就必须对创新创业导师的综合素质提出更高要求。这要求高校要吸引具有高水平创新创业理论的专家学者为大学生授课，也需要接纳具备创新创业经济实力的企业家为大学生提供创新创业经验。比如说可以将企业高级经理人、风险投资人、律师、法官等纳入创新创业的教师队伍，通过结构合理的专兼职教师队伍，实现复合型创新创业者的培养。当然，创新创业教育的老

师应当优先选择具有高学历的教学经验丰富的行业领先人才。高学历、高职称人才在一定程度上保障了创新创业教育的质量，双师型教师具有较强的科研能力，可以满足创新创业教育专业化发展需求，又具有一定的创新创业经验，有助于实现创新创业教育理论与实践的统一。

在扩大师资队伍的同时，提高师资队伍质量也是保障创新创业体系的重要构成部分。想要提高师资队伍质量，必须要重构符合新时代创新创业教育大背景下的教育教学管理理念。在扩大师资队伍的过程中也不应急于求成，要做到严格把控，选择出符合深化高校创新创业教育改革相关要求的老师。因为教师队伍的专业化程度是增加创新创业教学信服力的重要因素，也是发挥社会主义核心价值观教育价值的前提。要加强对创新创业教师的素质以及能力的培训培养，提高教师对社会主义核心价值观的认知水平。新时代的创新创业教师不仅要承担专业的教学任务，还要会做思想引领工作，自觉承担起思政育人的任务。这要求创新创业老师要充分认识到所教学科的社会价值，让创新创业教育所蕴含的社会主义核心价值形成教师本身的认同感以及使命感，并且自觉贯彻到创新创业教育课程当中。除此之外，要加强创新创业教师对自身本职工作的认识。作为学生思想行为的塑造者，创新创业教师应当坚持将传授理论知识与教育学生有机统一起来，将知识的传授、能力的培养以及思想的引领融合在一起，在创新创业教育过程中融入社会主义核心价值观。

将社会主义核心价值观融入创新创业教育也要求创新创业教师以身作则，言传身教，起到榜样作用。创新创业教师需要用严谨负责的态度对待工作，也需要用亲切宽容的态度对待学生，具有较高的道德修养，不断反思自己的教学，提升自己的思想道德水平。创新创业指导老师在用丰富的学识引导学生，为学生的成长之路提供指导的同时，也应当拉近与学生的距离，因材施教。只有每一位老师提高自身的素质，才能让整个师资队伍的质量得到提高。

（二）完善师资队伍管理体系

如果说扩充师资队伍、提高师资队伍质量是保证师资队伍专业化的前提，那么完善师资队伍管理体系则是保障专业化师资队伍的根本。一个完善的师资队伍管理体系可以让每一位老师都学有所用，让他们在合适的岗位上发光发热，留得住有能力的老师，提高高校的创新创业教育水平。

这就要求高校首先对师资队伍的管理体制进行完善，从人才引进、开展培训以及考核评定环节出发，明确创新创业教师的招聘要求，注重对应聘者的综合素质进行审查，保证引进人才的质量，提高挖掘社会高质量教育人才的效率。引进人才后，为保证创新创业教师专业水平的持续提升，需要对创新创业教师进行定期培训，邀请行业的专家教授进行演讲，以研讨会的形式促进校内不同学科教师之间的学术交流，实现知识融合与资源共享。更重要的是，可以扩大创新创业教育的社会资源配置，调用发达地区的社会资源以带动偏远地区的创新创业活动。除此之外，建立教师实践进修体系，鼓励教师到企业和国内外高校进行实践和进修，不断提升自己的创新创业教学能力。高校应当在每年固定的时间进行创新创业教师考评，严格考评机制，这不仅是制定创新创业教师的工资福利等标准的重要依据，也是激发工作热情，提高教育实效的方法。除了将职称、科研能力、教学水平、学历等纳入考核标准进行量化评估，还应当注重非量化指标的评估。

三、政府企业服务平台保障

由于创新创业教育成效具有延迟性、滞后性，并且中小型企业生存难度较大，各高校在承担创新创业教育工作主要责任的同时，社会各方也要为大学生创新创业者进入社会，融入市场经济提供保障。因此，可以从政府政策调控、优化企业资源共享机制两个方面，对大学生创新创业进行保障服务。

（一）政府政策调控

政府在宏观层面上应当对高校的创新创业教育工作起到导向和服务的作用。首先，应当引导大学生开展创新创业活动，用社会共同理想激发大学生的创新创业理想。其次，应当将大学生创新创业相关政策与现有的教育发展情况结合起来，进行完善与整改，出台与时俱进的创新创业政策。以政策引导创新创业教育改革，建立地方创新创业领导机构，加强财政、人社部门的协调引导，出台促进大学生的创新创业的措施，如免息贷款、减税等，这不仅可以保障大学生创新创业教育有效进行，也能为大学生创新创业者保驾护航。

除此之外，大学生创新创业教育也需要法律的支撑援助，这就要求国家层面应当尽快完善大学生创新创业教育的相关法律法规，制定和出台符合高校创新创业教育发展需求的配套法律规章制度以及具体的实施细则，加强创新创业和法律法规体系的建设和完善。

在国家层面对大学生创新创业体系进行扶持并且出台相关政策的同时，地方政府应当积极响应完善支持配套的政策。这要求各级地方政府要根据实际出发，在国家政策的基础上，设立专门的创新创业教育咨询中心，免费对创新创业者进行培训，开展风险评估，建立创新创业优惠资金，为大学生创新创业融资提供保障。以切实的利益为大学生创新创业提供动力，尤其应对诚信经营企业、高新技术产业等提供精神和物质双重激励，以政策为导向营造自由宽松、鼓励创新、勇于创业的社会环境氛围，为大学生创新创业营造良好的地方环境以及有力的保障。

当好的政策出台以后，政府还需要对政策执行主体的行为进行监督。这要求政府通过强化内部监督，强化社会舆论和大众参与的监督，以及科学设计监督的内容、程序和手段三个方面，对政策执行能力进行监督。

强化内部监督，体现在由政府部门成立监督机构，量化执行标准，对高校的创新创业教育情况进行实时考察与监督，确保政策执行到位。社会舆论和大众参与的监督，体现在鼓励公司企业参与，构建起庞大有效的社会监督网络，确保政策能够落实到位。科学设计监督的内容、程序和手段，要求对创新创业教育的评价指标量化。通过实践以及理论知识设定创新创业的政策执行标准，建立创新创业政策执行的监督评价体系，落实对创新创业政策执行效果的监督。当然，在监督过程中所监测的内容标准应力求客观、全面、准确，从不同方面、不同领域、不同维度促使各领域政策相互配合，相互监督。

（二）优化企业资源共享机制

张天华、田慧颖在《社会主义核心价值观融入高校创业教育机理与机制研究》中指出，要想实现通过高校与企业对接的方式拓展创业教育实践基地，进一步推动科研成果向生产力的转化，一方面需要校企共建实习基地，为大学生将理论知识变为实践提供基础设施，如创新创业场地、创新创业人员配置、设备配置等，将创业意识、构思成果化。另一方面需要搭建校企沟通的桥梁，加快创新创业成果向产业成果转化，比如组织高校师生研发团队，以创新创业项目为课题，在师生共同讨论解决方案的过程中开发学生的创新思维，通过成功案例总结创业经验，放大产学研用环节快速流转的现实价值。

由此可见，校企协同育人，培养大学生创新创业能力，是高校和企业达到双赢的必然选择。首先，高校和企业应当协同创新创业人才的培养目标，立足高校企业共建的应用型教学体系，加强工程基础类课程专业基础类课程等相关课程的学习，在保证基础课程达到要求的前提下，注重文理结合，增加经济类和管理类课程，培养大学生的逻辑思维能力，将高校的课程与用人单位的需求相结合，促进学生的职业发展。除此之外，校企还应加强实践型、双师型师资建设，企业的负责人可以到高校指导学生创新创业，高校老师也可以到企业进行相关的科学研究。其次，要想优化企业资源共享机制，必须要融合高校与企业文化，加快转换大学生的社会角色，提升大学生的社会适应能力，培养大学生作为未来创新创业者的综合素质和职业素养，这样才能为校企协同培养人才提供文化保障。除此之外，应当构建校企共同遵守的规章制度，共建校企合作实施细则，校企相互支持，制定行政政策、狠抓必要措施，协作发展，保障人才培养发展制度。最后，要以法律法规和规章制度的形式促进校企协同培养人才。企业参与高校专业设置与教育内容的构建开发，为大学生提供实习岗位，并且构建校企共同遵守的规章制度，为其提供法律保障，建立培养与就业创业相互促进的长效机制，将社会主义核心价值观融入校企人才培养，培育出适合当今社会经济发展的高素质、高品德的创新创业人才。

第七章

促进社会主义核心价值观教育知行合一研究

第一节 开展社会实践的意义阐释

作为大学生社会主义核心价值观教育的重要手段和途径，社会实践活动同样是接受中介的教育活动的重要构成部分。它把接受主体和接受客体连接起来并使之相互影响和相互作用，从而使大学生社会主义核心价值观教育得以顺利展开。依托社会实践活动，构建大学生核心价值观教育接受机制具有积极意义。那么，遵从大学生心理接受规律，寻找生动、有效的载体，把枯燥的理论变成活生生的事例和具体的活动。让大学生在社会实践活动中了解国情、感受社会、认识人生。强化对社会主义核心价值观的价值认同，完成从认知到实践、再从实践到认知的提升，促进大学生社会主义核心价值观教育的知行合一。

一、大学生社会实践的含义

马克思主义哲学理论认为："实践是人们为了满足一定的需要而进行的能动改造和探索物质世界的活动。"实践具有客观物质性、社会历史性、自觉能动性和直接现实性的特征。它不仅能够为人类的发展创造物质前提，还能够改造人类的思维，起到特殊的教育功能。大学生社会实践是人类实践整体的一个子系统，作为课堂教育的必要延伸，是社会实践的重要组成部分。让大学生参加社会实践，不仅能够提高大学生认识世界和改造世界的能力，还能够使大学生了解国情、服务社会、增长才干。而所谓的大学生社会实践，就是大学生按照学校培养目标的要求，有计划、有组织地参与社会政治、经济、文化生活的教育活动。

我国大学生社会实践是从 20 世纪 80 年代开始发展起来的。1980—1983 年是大学生社会实践的萌芽阶段，主要是少数学校的少数学生在节假日自发开展的社会调查和咨询活动。1984—1986 年是大学生社会实践的推广阶段，大学生社会实践在全国高校普遍开展，活动的目的性、组织性、计划性增强。1987—1991 年是社会实践的全面展开阶段，大学生社会实践被纳入教育的轨道，成为一项社会教育工程。1992—1997 年是大学生社会实践的深化发展阶段，在实践过程中，把社会服务与思想教育、能力培养结合起来，收到了巨大的人才效益、社会效益和经济效益。1998 年至今是大学生社会实践的创新服务阶段，实践的内容和形式更加丰富和全面，层次和水平有了进一步的提高，组织领导上也得到了进一步的加强。经过三十多年的发展，我国大学生社会实践已经形成了比较稳定的类型，按照实践的组织者来划分，大体可分为以下几类：

一是由教学部门主管的教学性社会实践，主要指纳入教学计划的实践环节，有明确的学分要求，是大学生为完成学业或课程结业所必须完成的环节。主要包括专业实习、课程结业、教学观摩、军事训练等形式。对于教学性社会实践，不同的学科和专业有着各自不同的实践教学要求，各大高校都做出了明确的规定。其目的是为了让学生能够将理论知识和社会实践结合起来，在巩固课本知识的同时，解决社会生产生活中的实际问题，以便更好地融入社会。

二是由团组织主管的寒暑假及平时社会实践活动，主要指在课余时间大学生利用自己所学的知识参与到为社会做贡献和为人民服务中去，体现自己的社会价值的实践活动。主要包括："三下乡"社会实践、志愿服务、参观访问、社会调查、科技文化卫生服务等形式。这种类型的实践是大学生基于道义、信念、同情心和责任，在不为物质报酬的情况下自愿提供服务，贡献自己的时间、技能和资源的一种社会实践。在实践过程中，服务者传递了爱心，传播了文明，对于他们来说这是一种奉献社会的方式；对于被服务者来说能够感受到社会的关怀，获得社会的认同。这种类型的实践活动提升了社会风气，保障了社会稳定，对建设社会主义和谐社会有着重要的意义和作用。

三是由学生处、勤工助学中心等主管的有偿性社会实践，主要指学生在学校的组织下利用课余时间，通过劳动取得合法报酬，用于改善学习和生活条件的社会实践活动。主要包括勤工助学、家教服务、钟点工、推销员等形式。这种类型的大学生社会实践活动是学校学生资助工作的重要组成部分，是提高学生综合素质和资助家庭经济困难学生的有效途径。它由学校统一组织和管理，在不影响正常教学秩序和学生正常学习的前提下开展，不仅改善了学生的生活条件，而且使学生在实践过程中得到了锻炼，思想和素质得到了提高，对社会的认识进一步增强。

四是由学生自己联系的自发性社会实践，主要指在课余时间，学生自己到社会上去找寻工作，参加劳动，从而获得或不获得报酬的社会实践活动。主要包括大学生在假期参加商业活动，推广企业产品，为企业做销售调查等一些业务活动。这种社会实践相比较前几种更能够锻炼学生自身的胆识和能力，它要求学生不仅要具有良好的专业知识，还要具备良好的心理素质和沟通能力，在自我推荐的过程中能够充分地展示自己的优势，回避自己的劣势。同时，它更要求学生具有法律意识和自我保护意识，在社会实践过程中要防止上当受骗，并且知道通过法律武器适时维护自己的合法权益。

二、大学生进行社会实践的意义

（一）满足主体性、主动性以及联动性的需求

人的主体性思想是马克思主义哲学中的重要思想。所谓主体，从哲学层面而言，即对客体有认识和实践能力的人、实践的对象，为属性所依附的实体。主体性就是人作为主体的基本规定性，是在对象性活动中所表现出来的自觉性和创造性。接受活动非常明显的一个特征就是强烈的主体性，主体是从自己的内在需要、利益、愿望、爱好出发，对所感受到的信息做出抉择。由于大学生的理性思维能力已经初步形成，自身思维已经呈现出一定的独立性和批判性，越来越习惯于根据自己的思维把握事物的内在联系，独立思考，得出自己的结论，由此体现出主体性的特点，如他们愿意接受真理，注重情感、敢于创新的心理特点。大学生社会主义核心价值观教育中的接受活动，是从大学生的自身需要出发，伴随主体意识的发展变化，从内心体验开始对社会主义核心价值体系进行逻辑推理，分析论证，做出判断，然后做出选择。主动性，即大学生由于自身心理需要的动机，在心理接受活动的过程中表现出来的主观能动性。大学生是社会主义核心价值观教育接受的主体，他们能否主动地应答，主动选择、主动思考是社会主义核心价值观教育的关键。与此同时，由于大学生处于相似的成长环境中，在年龄身份、生活半径、心理状况、理想信念等方面拥有共同基础，易受群落的影响，在接受活动中也体现出联动性特征。由于大学生思想尚未完全成熟，在社会主义核心价值体系教育接受活动中还有情感、想象力等因素的参与，往往出现一种带有较强感性色彩的临机反应，并与其他大学生交互感染，产生阶段性、区域性"潮流"，冷热波动较快，易呈现多途径、多渠道状态交互影响的联动性特征。

在科学的教育引导下，通过形式活泼多样、内容生动形象的社会实践活动让他们自由、平等、民主地参与，激发他们的主体性和主动性，注重他们的联动性，有效开展社会主义核心价值观教育。学生作为社会政治生活、经济生活、文化生活的一员，广泛地参与

到丰富的社会生活之中，亲自接触和感知各种人和事，通过了解社会，从而增加对社会的生活积累，并获得对社会物质文化、精神文化和制度文化的认知、理解、体验和感悟。在参与中，学生的主体地位得到充分的发挥。学生作为一个真实的主体去体察社会的真实面貌，在社会实践的过程中积极发挥自己的主观能动性，结合自己掌握的理论知识去理解现实，通过自己的双眼去认识社会、了解社会，从感性的实践中去证实理性的认识，接受、认同社会主义核心价值观。

（二）满足反复性与长期性的需求

反复性，即大学生理解认同社会主义核心价值观教育需要长期不断，多次重复，较长时间才能完成。这是由大学生情绪起伏波动大的明显特征决定的，他们高兴时，热情奔放、情感浓烈，没有丝毫掩饰；伤心沮丧时，则情绪低落、抑郁消沉。各种接受中介和接受环境随着社会的进步和时代的发展而日新月异，更增加了社会主义核心价值观教育接受的复杂程度和难度，接受活动呈现出不断反复、波浪式发展的特征。与此同时，价值观的形成不仅呈现反复性的特征，还是一个长期性的过程。从心理学角度讲，接受主体从接触到内心真正接受一种理论、观念是一个从低到高、从部分到整体、从外表到内心的一个长期过程，不是立竿见影、一蹴而就的，甚至需要一个较长"时间段"。大学生在接受社会主义核心价值观教育时，既需要根据自身的需要层次和接受能力逐渐认知和内化社会主义核心价值观，也需要跟随社会主义核心价值观的发展而不断更新接受内容，接受活动必然是一个长期进行、逐渐认识、曲折发展的过程。

具有成长性内涵的社会实践，正好满足大学生社会主义核心价值观教育接受活动反复性、长期性的需要。青年时期是大学生身心发展成熟的成长期，是世界观、价值观和人生观的形成期，是了解适应社会、扮演社会角色、承担社会责任的过渡期。具有成长性内涵的社会实践活动所面临的主要任务，包含学业的深化、精神的完善、身体的健康和成为优秀人才的人生追求等，其中，精神的完善是大学生社会主义核心价值观教育接受机制的目标追求之一。社会实践活动是大学生一种精神完善的活动。人的成长过程是精神完善和品质形成与历练的过程。社会实践活动，就是一种形成、提高和完善大学生思想素质、政治素质、道德素质与心理素质的活动。通过这种活动，大学生形成和坚定爱国爱社会主义的信仰、信心与信念，树立科学世界观、人生观和价值观，胸怀志存高远的理想与目标追求，铸造不畏艰难的坚强品质与坚韧不拔的毅力，培育开拓创新的时代精神与前瞻意识，培养健康的人格与包容之心，学会处理各种复杂的社会关系，善于协调个人利益与集体利

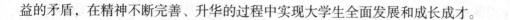

益的矛盾，在精神不断完善、升华的过程中实现大学生全面发展和成长成才。

（三）满足心理性与实践性的需求

社会主义核心价值观所蕴含的思想观念、政治原则和道德要求属于社会意识形态，接受的内容包括马克思主义指导思想的政治价值观、中国特色社会主义共同理想的理想信念、民族精神和时代精神的精神动力以及社会主义荣辱观的道德价值观，整个接受活动反映出来的是一种知识、思想、文化的交流、传承。因此，大学生社会主义核心价值观教育是一种心理性、精神性的活动。同时，作为接受主体的大学生接受的是一种以指导行为为目的，通过大学生个体的心理内化，进而表现出一定的外化行为，并将这种心理内化的知识、思想、文化具体到日常的学习、工作和生活当中去。大学生社会主义核心价值观的接受活动呈现出心理性与实践性的统一。它反映社会主义核心价值观接受主客体之间的相互联系，是接受主体出于自身需要，在环境作用影响下通过某些中介对接受客体进行反映、选择、整合、内化、外化等多环节构成的连接的、完整的活动过程。通过有效的接受，思想观念、政治观念、道德规范就可以被内化为接受主体的品德思想，并外化为品德行为。大学生在社会主义核心价值观教育接受活动中，会针对社会主义核心价值观的本质属性、内在层次等方面进行辩证的思考，将社会主义核心价值观与其他西方文化思潮比较、分析，在考察社会主义核心价值观的应用效果和实用性之后进行选择，对自己是否接受、怎样接受做出理性辨别。大学生社会主义核心价值观接受活动，在主客体的相互作用中，通过控制感知、加工思维和行动，来不断促进新知识、新观念的形成，从而达到大学生核心价值观的真正接受。

马克思指出：全部社会生活在本质上都是实践的。大学生社会实践充分体现了人类实践的客观物质属性。社会实践是大学生思想政治教育的重要环节，对于促进大学生了解社会、了解国情，增长才干、奉献社会，锻炼毅力、培养品格，增强社会责任感具有不可替代的作用。大学生的社会生活火热沸腾，涉及课堂上下、校内校外、网上网下等各个环节，鲜明地呈现出空间上的广泛性、时间上的持续性。大学生参加社会调查、生产劳动、志愿服务、公益活动、科技发明和勤工助学等社会实践活动等，任何有助于他们学习、成长和顺利完成该阶段社会生活内容的活动都可以纳入到大学生社会实践的范畴。当代大学生内心世界表现出独立性与依赖性、自觉性与自发性错综复杂的特征，当他们参与社会实践后，这种自觉性及独立性心理越来越强烈，自身思维能力和自我主动意识充分发展起来，革新意识增强，能够站在改革开放的前列；崇尚实事求是，讲实效，厌恶形式主义假大空；不因循守旧，勇于争先创新。一方面，大学生在走出去为社会服务中感受到自我的存在，找到自我价值，沟通了自我和社会，对培养大学生自立精神、创新意识起到促进作用。身体力行的社会实践活动不但可以促使他们在深层次上、从思想上坚定社会主义的理想信念，而且还会激发他们的历史使命感，促使他们自觉提高学习的积极性，更严格地要求自己，从而促进自身的全面健康发展。另一方面，社会实践活动使大学生与工农大众有了密切接触，在共同的劳动、工作、生活中他们看到工农大众爱岗敬业、默默奉献的优秀品质，使大学生们投身于社会主义现代化建设事业之中，让他们直接感受社会各部门、各领域建设者们的工作热情和忘我精神，让他们亲眼目睹社会主义现代化建设的成就。这对于增强他们的集体感和责任感有不容忽视的作用。

（四）满足多样性与差异性的需求

大学生社会主义核心价值观的表现形式是多种多样的，可以以歌曲、影像、文字、图片等光、声、电、符号多种形式呈现，因此，大学生社会主义教育的形式是多种多样的，它表现出多样性的特点。同时，由于大学生个体的差异，如认知水平、情感体验、价值观取向等个体差异，在开展大学生社会主义核心价值观教育的过程中，也受到上述因素的影响，体现出差异性的特点。由于个体在接受水平上的差异性，也必然对大学生社会主义核心价值观教育形式途径的多样性产生影响，因此，大学生的接受心理也体现出多样性与差异性的统一。

形式多样、内容丰富的社会实践活动能够充分切合大学生社会主义核心价值观接受教育的特点。如，积极开展"红色之旅"学习参观，充分发挥博物馆、纪念馆、展览馆、烈士陵园等爱国主义教育基地的教育作用。组织大学生到革命纪念地、改革开放前沿和经济社会发展成效显著的地方学习参观，了解中国革命、建设和改革开放的历史和成就，增强大学生对党的感情，对中国特色社会主义的热爱，激发他们全面建设小康社会、实现中华民族伟大复兴的责任感。又如，引导大学生参与技术改造、工艺革新、先进适用技术传播的社会实践活动，为经济社会发展献计出力，不断提高大学生的科学素养，培养良好的学术道德，弘扬求真务实、开拓创新的科学精神。要规范和促进大学生科技成果转化，鼓励大学生开展创业实践，提高创业技能。以教学实践、专业实习为主要内容的实践教学，军政训练，社会调查，生产劳动和社会服务，勤工俭学等社会实践活动都有助于切合大学生社会主义核心价值观的接受。

第二节 开展社会实践的可行性分析

培育和践行社会主义核心价值观，对于凝聚改革共识、推进国家治理体系和治理能力的现代化，具有重大的现实意义和历史意义。大学生社会主义核心价值观教育接受机制由接受主体（受教育者）、接受中介（连接受教育者与教育信息的复杂系统）和接受客体（教育信息）三个主体部分构成，即在开展大学生社会主义核心价值观教育活动中，接受客体在接受中介的作用下与接受主体接受机制运行过程中，所呈现出的心理变化、心理运动和心理接受的特点、规律；同时，通过效果评价和信息反馈两个环节共同构成一个整体性的运行机制。依托社会实践活动，可分别从构成大学生社会主义核心价值观教育接受机制的接受主体、接受环境和接受客体三方面结构对构建大学生核心价值观教育接受机制进行可行性分析。大学生社会实践与其他社会实践相比有着许多共同的特征，如：体验性、互动性、客观物质性等，但也有其自身所特有的特征，这些特征主要表现在以下几个方面。

一、大学生社会实践具有社会性

大学生在学校参加课堂教学、看书等活动不能称之为社会实践，只有在社会生活中，以实际生活为教材，以人民群众为教师，深入社会中改变环境，而又自我提高的活动，才称之为社会实践。大学生进行社会实践的过程就是他们主动、广泛地参与到丰富的社会生活中的过程。在这个过程中，他们要亲自接触和感知社会中的各种人和事，加深对社会的了解，增加对社会的生活积累。同时，不断提高对社会中制度、文化、风俗等社会规范的认识、理解、体验和感悟能力，树立正确的人生观、价值观和世界观，促进自身的全面发展，进而加速自身社会化的进程。

二、大学生社会实践具有多功能性

一方面，实践能够辅助课堂教育，通过实践大学生能够得到锻炼，获得对社会现实的感性认识，这些是课堂教育无法给予的。同时，学生在实践过程中，会运用到课堂上学到的理论知识，有时还不单单是某一方面的，而是需要运用多方面的知识和技能，这样不仅加深了学生对理论知识的巩固和理解，也提高了他们对知识的综合运用能力。另一方面。实践能够激发大学生的主观能动性，社会给予大学生发挥的空间是学校无法比拟的，在这个大空间中，大学生可以发挥自己的能力，施展自己的才华。在人与人之间的接触中还能够取他人之长，补己之短，培养团队协作精神。

三、大学生社会实践具有协同性

在实践的过程中，不是仅仅依靠某一方面的力量就能够达成目标，而是需要政府、高校、学生、社会等各个方面相互配合，形成合力，协同完成任务。在这个过程中，政府负责提供政策支持，为实践活动的开展提供有利的政策环境；高校科学地规划实践活动，不断提高自身的实践指导能力，使实践活动健康有序地开展；学生是实践活动中最重要的一部分，加快对自身角色转变的适应，摆正心态，提高自身技能，以确保实践活动的顺利进行；社会是开展实践活动不可或缺的一部分，提供实践基地，对实践活动的开展进行大力宣传，从而为大学生社会实践提供有利的社会环境。

四、大学生社会实践具有专业性

这是大学生社会实践区别于其他社会实践最显著的特征，高等教育体系的两个基本组成部分分别是学校课堂教育和社会实践教育。在课堂教育中，学生学习内容的专门化程度比较高，职业定向性也比较强，因此，在进行社会实践教育时，也要求体现专业性，要求推行专业对口实践，以便大学生能够运用所学专业知识来解决生活中的实际问题。例如，工科类学生侧重到技术型企业实践，文科类学生侧重到行政单位实践，师范类专业学生则侧重到学校实践，等等。而针对具体所学专业的不同，这些大类又可以划分成很多小类，从而进行更细致的对口实践。

五、社会实践活动的开放性与双重属性

大学生社会主义核心价值观内化过程中的体验联动机制与固化机制，最注重的就是将大学生社会主义核心价值观教育寓于社会实践之中。实践教学在社会主义核心价值观教育中起着关键的作用，高校在做好理论教育的同时，需积极探索实践教学的模式，大学生自己也应积极参与到相关的社会实践活动之中，以增强对社会主义核心价值观的体验与认知作为接受主体的大学生，价值观处在未定型而又将定型的阶段，这一时期的大学生在心理和意识特性上，既具有一般同龄人的自我意识和独立意识增强、富有朝气和幻想、可塑性强，但情绪、心理又不够稳定等共同特点；又具有较强的知识接受能力和较高的知识

水平、较高的自我评价与自我期望，较明显的求变、求新意识，情绪化的叛逆心理，非理性的标新立异等大学生的独特性。这些特性因大学生个体之间的差异而在他们身上不同程度、以不同的方式存在着。这些个体差异主要体现在他们既有的知识结构、价值取向、意志品格中。其中的知识结构决定着不同个体对新知识的接受能力、同化能力，从而规定着接受者所可能接受的社会主义核心价值观的数量、质量，规定着他的"视界"。大学生处于快速的知识累积时期，他们所能接触的、能理解的相关信息较之同龄人更加多样化，视野更开阔，从而也就面临着更加纷杂多样的价值观信息，需要他们具有更强的对信息进行判断与择取能力。价值取向则规定着接受者对价值观信息内容的"选择性注意、选择性理解、选择性接受。"也就是说，接受者只能对信息刺激做出有选择的反应。大学生已有的理想、信念、价值观，决定着他们对社会主义核心价值观的选择与取舍。心理意志品格则影响着接受者将外在的社会主义核心价值观内化为接受者内在的思想信念与行为能力的过程。大学生虽然自我评价与期望较高，追求较高人生价值的驱动力更强，但心理意识还不够成熟、稳定，具有易变性，容易因外界的刺激而发生改变。因此，作为接受客体的社会主义核心价值观，能对接受者产生多大的影响，能否内化为接受者内在的信念，不仅取决于接受者的接受能力和倾向，也取决于社会主义核心价值观依托教育平台的生命力。这种生命力来源于教育平台与接受者内在认知结构和观念的契合程度。

具有开放性与双重属性特点的社会实践活动能够为大学生社会主义核心价值观教育的接受活动提供可行性条件。社会实践活动的开放性特征要求教育者彻底改变一切从书本出发、从教室出发、以教师为中心的传统教学观念，引导学生关心书本知识之外、教室和学校以外的事情，使之热爱生活、热爱集体、热爱国家，在理论与现实中架起沟通的桥梁。社会实践的开放性包括活动内容的开放性——在大自然和人类社会的广阔天地中去学习和发展、活动时空与形式的开放性、活动评价的过程和活动开展的开放性等。双重属性，即社会实践活动既有学校教育的属性，又有社会教育的属性，它是连接学校教育和社会教育的重要纽带。因此，既不能强调社会实践活动的学校教育属性，将社会实践活动理解为第一课堂的延伸或单纯作为第二课堂，也不能强调社会实践活动的社会教育属性，排斥课堂教学和理论知识，以实践代替教育，搞所谓的"开门办学"。事实上，作为实施素质教育的重要把手，社会实践教育的加强与课堂理论教育的改革同等重要，应该同步进行、相互促进。依托社会实践活动，丰富了大学生社会主义核心价值观教育接受活动空间广泛、形式多样、内容多元、导向多向度的特点，增强了大学生对社会主义核心价值观的接受程度。

六、社会实践活动的参与性与主体性

接受环境是影响接受活动的外部条件，接受环境"是一个近似于社会场的概念。"社会场可以依它与接受者密切程度的不同而分为三个层次：外层为接受者通过各种传媒了解到的社会环境；中间层为接受者通过人际交流或偶然机遇所"看到、听到"的接受环境；内层为接受者亲历的，与接受者有着直接、稳定的现实联系与作用的环境。这三个层次类似一个同心圆，其对接受者的影响和作用由内向外而层层递减。正是由于各个接受个体生活亲历不同，圆心位置不同，从而使处在同样的接受大环境下的学生个体之间产生很大的差异。大学生通过亲历最内层接受环境而产生的感性经验，对他们的社会主义核心价值观的形成与发展的作用最大。

社会实践活动的教育目的是使学生在实践中受到教育，增长知识和才干，离开了学生对社会生活的亲身参与，就无所谓"实践"，也无从达到社会实践活动的教育目的。社会实践活动的社会参与性与主体性正好切合了大学生亲历最内层接受环境。

具有参与性与主体性特点的社会实践活动能够为大学生社会主义核心价值观教育的接受活动提供可行性条件。社会参与性，即学生作为社会政治生活、经济生活、文化生活的一员，广泛地参与到广阔的大自然改造和丰富的社会生活之中，亲自接触和感知各种人和事，通过了解社会，从而增加对社会的生活积累，并获得对社会物质文化、精神文化和制度文化的认知、理解、体验和感悟。在参与中，学生的主体地位得到充分的发挥。主体性是人在实践活动和认识活动中所表现出来的自主性、能动性、创造性。学生作为一个真实的主体去体察社会的真实面貌，在社会实践的过程中积极发挥自己的主观能动性，结合自己掌握的理论知识去理解现实，寻找、研究现实中成功的经验和失败的教训，通过自己的双眼去认识社会、了解社会，从感性的实践中去证实理性的认识。我们在开展社会实践活动中，必须充分调动学生的积极性，尽量放开手脚让学生独立自主地组织开展活动，目的在于让学生在活动中动手动脑、独立思考，培养他们的自主精神和独立工作能力。从制订计划、选择内容和方式到进行具体活动的全过程，必须使学生实际地参与到社会生活中去，而不是社会生活的旁观者。社会实践活动中的亲力亲为，通过最内层接受环境直观感知社会主义核心价值观的内涵和精髓，增强了大学生对社会主义核心价值观的接受程度。

第三节　开展社会实践活动的原则

为更好地贯彻"受教育，长才干，做贡献"的指导方针，加强大学生的社会实践，培育和践行社会主义核心价值观要坚持以下原则：坚持以人为本，尊重群众主体地位，关注人们利益诉求和价值愿望，促进人的全面发展；坚持以理想信念为核心，抓住世界观、人生观、价值观这个总开关，在全社会牢固树立中国特色社会主义共同理想，着力筑牢人们的精神支柱；坚持联系实际，区分层次和对象，加强分类指导，找准与人们思想的共鸣点、与群众利益的交汇点，做到贴近性、对象化、接地气；坚持改进创新，善于运用群众喜闻乐见的方式，搭建群众便于参与的平台，开辟群众乐于参与的渠道，积极推进理念创新、手段创新和基层工作创新，增强工作的吸引力感染力。

一、主体性原则

坚持以人为本，尊重群众主体地位，关注人们利益诉求和价值愿望，促进人的全面发展。对于学生来说，就是坚持发挥学生在社会实践中的主体性原则，明确学生是社会实践的主体，而不是社会实践的附随体。主体性是人在实践活动和认识活动中所表现出来的自主性、能动性、创造性。马克思说："自由自主活动是人类特性。""人是社会关系的总和。"主体性源于人的社会性，它体现在主体要认识社会、改造社会，主体性水平应从自觉自由角度来衡量。自主性是主体性的核心，英国学者迪尔登对自主性做了说明，"独立作判断，批判地反思这些判断的倾向以及依据这些独立的、反思的判断将信念与行为整合的倾向"。因此，自主性的人是客观环境的支配者和控制者，既不盲目受客观环境的支配，也不盲从他人的意愿，能自我调节和自我控制，能以自己的思维来支配自己的行动。创造性是主体人的能动性的凸现，是主体性发展的最高表现。其实质是对现实的超越，即主体不再盲目地满足于自己的现状，在理论上和实践上能动地把握客体，对客观世界原有事物的现象和本质进行分析、综合、推理、想象，发现新规律，提出新的知识和方法。

具体来看待社会实践，教师、学生是教与学的主体，教与学活动的对象或内容是教与学的客体。主体性表现在学生在学习和实践活动中所表现出来的自主性、能动性和创造性。首先，老师的身份只是指导者，应放手让学生独立参加实践，而不是由老师取代学生做实践；其次，任何形式、任何内容的社会实践都要根据学生的实际情况来制定。若不考虑学生的实际情况，制定的社会实践的内容和形式超过学生的能力范围，则学生会因做不好而放弃实践或者对自己失去信心；若低于学生的能力范围，激励不了学生创新精神的培养，这些都不利于学生的发展与教育。因此，学生的社会实践必须以学生为主体，才能达到预期目标。

二、开放性原则

坚持社会实践活动的开放性原则，即能随着时代的发展变化而发展变化，同时又能与整个社会系统进行多种信息和能量的交换。社会实践过程本身就是开放地创造需要的过程。实践满足人已有的需要，促使新的需要的形成，新的需要又促进实践的进步，如此循环往复，人的需要就经历了不断提升和提高的过程。大学生道德品质形成过程中的知、信、行，只能在大学生与外在社会相互作用的活动中实现。实践活动是促进德育影响转化为学生品德的基础。在完成学习、工作、劳动任务和进行社会交往的过程中，大学生一方面遵循社会、集体或教师提出的道德规范；另一方面自身也会产生遵守道德规范，评价和调节人际关系及个人行为的需要。这样，大学生在这种实践活动中将形成相应的品德，达到知信行合一。

坚持社会实践的开放性，就是要求学生要积极参与社会实践，亲身体验。从心理学的角度看，体验总是与个体的自我角色意识紧紧相连的。学生能在实践中通过角色的真实性体验深化角色认知，强化角色意识，从而摆脱角色的边缘性，正视期望角色与实践角色之间的角色差距，通过角色调适，最终达到两者的和谐统一，实现角色的社会价值最大化。坚持社会实践的开放性，就是要求高校广开渠道，使学生在更广阔的领域，与社会和家庭、教师和同学等之间进行大量的、多角度的多向交流实践。系统论认为，所有的系统都是开放的，系统内部和系统内外需要有物质、信息的交流。高校应当突破传统思维定式和狭隘眼界，多视角、全方位地看问题，主动出击，寻找有效载体，积极拓展教育阵地，寻求新的发展点，构建一个开放的社会实践工作体系。坚持社会实践的开放性，就是要求学校、社会、家庭形成合力，构建学校教育、社会教育、家庭教育的大平台，树立"让学生唱主角"的育人思想，以实践为主要形式，形成工作和研究网络，进一步推进社会实践活动的研究和理论提升。

三、层次性原则

社会实践要体现出层次性。在大学生社会实践中，层次性主要指实践主体由于年龄、性别、生理、心理、生活经历等的不同，对实践的内容、方法和传递的信息的接受能力、接受程度和范围等存在着差别。层次性原则指要从实践主体的特点出发，根据实践主体的不同思想状况，因材施教，因人利导，分层次进行教育的原则。它主要运用和表现在教育对象的层次性、教育目标的层次性、教育内容的层次性等方面。

教育对象的层次性，其实质就是承认受教育者的差异。把受教育者划分为不同层次，根据不同层次确定不同的教育目标、教育内容和教育方法，有的放矢，对症下药。既鼓励先进，又照顾多数，将先进性要求与广泛性要求结合起来，在鼓励帮助每个人勤奋努力的同时，仍然不能不承认各自在成长过程中所表现出来的才能和品德的差异，并且按照这种差异给予区别对待。根据大学生群体不同道德主体的层次，处理好先进性和一般性的关系；确定相应的道德标准要求。教育目标的层次性体现在，教育目标是一个不同层次的具体目标构成的目标体系。有共同目标，也有具体目标。共同目标是所有专业、所有大学生和研究生都应努力达到的目标。具体目标主要是按不同专业、不同思想层次确定的目标。按不同专业确定的目标体现了对不同专业学生的特殊要求。教育内容的层次性即指可根据不同年级学生的不同需求，实践内容有不同的侧重。对于大一、大二学生，社会实践可以为这一部分学生提供一些简单的、体验式的与社会接触的工作。通过这种与社会的初步接触，学生可以了解工作的艰辛，认识社会和学校的差别，初步学习人际交往的技巧和方式等。对于大三、大四学生来说，为即将来临的就业、求职做好充分的准备，要通过加强社会实践，提高他们的社会化程度以及对社会的认识水平和社会适应能力，掌握必要的进入社会角色的知识和技能，为学生从学校走向社会打下必要而良好的基础。因此，大三、大四学生的社会实践活动更多地带有实习的性质，应当与自己未来的工作意向、兴趣特长广泛结合。

四、结合性原则

社会实践应当遵循与其他教育方式相结合原则。大学生社会实践活动作为高校对大学生进行思想政治教育、全面提高大学生综合素质以及促进大学生健康成长的一种重要的教育活动，要使其更好地开展与进行，应当将其与其他教育方式相结合。

要坚持社会实践活动与社会热点教育相结合。大学生社会实践活动要取得实效、得到社会的认同、产生较大的社会影响，就必须针对社会热点、难点问题开展工作。把社会实践活动与时代主旋律相融合，围绕党的中心工作，社会实践活动才能被赋予新的活力。当前，要把社会实践活动与落实科学发展观相结合，与社会主义核心价值观教育相结合，使社会实践活动面向社会主义建设事业，立足于树立青年学生正确的人生信念、培养青年学生的创新精神和实践能力、塑造青年学生良好的个人品格不断开创社会实践活动的新形式，拓展社会实践的新领域。要坚持社会实践活动与专业教育相结合。将社会实践活动与专业学习相结合是大学生社会实践活动的重要立足点。在开展社会实践活动过程中，大学生应结合自身专业的特点，不断在社会实践活动中检验巩固所学的知识，将知识优势转化为实际应用的技能优势，提高自身适应社会的能力。这种结合是大学生社会实践活动得以持久深入和向高层次发展的基础，只有实现了这种结合，才能使成才教育收到实效，才能真正服务于社会。要坚持社会实践活动与大学生成才就业指导相结合。一方面，可以帮助大学生更好地了解社会的需求，明确自我发展的方向；另一方面，可以鼓励大学生在实践中勇于推销自我，满足现代社会对人才的多层次要求。通过社会实践的尝试与摸索，大学生可以逐步积累就业创业所必需的认识能力、选择能力、社会活动能力、独立工作能力、社会适应能力、创造能力等，为以后的就业创业做好准备。

五、可接受性原则

社会实践的可接受性原则，指社会实践要与受教育者的接受特性相吻合，从而使社会实践传导的价值观念、实践能力以及思想道德教育信息等能够为教育者所接受的原则。社会实践作为一项按照一定社会要求有目的、有计划、有组织地影响受教育者思想品德形成和实践能力的活动，内在地包含教育者的教育活动和受教育者的接受活动两个相互联系的方面，是教育过程和接受过程的统一。它反映社会实践活动教育接受主客体之间的相互联系，是接受主体出于自身需要，在环境作用影响下通过某些中介对接受客体进行反映、选择、整合、内化、外化等多环节构成的连接的、完整的活动过程。通过有效地接受，社会和社会群体的一定的思想观念、政治观念、道德规范就可以被内化为接受主体的品德思想，并外化为品德行为。可接受性原则是现代思想政治教育的基本教育原则，这是由思想政治教育内在特殊性所决定的，是思想政治教育规律的客观反映。正确理解和贯彻可接受性原则，对增强社会实践的有效性、推进社会实践工作具有十分重要的意义。

第四节　开展社会实践，践行社会主义核心价值观的有效途径

大学生社会主义核心价值观教育接受机制的构建由接受主体、接受中介和接受客体，通过方案实施、信息反馈、方案调整、效果评价四个环节的有序循环，有效地促进了接受主体、接受中介和接受客体之间的相互联系、相互作用、相互影响。形成了教育由物理过程向心理过程的转化：接受主体通过注意信息、保持信息、接受信息、心理内化、改变认知、转变态度、影响行为这样一个循序渐进的心理接受过程，促进接受主体表现出相应的外化行为。从而形成了一个良性循环的整体运行机制，最终实现教育目标。大学生社会实践活动作为一种教育形式，涵盖于大学生社会主义核心价值观接受中介的重要教育活动中，是高校加强与改进大学生思想政治教育的重要途径，是全面提高大学生综合素质，促进大学生健康成长的必要手段，同时也是构建大学生社会主义核心价值观教育接受机制的有效载体。

中共中央、国务院《关于进一步加强和改进大学生思想政治教育的意见》中明确指出，社会实践是大学生思想政治教育的重要环节，对于大学生了解社会、了解国情，增长才干、奉献社会，锻炼能力、培养品格，增强社会责任感具有不可替代的作用。社会实践活动同样是大学生培育和践行社会主义核心价值观的重要环节和有效途径。大学生在社会实践中，透过各种现象认识社会和人生，有助于他们树立正确的世界观、人生观、价值观，有助于他们主动培育和积极践行社会主义核心价值观。许多在校大学生囿于生活范围狭小，缺乏实践锻炼和人生体验。高校管理者和思政教育工作者要通过开展丰富多彩的社会实践活动，引导大学生积极投入到现实生活中去。要把社会主义核心价值观融入社会实践之中，引导学生把社会主义核心价值观的客观要求内化为自己的自觉行动。通过组织学生参加爱国主义基地教育、课外实践基地教育及大学生"三下乡"、志愿服务、专业实习、社会调查、生产劳动等社会实践和公益活动，使大学生在实践中心灵得到净化、认识得到升华、觉悟得到提高，在丰富的人生体验、科学的理论学习和积极的政治追求中自觉践行社会主义核心价值观。

需要强调指出的是，还要引导大学生在日常实际生活中努力践行社会主义核心价值观，在平时的学习、生活中切实做到爱国、敬业、诚信、友善。作为大学生，要把对祖国的热爱认真落实到自己的日常行动中，遵守法规，履行义务，恪尽职责。和平时期不仅要为建设祖国奉献自己的聪明才智，还应当无条件地为国家尽到各种应尽的义务。对于大学

生来说，敬业就是专注于学业，努力学好各门功课，掌握专业技能，为将来参加工作奠定坚实的基础。在日常生活中应该坚持做到讲信誉、重信用，做一个堂堂正正、诚实守信，对国家和社会有用的人。每个大学生都应注重从自己做起，从小事做起，以友善的态度与他人相处，用实际行动积极构建融洽友善的人际关系。唯有如此，方能真正达到提升公众素质、引导社会风尚、凝聚全民共识的目的。

当代大学生核心价值是一个全面广泛的价值观内容，层次分明，功能性比较强，是相互贯通相互影响的有机整体。如何引导大学生建立科学的核心价值观具有现实意义，在培养模式和建设途径上分析，主要有价值观念的灌输和社会实践规范两个方面。践行社会主义核心价值观的有效途径包括：①注重发挥社会实践的养成作用，完善实践教育教学体系；②开发实践课程，加强实践育人基地建设，打造大学生校外社会实践基地；③组织大学生参加力所能及的生产劳动和爱心公益活动、益德益智的科学发明和创新创造活动、形式多样的志愿服务和勤工俭学活动；④注重发挥校园文化的熏陶作用，加强学校报刊、广播电视、网络建设，完善校园文化活动设施，重视校园人文环境培育和周边环境整治，建设体现社会主义特点、时代特征、学校特色的校园文化。⑤建设师德高尚、业务精湛的高素质教师队伍。⑥开展涵盖社会主义核心价值观的实践活动，第一，广泛开展道德实践活动，以诚信建设为重点，加强社会公德、职业道德、家庭美德、个人品德教育，形成修身律己、崇德向善、礼让宽容的道德风尚，大力宣传先进典型，把开展道德实践活动与培育廉洁价值理念相结合，营造崇尚廉洁、鄙弃贪腐的良好社会风气。第二，社会学雷锋志愿服务活动。大力弘扬雷锋精神，广泛开展形式多样的学雷锋实践活动，采取措施推动学雷锋活动常态化。以相互关爱为主题，围绕关心同学，"一帮一"互助学习等方面，组织开展各类形式的志愿服务活动，形成我为人人、人人为我的社会风气。把学雷锋和志愿服务结合起来，建立健全志愿服务制度，完善激励机制和政策保障机制，把学雷锋志愿服务活动做到每个年级、每个学院、每个寝室。第三，要深化精神文明创建活动。各类精神文明创建活动要在突出社会主义核心价值观的思想内涵上求实效。推进文明学院、文明班级、文明寝室、文明个人等创建活动，开展全体大学生阅读活动，不断提高大家的文明素质和文明程度。开展礼仪教育，在重要场所和重要活动中升挂国旗、奏唱国歌，在学校开学、学生毕业时举行庄重简朴的典礼，完善重大灾难哀悼纪念活动，使礼节礼仪成为培育学校主流价值的重要方式。第四，发挥优秀传统文化怡情养志、涵育文明的重要作用。中华优秀传统文化积淀着中华民族最深沉的精神追求，包含着中华民族最根本的精神基因，代表着中华民族独特的精神标志，是中华民族生生不息、发展壮大的丰厚滋养。加强对优秀文化思想价值的挖掘，梳理和萃取中华文化中的思想精华，做出通俗易懂的当代表达，赋予新的时代内涵，让优秀传统文化在新的时代条件下不断发扬光大。重视民族传统节日的思想熏陶和文化教育功能，丰富民族传统节日的文化内涵，开展优秀传统文化教育普及活动，培育特色鲜明、气氛浓郁的节日文化，增加教育中优秀传统文化课程内容，分阶段有序推进学校文化传统教育。第五，发挥重要节庆日弘扬社会主流价值观的作用。开展革命传统教育，加强对革命传统文化价值的阐发，发扬党的优良传统，弘扬民族精神和时代精神。挖掘各种重要节庆日、纪念日蕴藏的丰富教育资源，利用"五四""七一""八一""十一"等政治性节日，"三八""五一""六一"等国际性节日，重要任务纪念日等，举办庄严庄重、内涵丰富的群众性庆祝和纪念活动。利用党和国家成功举办大事、妥善应对难事的时机，因势利导地开展各类教育活动。

一、提高大学生自身素质

（一）提高对大学生社会实践的认识

大学生社会实践活动是我国高等教育的一项十分重要的内容，有利于高校实施素质教育，因此，应该提高对大学生社会实践的认识。我国各个高校应该对大学生参与社会实践活动的重要性和必要性加以认识，尤其高校领导更应该重视大学生社会实践活动对大学生素质发展的重要性。

首先，大学生社会实践活动是一项综合工程，可以有效提高我国大学生的素质，而这项工作需要高校及其院系的配合和协调。同时，高校应该把大学生社会实践活动当成培养社会主义事业的优秀接班人的头等大事来抓，要对大学生进行马克思主义思想教育，并通过报告会、学术讲座和课堂教学等形式使大学生明白参加社会实践的重要意义，从而做好大学生社会实践活动的动员工作。

其次，为了使大学生社会实践活动能持之以恒并不断加以深化和提高层次，高校应该把大学生社会实践活动从学校的整体高度进行考虑，对其统筹安排、统一布置和统一领导。

再次，高校应该增强大学生社会实践活动指导思想的针对性。在进行大学生社会实践活动时，应该增强指导思想的针对性，从而提高社会实践活动的实效性。对我国大学生的社会实践活动进行项目化管理，有助于紧密联系在社会实践活动开展过程中出现的各种现实问题，对实践活动提供有效服务和有力支持，从而使得我国大学生的社会实践活动的指导思想能够更加贴近学生、贴近生活、贴近实际；在对大学生社会实践活动进行项目化管理的过程中，应该把握并遵循我国大学生社会实践活动的发展规律，坚持理论教育和社会实践相结合，坚持改进创新和继承实践活动的优良传统相结合，坚持解决实际问题和思想问题相结合，坚持关注学生的合法权益和切身利益相结合，做到循序渐进、有的放矢地推进我国大学生的社会实践活动富有成效地进行。

最后，要引导大学生认识到参与社会实践活动的重要意义。通过参与社会实践，有助于通过自身实践将感性知识上升到理性知识，可以激发大学生进行艰苦创业的实践精神，培养他们的创新能力，明确他们所应该担负的社会责任，丰富课堂教学内容。总之，大学生参与社会实践活动是他们成长过程中十分重要的内容和组成部分。

（二）培养大学生参与社会实践的主动性

大学生世界观、人生观、价值观的确立，是外在的舆论宣传、价值导向和个人生活经历、学习过程、内在感悟相互作用的结果。传统的思想政治教育往往依赖于教育者单方面地灌输，忽视了大学生的主体性、能动性和差异性，忽略了在价值形成过程中个体的认知、判断、情感和选择的重要作用。增强大学生社会主义核心价值观教育的有效性，必须更新观念，充分尊重大学生的主体性，积极为学生营造自我教育的氛围和环境，使学生在自我认识、自我体验中提高道德认知能力、判断能力和选择能力，主动选择接受社会主义核心价值体系理论，并内化于心、外化于行，真正转化为自身的价值观念和价值取向。

社会实践活动和大学生的成长成才息息相关，然而我国部分大学生看不起体力劳动，认识不到大学生社会实践活动的实质及其重要性，缺乏参与社会实践的主动性和积极性，或者只是被动地参与社会实践，没有全面贯彻学生主体原则，忽略了在社会实践中发挥主观能动性的重要意义，只是把社会实践看作一种负担；还有部分大学生没有充分意识到社会实践在培养学生素质教育方面的重要作用，他们通常只注重理论学习和研究，认为参加社会实践纯粹是浪费时间。同时，缺乏社会责任，只注重自身的收获，缺乏参与社会实践的热情。

因此，大学生社会实践活动必须不断实现创新发展并贯彻落实以人为本的理念，从而充分调动我国大学生作为社会实践活动主体的主动性和积极性。对大学生社会实践活动进行项目化管理，可以充分调动大学生参与社会实践活动的主动性和积极性。在大学生进行社会实践活动过程中，高校应该转变工作理念，实现从管理者角色向服务者角色的转变，在把握当代大学生的关注焦点和合理需求的基础上，尽可能安排那些能够多方面满足学生需求的实践活动。对于大学生来说，应该充分调动他们参与社会实践活动的主动性和积极性，使他们充分认识到参与社会实践活动的重要意义和作用，使他们认识到社会实践活动是他们培养实践能力和创新能力的重要形式，是提高他们自身综合素质的重要手段，并有利于加速社会化进程。通过项目化管理，可以转变大学生对于社会实践的认识，从而把实践由一种负担转变为一种"充电"，社会实践不仅能提高自己的社会能力，同时，也是理论知识与生活、工作知识的有机结合。

学生参与社会实践的积极性、主动性提高了，那么，在具体的实践中，自己主动学习、充实自我的意识就会不断加强。项目化管理不仅仅要重视对学生的主动性、积极性的培养，更重要的是要把他们的爱好、自身能力与未来的工作选择进行有机地结合。这样，在具体的实践过程中，大学生就可以把自身的优势、具体实践岗位的需要（乃至于未来正式工作的需要）进行融合，自身的理论实践知识水平、智能构成都会得到相应提高。项目化管理不是学生单方面可以实现的，学校、指导教师在这一个体系中也起着至关重要的作用，各大高校的社会实践指导机构应该对具体指导教师、实践负责人加大考核、培训的力度，首先使他们明确社会实践的重要性；同时，自身的业务能力水平也得到了提升，大学生的社会实践效果、实践有效性在客观上也得到了保障。

二、强化政府责任

大学生社会实践体系的构建要顺应社会发展的新形势，符合一定时期国家的大政方针；同时，政府也应通过法律、法规的制定来促进大学生社会实践体系的构建，为其提供必要的政策保障。

首先，制定并完善高校组织实践的行为规范。政府应出台相应政策，用法律法规的形式明确规定高等教育中必须包含社会实践这一部分，并且把各个高校学生社会实践的成绩作为高校间评比的一项重要指标，以此来衡量高校的综合能力。在此过程中制定完善的大学生实习制度，明确规定大学生参与社会实践的具体形式和时间要求。同时，对于某些不履行国家政策规定的单位，除责令其必须采取补救措施外，还要给予一定的惩罚。从而使得大学生社会实践成为高等教育必不可少的一部分，成为推动教育发展的重要力量。

其次，制定并完善大学生实践期间人身及相关权益的保护制度。大学生在参与社会实践期间，面对的种种人际关系和社会环境要比学校复杂得多，有时还可能会发生各种危及身心安全的事件。这就要求政府要逐步制定并完善大学生实习期间人身及相关权益的保护制度，例如，规定在实习之前，学校、用人单位、学生三方在自愿平等的基础上签订劳动合同，以避免实施过程中可能出现的劳动纠纷；规定学生在实习期间应享有和正式员工一样的福利和待遇，避免把学生当作廉价劳动力现象的发生，这也解决了实习生中间普遍反映的实习工资的问题；对于实习期间发生的不可避免的危及学生身心安全的事件，政府应用法律形式明确规定补偿相关事宜，切实维护大学生在社会实践过程中的合法权益。

最后，制定规范和鼓励实践单位接收实习生的相关政策。政府需要明确规定作为实习单位所必须具备的条件，如，依法注册成立，内部管理规范，具有良好的社会信誉和行业信誉，具有从事高校实习工作的积极性；能为见习人员提供良好的学习、工作、生活条件，能够按要求对就业见习进行有效管理；能够为参加见习的高校毕业生提供一定的生活补助，并为其购买人身意外伤害保险等。同时，政府还应通过税收减免等政策的实行，鼓励企业积极接纳大学生在其内部进行实践；建立健全知识产权保护制度和泄密责任追查制度，以防止大学生在实习期间无意或有意泄露企业秘密而给企业带来风险事件的发生。通过法律法规的制定，在对实习单位做出具体、严格要求的同时，也积极地维护他们的利益。

三、落实高校责任

（一）高校发挥"宏观调控"的优势

大学生社会实践活动不应该只局限于少数或者部分学生，而应该面向全体大学生，因此，在对大学生社会实践活动进行项目化管理时，既应该抓好组队，也应该强调面向全体学生。这就要求高校大学生社会实践组织部门能够面向实际，避免片面追求那些在短时间内见效的实践项目，应该制定相应的措施来对大学生的社会实践活动进行有效监控。因此，高校有必要建立分工明确、指挥有力的社会实践组织机构，并成立大学生社会实践领导小组，领导小组应该由高校领导牵头，团委、宣传部、教务处、学生处和财务处等部门应该参与到领导小组中来。所成立的大学生社会实践领导小组应该对该校的大学生社会实践活动进行统一协调和统筹规划，加强实践活动的对外联络和对内组织，并专门拨出经费以保障大学生社会实践活动的顺利开展。同时，高校应该建立科学的社会实践管理制度，抓好大学生社会实践活动的落实情况，从而保证该校的大学生社会实践活动能够顺利按照以下步骤进行：战略规划、指导思想、实施、组织管理和验收考核。同时，高校应该重新考虑学校的课程设置，在规范社会实践课程的基础上，将其纳入高校教学的总体规划，进一步加强大学生社会实践活动的学科建设和科学研究，并和相关的职能部门进行协商，认真组织并实施大学生社会实践活动。高校各大院系也应该成立相应的大学生社会实践领导小组，由有关领导、导师和团组织负责人组成，领导小组要负责对大学生的社会实践活动进行统筹。我国各个高校应该发挥共青团所特有的组织优势来扩大大学生社会实践活动的参与面。共青团属于积极进步的群众组织，是一种政治力量，在广大青年中起着核心作用，并能够用自身的核心作用来吸引青年和凝聚青年。共青团有着十分特殊的结构，由横向和纵向两部分组成，横向部分是同级组织所组成的并列的网络关系，纵向部分则由团中央、团的地方和基层组织所组成的垂直主干部分。这种组织体系相对比较紧密、合理，具有强大的组织优势和内部动力，因此，我们应该在大学生社会实践活动中充分发挥共青团的组织优势。横向看，共青团组织应该充分发动各种外围组织的力量来支持并协助开展大学生社会实践活动，并吸引更多的大学生主动、积极地参与社会实践；纵向看，应该加强团中央对大学生社会实践活动的部署和领导，完善各个地区的大学生社会实践活动领导机构，并在各高校建立大学生社会实践活动领导小组，从而充分发挥出共青团在开展大学生社会实践活动中的整体作用。

（二）开发实践课程和活动课程，完善实践教育教学体系

在大学生社会实践的过程中，高校要以课程和教学改革为突破口，设置有利于大学生知识掌握和实践能力提高的课程，不断强化大学生的社会实践能力，为社会培养高素质的应用型人才。

在学科设置上，注重各学科的相互渗透融合。依照学分制培养方案，按照通识课程、学科基础课程、专业课程、教师教育课程及实践性课程五大模块设计课程结构，对相关相近专业交叉整合，减少必修课，增加选修课的比例。学科渗透融合不仅仅是在文科之间或是理科之间，还包括文理学科之间的渗透融合。例如，为文科生开设数学类、化学类、自然科学类课程；为理科生开设艺术类、语言文学类课程。通过这种渗透融合，使学生们在拓宽视野的同时，提高自身的意象、综合和发散性思维能力，促进其科学思维方式和艺术修养水平平行发展，以利于大学生综合素质的提高。从而在实践的过程中能够更加符合岗位和社会的需要，自身的水平也能够得到充分发挥。在这种情况下，可以适当地给学生一定的自由，让他们根据自己的兴趣爱好和以后的择业方向来选择实践单位或岗位，在不同专业之间进行替换实习。

在教学方法上，注重"启发式"教学模式的运用。"启发式"教学就是教师根据教学目的、内容、学生的知识水平和知识规律启发和引导学生，通过学生的主动思考、大胆质疑主动

掌握学科的基础知识，从而不断培养学生主动学习能力的一种教学模式。教师在教学过程中不是枯燥地讲解书本知识，而是结合学科的研究现状、发展趋势等多方面进行教学，充分激发学生的学习兴趣；在作业布置上，倾向于布置在书本或参考文献中无法找到现成答案的作业，让学生亲自去调查研究，搜集资料，对资料进行分析思考，归纳整理。从而使得他们在学校学习时就养成独立思考学习的好习惯，在进行社会实践时才能够形成独立的人格，充分发挥自身分析问题和解决问题的能力。

（三）建立、完善社会实践评价指标体系和激励机制

为了促进大学生社会实践活动的顺利进行，学校应该建立完善的社会实践评价指标体系，依据社会实践活动的目标和具体要求来考核并评定大学生社会实践活动参与的态度和效果。有效的社会实践考核评价有助于真实反映大学生参加社会实践活动的情况并找出大学生实际的社会实践活动和预期的教育目标之间所存在的差距，从而可以为当前高等教育社会实践活动的发展和改革提供依据。同时，学校应该根据对社会实践活动的评价结果，对大学生社会实践活动制定相应的激励机制。

为了使大学生社会实践活动走上创新发展的良性发展轨道，必须做好对高校大学生社会实践活动的总结评定和考核表彰，将大学生社会实践活动的年度考核作为主要的考核评价方式，将社会实践的活动效果和育人功能作为主要的考核评价指标，制定规范的评价方法和标准，根据大学生在社会实践活动中的表现、智能收获、思想收获以及心得体会和调查报告完成的质量来判定他们是否合格地完成了社会实践活动；在大学生的社会实践评价体系中，应该提高科技含量、实践能力、竞争观念和创业能力等方面在评价考核标准中所占的比重，应该坚持"长才干、受教育、做贡献"的评价标准，重视大学生社会实践活动的经济效益和社会效益，根据指导教师、接收单位和组织单位的共同评价来判定学生的社会实践活动效果。通常可以先由接收单位对大学生在参与社会实践活动的整个过程中的综合表现作出相应的鉴定，然后让指导教师和组织单位根据接收单位的鉴定结果评定他们的社会实践活动成绩并作出相应的评语；最后对那些在社会实践活动中表现优秀的大学生应该专门进行表彰，并组织其在各个院系和高校之间进行交流，从而充分调动大学生参加社会实践活动的积极性；对于社会实践活动合格的大学生，学校应该颁发合格证书，并将社会实践活动的结果和大学生的综合测评以及评优选先活动挂钩。

大学生社会实践活动的评价体系必须充分调动大学生参与社会实践活动的积极性和主动性，这对提高社会实践的效果具有十分重要的作用。高校应该在教学计划中纳入社会

实践活动课程，将其作为大学生的一门必修课程，赋予社会实践活动课程相应的学分和学时，并建立完善的考核评价机制。在对大学生的社会实践活动课程进行考核时，可以采用定量和定性相结合的方式进行，最终结果折算成学分，计入大学生的档案。第一，学校应该成立二级评估小组或者委员会，对大学生的社会实践活动进行定量考核和定性考核，坚持集体评估和学生自测相结合的方式；第二，应该对大学生在参加社会实践活动中的具体表现、各项资料以及接收单位的综合评价等资料进行如实记录；第三，各个学院应该建立接收、处理并反馈大学生社会实践活动信息的机制；第四，高校应该制定有关大学生社会实践活动的管理办法和条例，各院系和班级则根据学校制定的管理办法和条例制定相应的实施细则。并将学生的社会实践活动的情况和以下七个方面挂钩：大学生的综合测评成绩、奖学金、先进个人和先进集体评选、推优入党、经济利益、推荐就业和免试研究生、干部业绩和教师工作量。同时，高校应该根据大学生的社会实践活动情况，每年开展各种各样的评选先进个人和先进集体的活动，对在社会实践活动中表现突出的集体和个人进行表彰奖励。由此可见，高校应该建立并完善各种激励机制，以充分调动广大学生、干部和教师参与大学生社会实践活动的主动性和积极性，使得我国的大学生社会实践活动能够形成自我驱动、有机运作和有序发展的机制。

（四）鼓励教师参与社会实践并帮助其提高社会实践能力

首先，高校领导和教师应该积极参与大学生社会实践活动，这对促进大学生社会实践活动的成功实施具有十分重要的作用。因此，我国高校应该采取有效的措施来充分调动教师参加大学生社会实践活动的主动性和积极性，学校可以通过建立科学、全面的社会实践评价机制和奖励机制，对教师参与社会实践进行的表彰奖励和社会奖励、国家奖励接轨，这样就可以充分发挥奖励机制对教师参与社会实践的激励作用。同时，高校可以加强和媒体的联系，对于那些在社会实践活动中表现突出的教师，及时进行报道，从而激发他们的责任感和荣誉感，以保证大学生的社会实践能够健康发展。

其次，高校应该加强对教师社会实践能力的培训，学校可以通过举办培训班或者讲座的形式，针对不同类型的大学生实践活动对教师进行培训，培训内容应该包括社会实践活动的方式、社会实践活动的环节、社会实践活动的过程、对社会实践活动的评价以及如何指导学生应对社会实践活动中可能出现的问题等进行培训，从而帮助大学生社会实践活动指导教师提高自身的社会实践能力，以促进我国大学生社会实践活动的有效实施。

四、发挥社会组织作用，设立大学生社会实践基金和基地

社会组织指为了实现特定的目标而有意识地组合起来的社会群体，如企业、政府、学校、医院、社会团体等。大学生的实践活动是在社会中进行的，与各种社会组织之间有着密切的联系，只有充分发挥这些社会组织的作用，才能使实践活动更健康地开展。

（一）提高实习企业的积极性

企业是大学生社会实践活动的主要承载者，接受大学生到本企业实习，不仅是他们应尽的义务，更是他们应该承担的一份社会责任。为了更好地履行义务和责任，企业应该从多方面入手，提高自身接纳实习生的水平。

首先，企业化被动为主动。在以往的大学生社会实践过程中，大部分都是高校或学生自己找到企业，要求实习，企业处于被动的状态。但有资料表明：美国的"硅谷"是世界闻名的电子工业基地，那里的企业发展多借助于斯坦福大学的人才优势。1995 年在硅谷的高技术公司的盈利达 850 亿美元，而这些利润的 62% 与斯坦福大学有联系。所以，各个企业应用长远的眼光看问题，充分认识到今天与高校的合作培养，实际上是为企业未来更好地发展积累人才。化被动为主动，多与各大高校联系实习事项，或是定期向社会发布有关实习岗位的信息，方便学生找寻。在自身条件允许的情况下，尽可能多地接受实习生，为企业注入新鲜血液，带来新思维、新技术；在管理以及人员培训方面也能得到高校的有力帮助。

其次，实习企业要制定完善的实习生制度。在大学生刚踏入实习岗位之前，由企业的人力资源部门集体对实习生进行岗前培训，培训内容主要包括：商务礼仪、单位各种注意事项、企业文化等内容，使实习生明白作为一个职业人士应具备的基本素质，本企业特有的行为模式，以便更快地融入工作中。在实习生到达实习岗位以后，各部门负责人还要对其进行专业技能培训，使实习生了解岗位工作内容和基本操作方法。此外，实习企业还应制定明确的实习生工资待遇和工作纪律规定。据了解，工资待遇是实习生最为关注的问题，这就要求企业审慎对待，要给实习生实习工资，但他们的工资和企业正式职工之间要有一定差距，要做到既不影响正式职工的工作动力，又使实习生的自我价值得到体现：在工作纪律方面，充分考虑到实习生身份的特殊性，在要求他们严格遵守企业管理制度的同时，还要注意与学校的实习管理制度相结合，提高灵活性。企业还应按照《劳动法》的规定，制定严格的实习生权益保障制度，以便于实习生能够及时有效地解决实习过程中出现的意外事故，既保障了实习生的权益，又维护了良好的企业形象。

（二）强化非营利组织的服务功能

非营利组织指不是以营利为目的的组织，它的目标通常是支持或处理个人关心或者公众关注的议题或事件。非营利组织在国家中的地位越来越突出，因此，充分发挥非营利组织的作用，对大学生社会实践活动的开展具有重要意义。

首先，非营利组织可以为大学生提供实习岗位。大学生的社会实践活动不仅仅局限在企业内开展，还可以在各种社会团体、民办非企业单位等一些非营利性组织中进行。例如，自 1982 年以来，中国红十字会就协助政府倡导和推进公民无偿献血事业，我们也经常可以看见高校校园里有无偿献血的车辆，因此，可以充分利用这个有利条件。无偿献血活动进行到哪个高校，红十字会人员就让该校学生在现场帮助登记资料，维护秩序，为他们提供一个实习的机会。经过多次合作，从中挑选适应能力强、工作出色的学生形成固定的实习关系，在学生节假日时跟随无偿献血车辆到各个地方服务。像敬老院、疗养院等一些民办非企业单位，固定和一个或几个高校实行对口链接，每年接纳二定数量的大学生进行实习。而像壹基金这样的组织，在义工招募上，首先考虑和各大高校联系，尽量从大学生中挑选义工，在为大学生提供实践机会的同时，也使大学生各方面的能力得到了提高。

其次，非营利组织要充分发挥中介作用。非营利组织应充当媒介人力资源的有效桥梁，在职业介绍、就业咨询、职业技能等方面发挥服务作用，提高人力资源市场配置效益和减少市场运行和交易成本，从而促进大学生社会实践活动的开展。有时仅仅依靠单个学生的力量无法开展正式的实践活动，这就需要有一个组织协助进行。例如，中国青年志愿者协会，在每年的寒暑假可以集合一个或几个高校的大学生一起，在某个旅游景区义务协助游客参观游览，到贫困山区任教或是义务帮村民看病等。非营利组织在其运行中，必定会和社会上的其他企业、单位有所接触，他们的实习资源相对来说也就多一些，那么，这些非营利组织就可以充分利用此优势，积极在学生和实习单位之间搭桥，促进实践活动的开展。高校在与实习单位的合作中可能会因为信息的不完全等原因而产生各种摩擦和障碍，这就要求非营利组织在其中充当润滑剂的作用，传递完整的信息，提高人力资源的配置效率。

（三）发挥新闻媒体的促进作用

现代社会是一个信息高速发展的信息化社会，信息充斥在人们生活的各个角落，在这个过程中，新闻媒体发挥了巨大的作用。因此，在大学生社会实践过程中，要充分利用新闻媒体的媒介、宣传、舆论监督作用，进一步推进实践活动的开展。

首先，发挥新闻媒体的媒介作用。除了利用电视和报纸杂志传播实践岗位信息以外，还要充分利用网络的力量，特别是现在微博的兴起，为信息的传播提供了更加便利的条件。现在的年轻人有许多都是所谓的"微博控"，每时每刻都在关注着微博上传递的信息，因此，各个实践单位可以建立单位的微博，发布本单位可以提供的实践岗位信息。还有一些企业名人，如李开复、马云等个人微博也有相当大的关注量，他们可以借助自身名气，结合所能够提供的实践资源，及时在个人微博上发布实践岗位信息，为大学生提供实践机会。

其次，发挥新闻媒体的宣传作用。宣传作用就是通过各种各样的媒体，让某个信息观念知道的人更多，传播的范围更广泛。新闻媒体特别要注意对优秀实践活动的宣传，从实践的策划，到具体实行再到实践的总结要跟踪报道；对于特别成功的案例，新闻媒介可以对其进行系统整理，专题报道，以便其他高校和实习单位借鉴学习；同时，这种宣传对高校和实践单位本身就是一种鼓励，能够促使他们以后更好地实施大学生社会实践活动。

最后，发挥新闻媒介的舆论监督作用。新闻媒体有责任通过舆论来监督大学生社会实践活动的开展，客观公正地报道实践活动的情况，要敢于揭露实践过程中出现的各种问题。对于一些假实习、高校相关人员与实习单位勾结侵害大学生实习权益的事件，要及时给予曝光，通过舆论的压力来迫使行为人改变做法，在其后还要对相关单位和人员跟踪监督，确保他们不再暗箱操作，也给其他高校、实践单位以及学生自身以警示。

（四）设立大学生社会实践基金

大学生社会实践活动的顺利组织和实施需要一定的经费保障，资金来源可以由学生、学校和社会共同解决。学校应该对大学生社会实践活动设立专项资金，并将社会实践活动纳入教学计划中，并为其提供专项经费保障和支持，并在年初经费预算中纳入社会实践经费，从而避免在需要开展大学生社会实践活动时出现临时申请经费的局面。在对我国的大学生社会实践活动进行项目化管理的过程中，高校应该根据社会实践活动的具体情况来拨付经费。同时，应该鼓励广大学生拓宽思路、解放思想，充分利用社会资源来筹措社会实践活动的资金，可以通过基金会、企业和地方出资协助的方式来筹集资金。同时，参加社会实践活动的大学生自身也应该承担一部分经费，以增强其参加社会实践活动的责任感。这一筹措资金的过程实现了社会责任和资金责任的融合，这也是对大学生进行品格培养的内容之一。

（五）加强对大学生社会实践的研究

我国高校应该进行足够的大学生社会实践研究，建立相应的研究机构对大学生的社会实践活动进行研究，在已有研究的基础上，充分挖掘如何促进大学生社会实践活动的有效实施，为大学生的社会实践活动提供理论支持和指导。同时，高校应该将大学生社会实践活动作为一门学科进行设置，并根据大学生参与社会实践活动的结果进行评价，并和其他文化课一样计入他们的学分，从而引起大学生的充分重视。应该对教师和学生参与大学生实践活动进行激励，并建立相应的大学生社会实践活动基地。

五、以特色教育活动为抓手，实现知行相统一

以培育中国特色社会主义建设者为目标的高校校园文化建设，社会主义核心价值观教育的有效融入，必须促进学生在社会实践过程中的"知"与"行"的统一。为此，有必要开展社会主义核心价值观教育项目建设，采取项目运作模式开展一系列的校园文化主题活动，为大学生践行社会主义核心价值观打造空间。一是以青年马克思主义者培养工程为依托，开展思想文化教育实践，以学生党校、团校、理论社团为依托，重点办好理论研讨会、形势政策报告会；同时，深入革命纪念地、纪念馆等爱国主义教育基地，让学生了解历史、认知社会。二是以职业生涯规划为载体，开展理想信念教育实践。实施大学生职业生涯规划辅导，要以价值导向为核心，教育引导学生把个人的选择与国家和社会的发展需要结合起来，在此基础上对大学阶段的学习生活及素质发展进行全面规划；同时，要实施开展创新创业等教育实践活动。三是以重要纪念日、重大事件为契机，开展民族精神和时代精神教育实践，围绕重要纪念日、重大事件，合理设计教育主题，采取大学生喜闻乐见的形式，开展主题教育实践活动。四是以文明大学生评选活动为抓手，开展道德规范教育实践。通过争创活动的开展，引导大学生从具体事情做起，从一言一行做起，培养良好的道德情操。

雷锋精神是中华民族优良品德的传承，是中华民族传统美德与社会主义时代精神的有机结合。坚持用雷锋精神引导广大青年大学生牢固树立正确的世界观、人生观、价值观，推进社会主义核心价值体系建设，不断提高青年大学生思想道德素质，促进青年大学生健康成长成才，具有十分重要而又深远的现实意义。自毛泽东同志提出了"向雷锋同志学习"的号召以来，雷锋作为道德楷模的光辉形象，自始至终影响着中华大地的一代又一代人。多年来，雷锋精神已跨越了时空的界限，成为人民群众最高尚的精神追求。今天，在加快

推进社会发展进步、全面建设小康社会和实现中华民族伟大复兴的历史进程中，准确把握雷锋精神的时代内涵、精神实质，以及与社会主义核心价值体系的有机统一，对推动社会主义核心价值体系建设有着非常主要和深远的现实意义。

党的十八大报告把社会主义核心价值体系建设作为一项重要任务，提出了新部署新要求，别强调要"倡导富强、民主、文明、和谐，倡导自由、平等、公正、法治，倡导爱国、敬业、诚信、友善，积极培育社会主义核心价值观"。党的十八大报告中还进一步指出"要深化群众性精神文明创建活动，广泛开展志愿服务，推动学雷锋活动、学习宣传道德模范常态化"，这一重要论述把弘扬雷锋精神进一步纳入社会主义核心价值体系建设体系，为新形势下社会思想道德建设进一步指明了方向。从思想理论认识和行为实践经验上来看，雷锋精神不仅丰富了社会主义核心价值体系的内涵，也体现了社会主义核心价值体系的基本要求，更对社会主义核心价值体系建设具有重要推动作用。中央所作出的重要部署要求，是我们党积极适应时代发展进步要求、顺应人民群众期待发出的有力号召，是推进社会主义核心价值体系建设、传承弘扬雷锋精神、提升全社会道德文明程度的重要安排部署。雷锋精神集中反映了社会主义核心价值体系的根本要求。当前和今后一个时期，是我国全面建设小康社会的关键时期，是深化改革开放、加快转变经济发展方式的攻坚时期。面对新形势、新任务、新要求，我们应牢牢把握时代特征，真正把学雷锋活动作为社会主义核心价值体系建设的重要载体，以不断丰富雷锋精神的时代内涵，继续保持好雷锋精神的强大生命力，让雷锋精神成为激励我们为实现国家富强、民族振兴而共同奋斗的强大精神力量和源泉。

坚持以常态化的雷锋精神弘扬、坚定青年大学生的理想信念。雷锋精神的本质内涵就是理想信念高于天。共产主义崇高理想是雷锋始终坚持的信念，他始终把这一种崇高理想作为一生的行动指南，以自己的思想、言行予以践行。他牢记党的宗旨，把"生为人民生，死为人民死"作为自己的人生信条，将自己的命运和人民的事业紧密相连，无论何时何地都听党的话，跟党走，以自己的满腔热情和忠诚赤胆之心为党的事业奋斗不止，为人民的利益无私奉献。雷锋精神所体现的是青年一代坚定跟党走的执着追求与理想信念，这是我们实现建设中国特色社会主义、全面建设小康社会、实现中华民族伟大复兴这一宏伟目标不可或缺的宝贵精神财富，是广大青年大学生践行当代社会主义核心价值观的人生航标和价值示范。广大青年大学生弘扬和践行雷锋精神，就是要志存高远，牢固树立远大的理想信念，自觉把个人追求与国家、民族的命运联系起来，与社会担当结合起来，把个人的奋斗融入国家富强、民族兴旺、社会进步的历史潮流之中，把思想认识落实到加强学习、勇于实践、锐意创新的实际行动中，以实现自身价值的更好体现。高校作为思想道德建设的重要基地，要以常态化的雷锋精神弘扬和传播，在广大青年大学生中广泛开展理想信念教育、党史党性教育、社会主义核心价值观教育，教育引导广大青年大学生始终将爱党、爱国、爱人民、爱社会主义作为自己的崇高理想信念，坚定不移地贯彻执行党的基本路线、方针、政策，永远跟党走，坚定不移地建设中国特色社会主义，坚定不移地推进社会进步，为国家富强、民族进步做出积极贡献。

坚持以常态化的雷锋精神弘扬、培育青年大学生的道德品质。雷锋精神是社会主义思想道德建设的基本内涵之一。当前，随着经济社会的飞速发展，经济体制深刻变革、社会结构深刻变动、利益格局深刻调整、思想观念深刻变化，针对一系列思想认识、价值观念、道德修养等存在日益突出的问题，社会思想道德建设已经摆在更加突出的位置。针对青少年一代价值取向更加多元化、道德观念也不再呈现单一形式的这一现实，弘扬雷锋精神就是要在全社会特别是青少年中弘扬道德至上、和谐共处，锤炼和造就优良的道德品质尤为重要。雷锋精神不仅传承了中华民族的优良品德，也体现了社会主义思想道德的本质要求，更彰显着社会主义核心价值体系的精髓要义。青年大学生是弘扬传承雷锋精神的重要主体，高等院校应始终把学雷锋活动作为重要阵地，以此为载体和平台，不断加强青年大学生的思想道德建设，提高思想道德素质。高等院校要把弘扬雷锋精神作为提升青年大学生思想道德建设的重要内容，常抓常新，坚持不懈，使其永葆旺盛生命力的活力源泉，着力培育当代青年大学生优良的道德品质和精神境界，使雷锋精神焕发出新的时代光芒。

Reference
参考文献

[1] 陈松青. 文化视域下的社会主义核心价值观培育和践行 [M]. 北京：光明日报出版社, 2022.

[2] 刘珺，彭艳娟，张立军. 社会主义核心价值观与高校思政教育工作理论创新研究 [M]. 北京：新华出版社, 2022.

[3] 王炎. 社会主义核心价值观的元价值及其释宪功能 [M]. 南京：南京东南大学出版社, 2021.

[4] 白勤. 新时代大学生社会主义核心价值观培育研究 [M]. 成都：四川大学出版社有限责任公司, 2021.

[5] 吴放，姚远. 社会主义核心价值观融入大学生创新创业教育研究 [M]. 成都：四川大学出版社有限责任公司, 2021..

[6] 王凤祥. 文化自信视域下高校社会主义核心价值观培育研究 [M]. 北京：中国政法大学出版社, 2020.

[7] 石丽艳. 大学生社会主义核心价值观认同教育 [M]. 长春：吉林大学出版社, 2020.

[8] 汪露. 大学生社会主义核心价值观教育理论与实践研究 [M]. 北京：研究出版社, 2019.

[9] 崔治忠. 文化与价值 [M]. 北京：知识产权出版社有限责任公司, 2022.

[10] 吴奕，金丽馥. 新时代高校文化育人理论与实践 [M]. 江苏大学出版社有限责任公司, 2021.

[11] 李东升. 社会主义核心价值观认同教育 [M]. 南宁：广西民族出版社, 2020.